新时代青年学者经济文库
Economic Library for Young Scholars in the New Era

国家自然科学基金青年项目（72304061）研究成果
辽宁省社会科学规划基金青年项目（L21CJY008）研究成果

U0674732

人口老龄化
对企业投资行为的影响研究

Research on the Impact of Population Aging on
Firm Investment Behavior

咸金坤 著

东北财经大学出版社
Dongbei University of Finance & Economics Press

大连

ECONOMIC LIBRARY

图书在版编目（CIP）数据

人口老龄化对企业投资行为的影响研究 / 咸金坤著. 一大连：东北财经大学
出版社，2024.11. 一（新时代青年学者经济文库）. 一ISBN 978-7-5654-
5421-9

Ⅰ. C924.24；F279.23

中国国家版本馆CIP数据核字第20241NA258号

东北财经大学出版社出版发行

大连市黑石礁尖山街217号　邮政编码　116025

网　　　址：http://www.dufep.cn

读者信箱：dufep@dufe.edu.cn

大连永盛印业有限公司印刷

幅面尺寸：170mm×240mm　　字数：209千字　　印张：17.75

2024年11月第1版　　　　　2024年11月第1次印刷

责任编辑：王　玲　孔利利　　责任校对：赵　楠

封面设计：张智波　　　　　　版式设计：原　皓

定价：89.00元

新时代青年学者经济文库

国家自然科学基金青年项目
（72304061）研究成果

辽宁省社会科学规划基金青年项目
（L21CJY008）研究成果

前　言

人口问题是影响经济社会中长期发展的重大问题。目前，中国的人口老龄化程度不断加深，根据第七次全国人口普查数据，中国 60 岁及以上人口数量接近 2.64 亿人，占总人口的比重由 2010 年的 13.32% 迅速上升至 2020 年的 18.70%。而根据联合国发布的《世界人口展望（2024）》，这一人口比重到 2050 年将上升至 40% 的高位。人口老龄化将对经济运行全领域产生深刻影响，所以如何积极应对人口老龄化的负面冲击成为当前面临的重大现实问题，而发展劳动力替代技术创新能力是其中的关键环节。

然而，中国经济正面临着生产要素成本上升、国内实体投资低迷、企业要素结构升级缓慢等挑战，因此在人口老龄化程度不断加深的过程中，企业是否会面临某些因素阻碍其利用资本代替劳动，从而影响要素结构升级呢？与此同时，提升技术创新能力是积极应对人口老龄化的重要战略支撑，但是有关老龄化如何影响企业的研发投资，从而影响其创新能力，尚未有明确的答案。

近年来，中国经济出现了某种程度的"脱实向虚"现象，在微观层面表现为非金融企业"金融化"，那么人口老龄化是否加剧了这一趋势呢？此外，中国是世界上最大的发展中国家，那么人口老龄化是否加剧了企业资金的外流呢？这些重大现实问题需要我们进行深入的研究，寻找背后的驱动因素。

基于以上背景，本书试图从理论上展开分析，并尝试利用中国微观企业数据进行实证研究，集中探讨人口老龄化的快速发展对微观经济主体，特别是实体企业的投资行为产生何种影响。对这些问题的系统研究，一方面，有助于我们从微观企业视角深刻认识人口老龄化的经济效应，为当前出现的一些经济现象提供一种更切实际的解释；另一方面，也有助于为国家制定和实施积极应对人口老龄化的相关政策提供参考；同时也可为如何"稳定制造业投资"、助推实体经济发展等提供经验证据。

本书的主要研究内容和发现概括如下：

首先，本书从企业资本劳动比的视角探讨了人口老龄化对企业固定资产投资行为的影响。此外，本书发现人口老龄化主要促使企业利用资本替代低技能劳动力；人口老龄化的资本替代劳动效应在生产率水平较高、非出口企业更为显著。

其次，为考察人口老龄化对科技创新的潜在影响，本书利用中国A股制造业上市公司数据，从微观企业视角讨论了老龄化对企业研发投资的影响效应，并分析了其中的影响机制。这在一定程度上说明，人口老龄化程度的加深很可能会不利于创新能力的提高。

再次，老龄化程度的加深显著提高了制造业企业对外直接投资的概率，从经济意义上看，如果65岁及以上人口比重上升10%，则企业对外直接投资的可能性将会增加10%左右。机制分析的结果显示，人口老龄化提高了制造业企业的劳动力成本，降低了单位工资的产出效率，这会提高企业在国内投资相对于在国外投资的成本，降低企业获得的利润水平，从而提高其对外直接投资的可能性，并且这一效应主要存在于劳动密集型企业。进一步的异质性分析表明，对于劳动密集型、技术水平偏低和非国有企业而言，人口老龄化对其对外直接投资的影响效应更显著；同时，如果企业的负债率较低、成长性较好且盈利能力较强，则该影响效应会更加显著。

最后，进一步的分析发现，实体经营资产与金融资产的收益率差异、低劳动力成本优势的丧失，是企业在面临人口老龄化的负面冲击时，将资金更多地配置于金融资产的重要驱动因素。

与现有研究相比，本书的边际贡献主要体现在以下几个方面：

第一，丰富了人口老龄化经济效应的相关研究。本书尝试在这个问题上有所突破，这可以在一定程度上从微观视角丰富关于人口老龄化对经济影响的相关研究。

第二，拓展了经济"脱实向虚"和对外直接投资行为的成因研究。当前，关于企业金融化或经济"脱实向虚"成因的文献中，学者们主要从金融体制、企业盈利压力、股权结构以及"高管"背景等方面进行解释，而本书从人口结构转型这一新的研究视角展开分析，为深入认识人口老龄化与经济"脱实向虚"，及其所造成的潜在风险提供了新的研究视角和经验证据。同时，有关企业对外直接投资（OFDI）动机的文献，主要侧重于讨论避税、获取自然资源和技术溢出以及利用东道主的市场潜力等方面，本书的研究则是以人口结构为切入点，这可以为深入认识人口老龄化对企业"走出去"的影响提供新的研究视角和经验证据。

第三，完善了人口老龄化影响企业固定资产投资和研发投资的机制分析。面对人口老龄化的负面冲击，不同企业进行生产技术升级和更新换代的能力和意愿存在差异，本书从企业规模效应和融资约束效应角度分析了制约企业利用资本替代劳动的因素。同时，本书主要从企业劳动力成本上升、获得的政府补助减少等机制解释了人口老龄化对企业研发投资的负面影响，从而对现有的研究结论提供了补充。

咸金坤

2024年秋

目　录

1

绪　论

1.1 研究背景

人口因素是影响经济社会中长期发展的重大问题。自 1978 年以来，中国的改革开放事业已经走过了四十多年的历程，经济增长取得了举世瞩目的成就，年均经济增长率接近 10%，社会面貌发生了巨大变化。与此同时，中国实施了近 40 年的计划生育政策，由此导致我国人口结构出现急剧转变。

如图 1-1 所示，自 1990 年以来，我国劳动年龄（15~64 岁）人口占总人口的比重逐渐上升，由 66% 左右提升至接近 75%（2010 年），这为经济发展提供了充足的劳动力供给，从而有利于我国工业化的快速推进和经济的起飞。相应地，这段时期我国的人口总抚养比也在逐渐下降，由 1990 年的 50% 左右快速下降至 2010 年的 34% 左右。

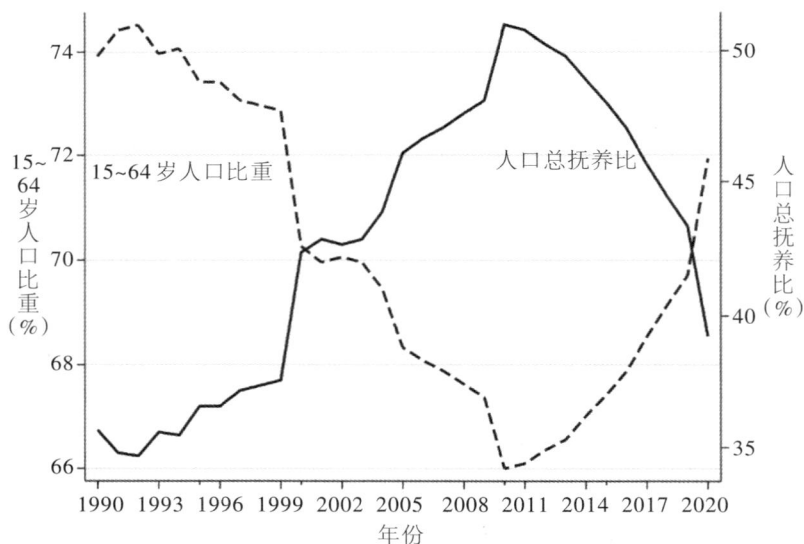

图 1-1 劳动年龄人口比重和人口总抚养比的变化趋势图

注：2020 年数据为第七次全国人口普查数据。

在发展过程中，人口结构转型带来的"人口红利"逐渐得到释放，促进了经济中物质资本和人力资本的积累，为经济增长提供了强劲的动力（汪伟，2010；Bloom et al.，2010；Curtis et al.，2015；Choukhmane et al.，2023）。一些研究显示，以人口抚养比下降为代表的"人口红利"对1982—2000年间中国人均GDP增长率的贡献达到26.8%（Cai 和 Wang，2005），而在过去40多年（1971—2015年），中国生育率的下降对经济增长的年均贡献率达到2.72个百分点（王维国等，2019）。

随着经济和社会的巨大变革，曾经的"婴儿潮"一代逐渐由中青年阶段步入暮年阶段，随之而来的必然结果便是，原有的"人口红利"逐渐发展为不断加剧的人口老龄化。在政府的计划生育政策、不断延长的预期寿命以及经济发展引致的家庭生育决策改变的三重"夹击"之下，中国于2000年前后开始进入老龄化社会（65岁及以上人口比重达到7%）。①

图1-2为1990—2020年间中国人口老龄化程度变化趋势图，数据显示，65岁及以上人口比重由1990年的5%左右上升至2020年的13.50%，每年大约上升近0.3个百分点。更为重要的是，近几年人口老龄化呈现明显加速的趋势。

另外，根据图1-1中所呈现的数据的后半段，人口总抚养比在经历了一段时期的下降以后，于2010年达到最低点（34.2%），而15~64岁人口比重于2010年达到最高点（74.5%），随后两个指标均出现了结构性的逆转；并且从15~64岁人口总量的角度来看，该指标于2013年达到最高点（约10.06亿）。这些数据表明，中国的"第一次人口红利"逐渐式微（蔡昉，2010），受人口因素的制约，未来经济

---

① 按照国际上通用的标准，65岁及以上人口占人口总数的7%，即意味着这个国家或地区处于老龄化社会。如图1-2所示，2000年，中国65岁及以上人口占总人口的比重达到7%，开始步入老龄化社会。

潜在增长率很可能呈现迅速降低的趋势（陆旸和蔡昉，2014）。

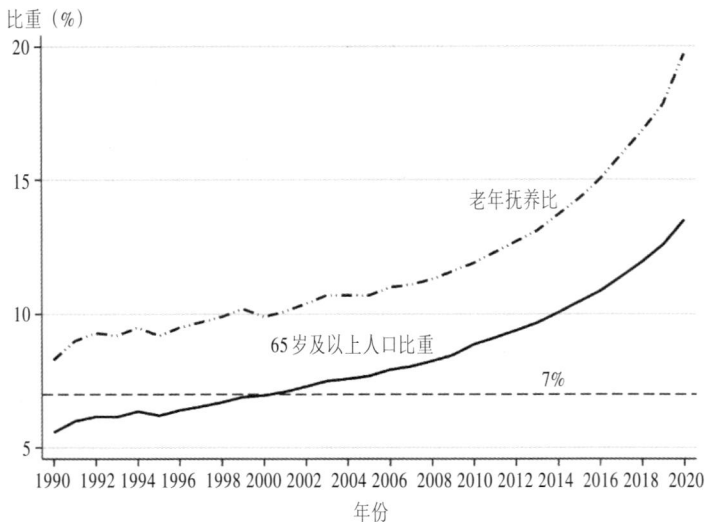

比重（%）

老年抚养比

65岁及以上人口比重

7%

年份

图1-2　1990—2020年间中国人口老龄化程度变化趋势图

注：2020年数据为第七次全国人口普查数据。

从国际视角来看，人口老龄化显然不是我国独有的特征，而是经济和社会发展的产物，甚至很多发达国家的老龄化程度远超过我国当前的水平。图1-3为1960—2017年间中国与世界主要发达国家的人口老龄化（用65岁及以上人口比重度量）程度变化趋势图。

图1-3显示，中国的人口老龄化程度明显低于世界主要发达国家。例如，在2017年，后者65岁及以上人口比重为15%左右，[①]而中国仅为11.4%。于是，自然引发了一个问题：在老龄化程度低于很多发达国家的情况下，为何我国的老龄化引起如此大的关注呢？

---

① 当然，日本自20世纪90年代以来，人口结构迅速老化，人口老龄化水平超过25%，对经济造成了巨大影响。

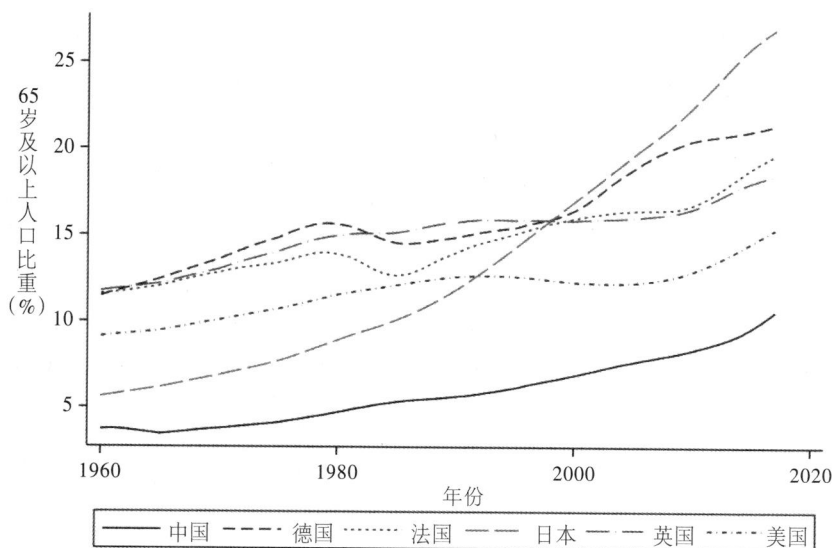

图 1-3　中国与部分主要发达国家人口老龄化程度变化趋势图

（纵轴：65岁及以上人口比重（%）；横轴：年份）
（图例：中国　德国　法国　日本　英国　美国）

根据已有的研究与分析，我们总结了三方面主要原因：

第一，我国的老龄化速度快。目前，我国处于加速老龄化阶段，根据第六次（2010年）人口普查数据，中国大陆人口中60岁及以上人口达到1.78亿人，占总人口的13.32%；而至第七次（2020年）人口普查时，中国60岁及以上人口达到2.64亿人，其占总人口的比重进一步上升到18.70%，10年内增长了近5.5个百分点，而在2000—2010年的10年间，该比重增长了不到3个百分点。在图1-2中，我们可以明显看到，2010年以后曲线的斜率有了增大的趋势。

另外，据联合国预测，我国65岁及以上人口占比从7%提升到14%需要27年时间，而该过程在发达国家一般需要45年以上的时间，例如，法国需要130年，瑞典需要85年，澳大利亚和美国则需要79年左右，如此可见我国老龄化速度之快。因此，未来中国将成为世界上老年人口最多、人口老龄化速度最快的国家之一。

第二，我国老年人口基数大。2020年底，我国60岁及以上人口达到2.64亿人，65岁及以上人口则达到了1.91亿人，并且在未来很长的一段时期内，每年将以新增1 000万人，甚至更大的规模增长。图1-4为中国步入老龄化社会以来（2000—2018年），65岁及以上人口数量和每年新增65岁及以上人口数量变化趋势图。

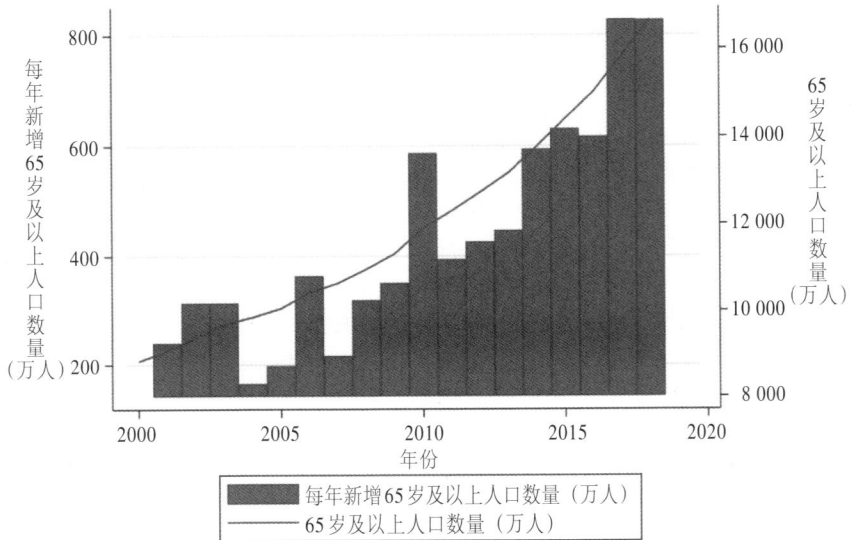

图1-4 65岁及以上人口数量和每年新增65岁及以上人口数量变化趋势图

在21世纪的第一个十年中，每年新增65岁及以上人口的数量不足400万人；从2010年开始，我国人口年龄结构出现了结构性转型，每年新增65岁及以上人口数量逐渐上升，在2017年和2018年间，每年新增65岁及以上人口的规模达到了800多万人。如此大规模的老年人口可能会对养老金的可持续性产生威胁，政府面临这种情况很可能会通过加强养老金等社会保险的征缴力度、延迟退休①、划拨国有资

---

① 2024年7月18日，中国共产党第二十届中央委员会第三次全体会议通过了《中共中央关于进一步全面深化改革 推进中国式现代化的决定》，其指出要"按照自愿、弹性原则，稳妥有序推进渐进式延迟法定退休年龄改革"。

产充实社保基金等方式解决养老金缺口问题，而这可能会对微观企业产生一定的影响，从而影响经济增长和发展。

第三，"未富先老"的矛盾有所体现。2017年，我国65岁及以上人口比重达到11.4%，人均GDP为7 329美元，而有着同样老龄化程度的美国其人均GDP为29 082美元，日本更是达到了36 422美元。图1-5为中国与主要新兴市场国家人口老龄化程度变化趋势图。

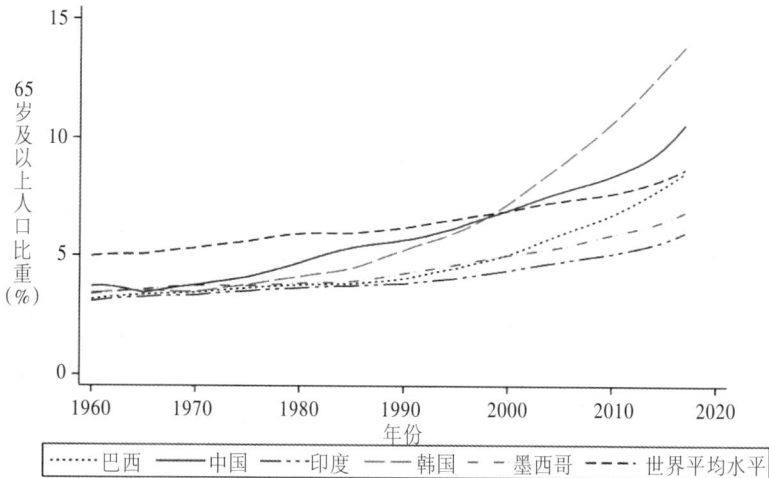

图1-5 中国与主要新兴市场国家人口老龄化程度变化趋势图

数据显示，我国的人口老龄化水平要明显高于巴西、印度和墨西哥等新兴市场国家，这些国家甚至尚未进入老龄化社会。因此，与这些国家相比，未来我国的经济发展无法继续依赖低劳动力成本的比较优势。虽然韩国的老龄化程度要高于中国3个百分点，并且其在过去20年间老龄化发展速度也非常快，但是其人均GDP水平明显高于中国。按照2010年美元不变价格计算，韩国2017年人均GDP水平为26 152美元，而同时期中国的人均GDP仅为7 329美元，不到韩国的1/3，即便是2000年，韩国开始进入老龄化社会（其65岁及以上人口比重达到7.18%）时，其人均GDP也有15 000多美元。

因此，不论是当前人口老龄化水平下的人均GDP，还是刚进入老龄化社会时的人均GDP，我国似乎都低于参照国家，这很可能为我们应对人口老龄化的不利影响带来更大的挑战。

在人口老龄化快速发展的态势下，其对经济、社会的深刻影响引起了政府和学术界的广泛关注。为了应对人口结构的负面冲击，我国政府于2011年推出了"双独二孩政策"，2013年推出了"单独二孩政策"，并于2015年全面放开了"二孩政策"，生育政策的频繁调整也凸显了该问题的严峻性以及党和政府的重视程度。

更为重要的是，2019年11月，中共中央、国务院印发了《国家积极应对人口老龄化中长期规划》，指出"人口老龄化对经济运行全领域、社会建设各环节、社会文化多方面乃至国家综合实力和国际竞争力，都具有深远影响，挑战与机遇并存"，并且我国需要"通过扩大总量、优化结构、提高效益，实现经济发展与人口老龄化相适应"。党的二十大报告再次强调"实施积极应对人口老龄化国家战略"，这充分说明了国家对人口老龄化问题的重视，从而凸显了本书研究的重要性和紧迫性。

在学界，很多学者认为，生育率下降以及预期寿命延长等带来的人口老龄化会对经济增长、全要素生产率以及创新等产生负面影响（Acemoglu and Johnson，2007；Hansen and Lønstrup，2015；Maestas et al.，2023；汪伟，2017；王维国等，2019；Aksoy et al.，2019；都阳和封永刚，2021）；也有部分学者指出，人口老龄化会"倒逼"技术升级，从而有利于经济增长（Cutler et al.，1990；Acemoglu and Restrepo，2018；Acemoglu and Restrepo，2022）。

另外，还有学者认为，人口老龄化可能会带来产业结构的升级、内部技术结构的优化，有利于经济结构的调整，同时也会改变一国的贸易比较优势，有利于人口老龄化程度严重的国家"年龄升值型"

（age-appreciating）要素密集行业的出口（汪伟等，2015；Cai and Stoyanov，2016；武康平和张永亮，2018）。

然而，已有的关于人口老龄化经济效应的研究主要聚焦于其产生的宏观影响，较少考虑其对企业行为本身的影响。企业作为投资、产品创新、技术变革的重要载体，在一国的经济增长、产业结构演进等方面扮演着至关重要的角色，在人口转变过程中，人口老龄化可以通过改变一国的人口年龄结构、年轻劳动力数量等方式对一国企业的外部经营环境产生直接影响，并且还会通过劳动力市场的均衡工资等影响企业的用工成本，即通过劳动力成本等多种渠道对企业产生影响。但是，人口老龄化到底如何影响企业行为，目前鲜有文献对这一重要问题做出系统性研究。

值得注意的是，当前关于人口老龄化对经济造成的影响，似乎并没有定论，因此一个可能的方案是通过微观视角探讨其对企业行为的影响，这将有助于我们从更细致的角度发掘人口老龄化的经济效应，也有助于我们更加清晰地认识人口老龄化可能引致的宏观经济现象。

1.2　研究意义

本书以人口结构变迁为切入点，试图从企业投资视角研究人口老龄化对企业行为的影响，并探索其中的影响机制、驱动因素，该研究的开展具有理论意义和实践意义。

1.2.1　理论意义

从理论上说，虽然现有文献系统地考察了人口老龄化对经济增长、资本积累、财政可持续性以及企业家精神等方面的影响，并且也取得了较为丰硕的研究成果，但目前仍主要侧重于从宏观视角进行研究与讨论。而本书试图从微观企业的视角展开分析，考察人口老龄化对企业投资行为的影响。

首先，经济学理论认为，人口老龄化能够推升劳动力成本，因此企业会改变要素结构，通过资本替代劳动来进行应对，但是这条机制能否运行或者机制的有效性能否得到发挥可能受制于很多客观条件，比如融资约束、企业是否有意愿和能力利用资本替代劳动以及劳动力市场流动性或摩擦等。因此，不同企业对人口老龄化做出的反应及其原因可能存在差异，而本书拟尝试从理论上分析制约企业利用资本代替劳动的因素，这或许可以对传统的见解提供有益的补充。

其次，关于人口老龄化对企业研发投资的影响，在理论上存在着多种有着相反力量的机制，企业有可能增加研发投入以提高生产的技术水平，从而应对劳动生产率的下降或者以技术替代日益昂贵的劳动力，企业也有可能减少研发投资，这是因为研发需要大量的资金作为支撑，而不断上涨的劳动力成本可能会对研发投资形成"挤占效应"，因此其净效应是不明确的。本书的研究则尝试对这一问题做出回答，并试图分析其中的影响机制，从而可以在一定程度上完善人口老龄化影响科技创新的相关文献。

再次，随着我国经济的日益开放和发展，越来越多的国内企业选择"走出去"（对外直接投资），那么这一现象背后的驱动因素是什么呢？从理论上看，企业选择在本国生产还是在国外生产产品，取决于两地成本的高低，而随着人口老龄化程度的加深，劳动供给逐渐减少，企业雇佣劳动力的成本也逐渐上升，这在一定程度上改变了在本国和外国生产产品的相对成本，进而可能改变企业的对外投资行为。因此，本书的研究拟从人口结构的视角，分析企业对外直接投资的动机，从而对现有研究提供有益的补充，同时还将为我们理解中国企业的对外投资行为提供理论依据。

最后，过去一段时期，宏观经济呈现出实体投资相对低迷、非金融部门的金融投资日益增加的现象，由此导致经济中出现了某种程度的"脱实向虚"、实体经济"空心化"等问题，这会对企业生产效率的提升、创新等方面造成不利影响。同时，其也会对金融市场的稳定和流动性风险等方面构成潜在威胁，而本书的研究试图从理论上对上述现象提供可能的解释。

本书拟将人口结构的快速转型作为研究的切入点，细致地考察人口老龄化是否是推动非金融企业或实体企业增加金融资产投资的潜在力量，这将为我们理解和解决某种程度上实体经济的"空心化"问题提供理论支撑。因此，本书的研究具有重要的理论意义。

1.2.2 实践意义

从实践意义上说，当前我国面临着严峻的人口形势，未来很长一段时期，人口老龄化将成为我国的基本国情。为此，党和政府颁布了《国家积极应对人口老龄化中长期规划》，并将积极应对人口老龄化上升为国家战略，党的二十大报告和二十届三中全会均强调要"积极应对人口老龄化"。

因此，本书的相关研究结论可以为如何预防人口结构快速转变对企业可能造成的负面效应，及如何应对和减轻人口老龄化对宏观经济的不利冲击提供一定的经验证据，从而有利于国家推行积极应对人口老龄化的相关政策。特别地，分析企业层面的数据，更加能够为国家根据不同的企业类型和行业类别，制定具有结构性、针对性的政策提供一些借鉴和参考。

同时，本书深入研究企业的投资行为，将有助于国家在人口老龄化背景下制定如何"稳定制造业投资"以及如何实现经济结构转型、助推实体经济高质量发展等相关政策提供经验依据。所以本书的研究也具有重要的实践意义。

1.3 研究思路与本书结构安排

1.3.1 研究思路

企业的生产经营活动离不开"人"这个基本的生产要素。我国人口结构的转型、人口老龄化程度的不断加深，可能会对企业行为产生不可忽视的影响，从而影响宏观经济状况。因此，本书尝试以人口结构转变为切入点，研究其对企业行为的影响，并特别聚焦于分析人口老龄化对企业投资行为的影响效应。由此，本书的主要内容和研究思路可以分为以下几个部分：

第一，本书将主要分析制造业企业的固定资产投资行为（资本代替劳动）。随着人口老龄化程度的持续加深，劳动力要素的成本持续大幅上涨，这在很大程度上改变了中国制造业部门中资本、劳动等生产要素的市场相对价格，激励那些具有竞争优势的企业实施资本替代劳动的转型升级，以通过资本深化的方式应对人口结构发生的不可逆转的变化所带来的挑战，从而为经济增长提供内生动力。

由此形成的一个内生"倒逼机制"的逻辑链条是：人口结构变动（人口老龄化）→劳动力价格上涨→资本替代劳动→资本劳动比上升（张杰等，2016）。但是上述机制的成立需要很多前提条件，例如企业是否有意愿以资本代替劳动，企业是否有足够的资金以资本代替劳动等。

为此，本书将分析人口老龄化是否增加了企业的固定资产投资，减少了劳动力雇佣，以验证企业是否真正利用资本代替劳动，还是仅仅减少劳动力雇佣，或者是用高技能劳动力代替低技能劳动力以提高生产效率。如果存在部分企业没有利用资本代替劳动，那么本书还将分析其背后的原因。

第二，本书将分析制造业企业的研发投资行为。在一个经济体中，当中老年人的比重提升时，企业的劳动力年龄结构也会相应老化（Liang et al.，2018），而这在一定程度上降低了个人的劳动生产率，会迫使企业通过加大研发投资、提高技术水平来应对。同时，人口老龄化引起劳动力成本上升，这可能会侵蚀企业的利润，造成企业研发资金的紧张。另外，人口老龄化也会对政府财政资金造成压力，从而改变政府的支出结构。由此，政府会不会减少对企业研发的相关补助，从而对企业的研发投资造成不利影响呢？对这些问题的考察也是本书的主要内容之一。

第三，本书聚焦于分析企业的对外直接投资行为。由于人口老龄化等因素的不利影响，中国低劳动力成本的比较优势似乎正在消失殆尽。如果企业进行投资是一种利润最大化行为，那么在劳动力成本不断上升、利润空间逐渐缩小的现实背景下，企业会不会将投资的目的地瞄准海外，以便寻求更加廉价的劳动力或者高科技等战略性资源，从而造成中国企业的对外直接投资快速增长呢？这是本书研究的另一个主要内容。

第四，本书还将考察人口老龄化是否改变了企业的投资结构，即是否使得企业增加金融资产投资比重。随着人口老龄化程度的加深，企业面临劳动力成本上升，资本劳动比逐渐提升，这使得企业未来投资实体经济的收益率下降，同时，人口结构导致的潜在经济增长率下滑也使得整体的实体投资意愿降低。因此本书将会分析，面对人口老龄化的负面冲击，实体企业是否会在利润最大化的指引下，将其资金更多地投入金融领域，从而一定程度上造成近年来经济的"脱实向虚"现象呢？

第五，立足经验研究结论，提出政策建议。本书将根据实证分析结果，为如何预防人口结构快速转变对企业可能造成的负面效应，如何应对和减轻其对宏观经济的不利冲击提供可行性建议；同时，也为进一步进行人口老龄化背景下经济结构转型以及产业结构优化提供政策建议。

本书的研究思路与路径图如图1-6所示。

1.3.2 本书结构安排与研究方法

基于以上研究思路，本书接下来的章节结构安排以及各章采用的研究方法如下所述：

第2章是文献综述与评述。本章采用文献分析法，从人口老龄化的宏观和微观经济效应、企业投资行为两个方面收集和总结现有的研究文献，了解研究的前沿动态，并以此为基础，寻找研究的切入点和突破口。

第3章是宏观视角下人口老龄化对企业投资行为影响的初步探讨。在这一章中，本书综合采用统计分析法和文献分析法等方法，一方面，从宏观视角分析人口老龄化影响企业投资行为的潜在方式；另一方面，通过整理和分析相关统计数据，揭示人口老龄化与投资之间的特征化典型事实，为后文的分析提供理论依据与现实基础。

第4章是人口老龄化对企业固定资产投资行为的影响。本章从企业资本劳动比的视角出发，借助中国工业企业数据库，综合利用统计分析法和现代微观计量经济学分析方法进行实证研究，分析人口老龄化对企业固定资产投资行为和劳动力雇佣行为的影响，并探索是否存在制约企业利用资本代替劳动的因素。

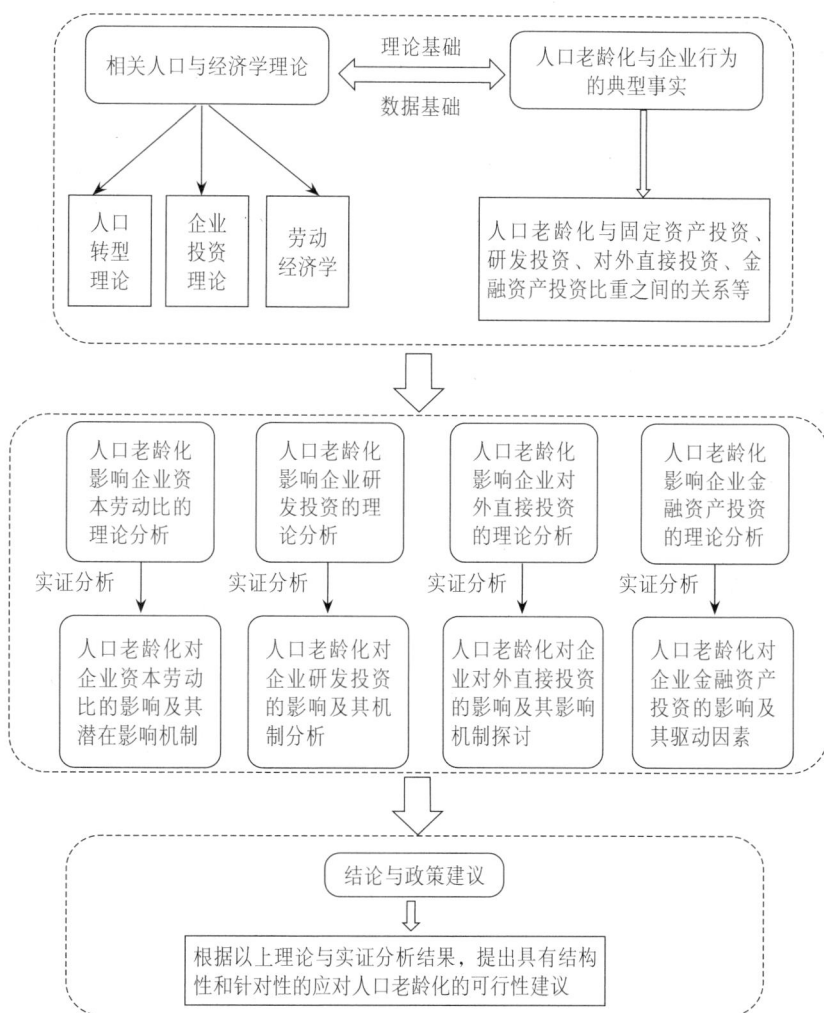

相关人口与经济学理论 ⟷ 理论基础 / 数据基础 ⟷ 人口老龄化与企业行为的典型事实

人口转型理论 | 企业投资理论 | 劳动经济学

人口老龄化与固定资产投资、研发投资、对外直接投资、金融资产投资比重之间的关系等

人口老龄化影响企业资本劳动比的理论分析 | 人口老龄化影响企业研发投资的理论分析 | 人口老龄化影响企业对外直接投资的理论分析 | 人口老龄化影响企业金融资产投资的理论分析

实证分析

人口老龄化对企业资本劳动比的影响及其潜在影响机制 | 人口老龄化对企业研发投资的影响及其机制分析 | 人口老龄化对企业对外直接投资的影响及其影响机制探讨 | 人口老龄化对企业金融资产投资的影响及其驱动因素

结论与政策建议

根据以上理论与实证分析结果，提出具有结构性和针对性的应对人口老龄化的可行性建议

图1-6 本书的研究思路与路径图

　　第5章是人口老龄化对企业研发投资行为的影响。在这一章中，本书先利用文献分析法掌握已有研究的前沿动态，接着综合利用统计分析法和面板数据的固定效应分析方法等，从微观企业视角分析人口老龄化对企业研发投资的影响效应，并尝试分析其中的影响机制。

第6章是人口老龄化对企业对外直接投资行为的影响。本章首先基于CSMAR上市公司关联交易研究数据库，识别企业的对外直接投资行为，然后将其与制造业上市企业微观数据匹配，借助离散选择模型和混合横截面回归等现代微观计量经济学方法探讨人口老龄化对企业对外直接投资的影响效应。

第7章是人口老龄化对企业金融资产投资行为的影响。在这一章中，我们借助统计分析法和现代微观计量经济学分析方法等，利用中国A股上市公司中的实体企业样本，试图回答"人口老龄化是否一定程度上加剧了经济'脱实向虚'"这一重要的理论与实证问题，并进一步揭示该现象背后的驱动因素。

第8章是结论与启示。该章总结全书的主要研究结论和发现，并以此为基础，提出相应的积极应对人口老龄化的政策建议。

1.4　创新与边际贡献

通过对现有文献进行梳理与考察，本书的研究具有以下两大方面的创新与边际贡献：

第一，研究内容的创新。

本书丰富了关于人口老龄化经济效应的相关研究。本书尝试在这个问题上有所突破，这可以在一定程度上从微观视角丰富关于人口老龄化对经济影响的相关研究，为人口老龄化经济效应的相关文献提供补充，此为本书的核心贡献之一。

第二，研究视角的创新。

具体来说，其可以分为以下四点：

① 本书的研究对人口老龄化导致资本替代劳动等传统见解提供

了有益的补充。通常的观点认为，人口结构变动会内生地"倒逼"企业利用资本替代劳动，即：人口老龄化→劳动力价格上涨→资本替代劳动→资本劳动比提高，而本书在此基础上，进一步探索制约企业利用资本代替劳动的相关因素。

在面对人口老龄化的负面冲击时，不同企业进行生产技术升级和更新换代的能力和意愿存在差异，本书从企业规模效应和融资约束效应的角度分析了制约企业利用资本替代劳动的因素，这对于我们认识制造业企业如何应对人口老龄化以及如何"稳定制造业投资"均具有一定的指导意义，该研究思路也构成了本书的边际贡献之一。

② 本书完善了人口老龄化影响企业科技创新投入的相关文献。已有的关于人口老龄化影响创新的研究中，要么缺乏对影响机制的详细考察，要么难以适应企业角度的分析，而本书主要通过老龄化导致企业的劳动力成本上升、获得的政府补助减少等机制进行解释，从而进一步完善了人口老龄化影响科技创新的原因分析和机制分析；同时，其也能够为政府制定积极应对老龄化的相关政策提供经验证据的支撑。

③ 本书补充了企业对外直接投资动机的相关文献。关于中国企业对外直接投资快速增长驱动因素的相关文献，目前主要侧重讨论避税动机、获取自然资源和技术溢出动机，以及利用东道主的市场潜力动机等，而本书试图从人口结构转型的视角展开研究，从而拓展了企业OFDI的动因研究，为相关文献提供了有益的补充。

④ 本书拓展了经济"脱实向虚"的成因研究。在企业金融化或经济"脱实向虚"成因的文献中，学者们主要从金融体制、企业盈利压力、股权结构以及"高管"背景等方面进行解释，而本书则从人口结构这一全新的研究视角出发，从而对现有的研究结论提供了有益的

补充。同时，其也可以为政府制定防范人口老龄化造成的潜在金融风险等相关政策、应对人口老龄化对经济发展产生的负面冲击提供新的经验证据与政策启示。

2

文献综述

2.1　本章概述

首先，本章从宏观视角综述已有的关于人口老龄化的经济效应的研究成果；然后，将视角过渡到微观主体，探讨人口老龄化对家庭决策行为和企业行为的影响；最后，概述企业投资行为影响因素的相关文献。

2.2　宏观视角下人口老龄化的经济效应

（1）人口老龄化的储蓄效应

由生命周期理论可知，老年人通常处于不工作只消费的负储蓄状态，因此人口老龄化会导致国民储蓄率下降（Modigliani and Brumberg，1954）。但这一理论与我们所看到的"中国人口老龄化程度不断加深"和"国民储蓄率居高不下"等现实情况相违背。为此，学者们试图从不同的角度来解释，而其中人口方面因素是至关重要的。

实际上，可以从人口年龄结构老化的"负担效应"和寿命延长的"未雨绸缪效应"考察人口老龄化对私人储蓄的影响（汪伟和钱文然，2011）[①]。预期自己活得较长的理性行为人会为了较长的退休期而更多地储蓄（Bloom et al.，2007），这可以称为"未雨绸缪效应"。

进一步，汪伟和艾春荣（2015）认为，预期寿命的延长使得行为人"为退休而储蓄"，这种"未雨绸缪"的储蓄动机可以解释老龄人口负担增加没有对储蓄率产生明显的负效应，储蓄率并没有随着老龄

---

①　汪伟和钱文然（2011）以及汪伟和艾春荣（2015）很好地总结了这两方面的相关文献，本书在此仅指出存在这两种效应，更详细的内容可参见上述两篇文献。

化程度的加深而下降。

物质资本积累是经济增长的引擎之一，因此人口老龄化可以通过储蓄效应影响经济增长。Bloom 等（2010）通过分析 OECD 国家发现，人口老龄化会降低经济中的储蓄率等因素从而不利于经济增长，但是这种影响是温和的，政府能够通过经济增长缓解或消除这些负面影响。Zhang 和 Zhang（2005）通过世代交叠（OLG）模型的分析认为，寿命延长能够带来储蓄率的提高，从而促进经济增长。Li 等（2007）通过理论和实证分析也认为，预期寿命对经济中的投资率和增长率具有显著的正向影响。

（2）人口老龄化对劳动力供给与劳动力生产率的影响效应

老年人口数量和比例的增加实际上意味着劳动年龄人口数量和比例的相对减少和结构老化，这也正是人口老龄化最直接的影响（齐红倩和闫海春，2019）。进一步，Leibfritz 和 Roeger（2007）从劳动力供给的增长速度方面进行了研究，相关结果表明，在人口老龄化程度不断加深的过程中，劳动力供给的增长速度逐渐降低；与此同时，由于劳动力供给增长速度放缓，劳动生产率也会降低，从而使得总产出降低。

Choi 和 Shin（2015）利用 OLG 模型进行分析发现，人口老龄化的确会带来劳动力供给增速下降等效应，最终降低潜在经济增速，这一点与陆旸和蔡昉（2014）的发现基本一致，后者认为中国劳动力供给的结构性变化会带来经济潜在增长率的下滑。

早期的一些研究还发现，不同年龄群组的劳动生产率存在差异，而人口老龄化程度的加深会给整体劳动生产率带来负面影响（McMillan and Baesel，1990）。最近，Maestas 等（2023）利用 1980—2010 年美国各州的数据研究发现，60 岁及以上人口比重每上升 10%，人均 GDP 增速会下降 5.5%，其中 2/3 可以通过工人年龄结构老化所带来的劳动生产率的下降解释，1/3可以通过劳动力供给增速的下降解释。

汪伟等（2019）利用中国人口普查数据分析得出，不同年龄段劳动者的边际劳动生产率存在明显差异：中青年劳动者最高，青年劳动者次之，而中老年劳动者最低。因此，人口老龄化程度的加深会对劳动生产率产生某种程度的负面影响。

（3）人口老龄化的企业家精神效应

由于创业是一项具有长期性和高风险的投资项目，创业过程中存在着大量不确定性因素，因而失败的概率很高，这就要求企业家具有很强的风险承担能力（Knight，1921；Kihlstrom and Laffont，1979）。从宏观证据来看，一个国家的老年人口占比与风险厌恶之间存在正向关系（易祯和朱超，2017）。由于风险厌恶程度随着年龄的增长而提高（Tanaka et al.，2010；Chiappori and Paiella，2011），因此随着一个国家人口老龄化程度的加深，其风险承受能力也会减弱，从而一定程度上不利于形成创新创业的企业家精神。

郭凯明等（2016）以省级私营占比作为企业家精神的度量指标，研究发现以生育率下降为代表的人口转变不利于企业家精神的形成。最近，王正位等（2022）、封进和李雨婷（2023）利用企业工商注册信息大数据也得到了人口老龄化降低企业进入率的结论。

另外，很多国外学者发现，最近30年左右的时间里，美国等发达国家的企业进入率明显下降，从而造成就业岗位增速的减缓等宏观经济问题。这些问题激发了学者们的广泛兴趣，而最新的一些研究试图从人口结构因素寻找企业进入率降低的原因。Karahan等（2024）通过构建理论和实证分析框架展开研究，发现劳动力供给增长速度的下降可以通过一般均衡效应影响企业的动态，从而认为人口因素是企业进入率降低的一股重要驱动力。

Pugsley 和 Şahin（2019）提出了一种关于企业进入率的动态分解框架，他们的研究同样发现人口结构的转变是企业进入率降低的首要原因。而 Liang 等（2018）利用跨国的企业监测数据发现，人口年龄与创业存在显著的负向因果关系，人口老龄化（利用国家年龄中位数衡量）程度的加深一定程度上造成了国家创新创业精神的缺失，从而对经济增长构成威胁。

（4）人口老龄化的产业结构升级效应

在产业结构升级方面，Siliverstovs 等（2011）利用 51 个发达和发展中国家作为分析样本，考察了人口老龄化对不同产业部门的就业效应。他们的研究发现，人口老龄化程度的加深显著降低了经济中农业、制造业、建筑业、采矿业等第一、第二产业的就业份额，显著增加了金融部门以及其他服务业等第三产业的就业份额，从而有助于经济从第一、二产业转变至第三产业。

汪伟等（2015）利用中国 1993—2013 年的省级面板数据，借助中介效应分析方法考察了人口老龄化对产业结构升级的影响效应。研究发现，老龄化可以通过促进消费和人力资本积累，以及"倒逼"企业使用资本和技术替代劳动等机制对产业结构升级产生正面影响；同时，其还可以通过对劳动生产率造成负面影响的方式不利于产业结构升级。但是总体而言，人口老龄化显著促进了产业结构升级，并且推动了第二、三产业内部技术结构的优化。逯进等（2018）、王维国等（2024）也得到了与上述结论类似的结果。

另外，刘成坤和赵昕东（2019）则利用空间计量模型着重考察了人口老龄化影响产业结构升级过程中的溢出效用，他们基于 1998—2016 年中国省级层面的面板数据发现：一方面，人口老龄化能够显著推动当地产业结构升级；另一方面，还可以对邻近区域产生正向的空间溢出效应，促进邻近地区的产业结构升级。其通过进一步的研究还发现，上述正向溢出效应长期的效果更明显，不过对于产业结构的内部升级而言，人口老龄化的影响及其空间溢出效应似乎并不明显。

（5）人口老龄化对人力资本积累的影响效应

人口老龄化也潜在地影响着经济中的人力资本积累，从而对经济增长产生影响。[①]在理论分析中，Boucekkine 等（2002）认为，当个体的预期寿命增加时，其接受教育的年限增加，因而在一定程度上有利于人力资本积累。

Zhang 等（2001）构建了一个"王朝型家庭"模式的 OLG 模型，其分析认为，预期寿命延长带来的人口老龄化可以通过直接效应影响人力资本投资和经济增长，也可以通过影响现收现付制的养老保障制度产生间接影响，最终对人力资本投资和经济增长的净效应为正。Zhang 等（2003）将人力资本积累设定为与公共教育投资和平均人力资本水平有关，其研究认为，由成年期进入老年期时的死亡率与经济增长率呈"倒 U 形"。

Kunze（2014）则认为人力资本积累取决于私人和公共教育投资以及父母的人力资本水平，他的研究揭示出预期寿命与经济增长之间存在着非线性的关系。刘永平和陆铭（2008）将家庭养老、养儿防老机制纳入经典的 OLG 模型，研究发现，人口老龄化程度加深会降低家庭的储蓄率，但是子代的教育投资量和投资率会随着老龄化程度的加深而增加，从而通过促进人力资本积累的方式对经济产生正向影响。

汪伟（2017）的研究则指出，人口老龄化会确定性地降低家庭和每个孩子的教育投资占家庭收入的比重，因此一定程度上不利于人力资本的积累，从而会对经济增长产生一定的负面效应。进一步，汪伟和咸金坤（2020b）认为，人口老龄化与人力资本积累的关系取决于

---

① 刘玉飞和汪伟（2016）对这一类文献做了比较详尽的综述。

教育融资模式，在当前的市场教育融资模式下，人口老龄化程度的加深越来越不利于人力资本积累，而扩大公共教育规模则有助于应对人口老龄化的负面冲击。

从经验研究来看，姚东旻等（2018）基于中央财经大学发布的《中国人力资本报告（2015）》数据进行研究，发现人口老龄化对人力资本积累有显著的负向影响；而郭震威（2008）则认为中国的人口老龄化在一定程度上促进了人力资本积累。因此，人口老龄化到底会对人力资本积累产生哪种影响效应，现有文献也无法给出确切的答案，还有待进一步讨论。Liu 等（2020）利用省级面板数据的研究表明，人口老龄化显著降低了教育支出占消费的比重，从而对人力资本积累产生一定的阻碍效应。

（6）人口老龄化对技术创新的影响效应

从个体角度来看，Jones（2010）、Henseke 和 Tivig（2008）等研究发现，个体年龄与科技创新之间呈"驼峰型"关系，科技创新人才年龄峰值处于35~40岁，这表明在青年阶段，年龄对于科技创新的正向影响占主要地位，而到了老年阶段，年龄对于科技创新的负向影响占主要地位。

从宏观证据来看，Schneider（2007）、Meyer（2011）等研究认为，知识密集型（高科技）企业的创立和地区的年龄结构高度相关，特别是20岁左右的人口比例和40~50岁的人口比例越大，该区域出现技术创新的可能性越大。这表明，有年轻雇员的企业更可能产生根本性创新，推出全新产品。[1]姚东旻等（2018）基于2003—2012年的中国省际面板数据发现，人口老龄化对科技创新水平有显著的负效应。Aksoy 等（2019）利用理论模型的分析表明，人口老龄化会对技术进步和创新带来不利的影响。

---

[1]　汪伟和姜振茂（2016）对这一类文献做了比较详尽的综述。

从全要素生产率角度看，Feyrer（2008）对87个国家1960—1990年面板数据的研究表明，劳动力人口结构的变化和一国的全要素生产率呈现显著的相关性（Kögel（2005）也有类似的结论），40~49岁的员工对全要素生产率的贡献最大，而其他年龄段人口对TFP的贡献相对较小或几乎没有。Aiyar等（2016）的分析表明，欧洲国家劳动年龄人口的老龄化趋势将抑制全要素生产率的增长，在未来20年间，人口因素的变化将以平均每年0.2%的速度降低TFP的增速。

另外，人口老龄化也会"倒逼"技术创新，劳动力资源的稀缺可能会带来技术的革新，促进劳动节约型科技创新，从而提高全要素生产率（Cutler et al.，1990）。Acemoglu和Restrepo（2018）的研究发现，人口老龄化与人均GDP增长之间并不存在负相关关系（Cutler et al.（1990）也有同样的发现），其认为人口老龄化会促进经济中的技术进步（劳动替代型（labor-replacing）或劳动节约型（labor-saving）技术），因此人口老龄化对技术存在内生影响，从而能够带来经济增长。

与之相关的是，陈彦斌等（2019）的研究认为，采用人工智能技术能够提高生产活动的智能化和自动化程度，从而减少生产活动所需的劳动力，提高资本回报率，进而促进资本积累；另外，由于减少了生产中所需的劳动力数量，因而可以明显提高全要素生产率。而Prettner（2013）在一个内生增长模型框架下分析发现，人口老龄化并不一定会阻碍技术进步，这取决于经济的增长模式，因此，其研究认为人口老龄化实际上能够促进经济增长。Tan等（2022）的研究则考察了人口老龄化对劳动集约型创新的促进作用，其强调的机制是老龄化提高了劳动力市场刚性。

（7）人口老龄化对社会保障和公共支出方面的影响效应

对于社会保障而言，随着人口老龄化程度的逐渐加深，一国社会保障支出也会随之提高。一方面，从社会保障需求的角度来看，老年人通常处于无工作收入的退休期，而老年期的收入主要来源于社会保障体系，同时，随着年龄的增长，其在医疗和护理等方面的支出也会大幅增加，因此，当人口老龄化程度逐渐加深时，经济中对养老、医疗、老年照料等需求也会急剧增加，政府的社会保障支出也会相应提高。

另一方面，从公共政策决策过程来看，老年人口比重越大，则政府决策中越有可能体现他们的利益，因此，经济中的人口老龄化程度越高，政府的社会保障支出水平也可能越高（封进，2019；Browning，1975）。但是，人口老龄化也改变了老年人口与工作年龄阶段人口的比例（老年抚养比），缴费的人减少而享受待遇的人增加，社会保障的压力会因此大大增加。因此，如何保证养老保险等社会保障水平的持续性成为重要的研究课题。

封进（2016）的研究显示，随着人口老龄化程度的持续加深，在城市化的过程中逐步扩大养老保险的覆盖面，是实现社会保险基金平衡的重要方式。同时，当前某些企业存在逃费现象，因此降低基准缴费率能够激励企业增加参保、缴费，从而增加基金收入。另外，随着我国预期寿命的延长和受教育水平的提高，通过逐步延长退休年龄的方式能够降低养老金的待遇水平（总量），从而实现社会保险基金的平衡。

对于公共支出而言，一些学者研究发现，人口老龄化导致政府公共支出结构发生改变：增加社会保障支出，降低公共教育支出比重。例如，Harris 等（2001）利用美国各州的社区学校数据研究发现，65岁及以上人口比重的增加显著降低了学校中的人均教育支出；Poterba（1997）也得到了相同的结论。而 Cattaneo 和 Wolter（2009）利用各年龄组瑞士选民的代表性调查数据来分析老年人口比重与教育支出之间的因果关系，他们认为，老年人并不愿意将更多的资金用于教育，而更倾向于健康和社会保障方面的支出。类似的研究还有Tabellini（2000）、Shelton（2007）、张鹏飞和苏畅（2017）以及封进（2019）等，这些研究均发现，一国社会保障支出占GDP的比重会随着65岁及以上人口占比的提高而增加。

另外，龚锋等（2019）则将研究聚焦于地方公共福利性支出，其分析表明，人口老龄化对该支出的影响取决于老年人公共福利性支出的受益率：当受益率低于某一门槛值时，两者之间呈现出负相关关系；但是当受益率高于该门槛值时，两者之间的关系则取决于年轻人负担的劳动所得税税率。

（8）人口老龄化对贸易与比较优势方面的影响效应

人口结构变迁除了会对国内经济状况产生重要影响之外，还可以通过改变劳动力资源的数量和结构影响国际贸易和比较优势。其中，最具有代表性的文献是Cai和Stoyanov（2016），该研究认为国家之间人口结构的差异是国际贸易比较优势的一个新的来源。对于人口老龄化程度比较严重的国家，其"年龄升值型"（age-appreciating）要素禀赋相对较高，那么"年龄升值"要素密集型的行业在该国更具有比较优势，而对于年龄结构较为年轻的国家而言，其"年龄贬值型"（age-depreciating）要素禀赋相对较高，那么"年龄贬值"要素密集型行业在该国也具有比较优势。武康平和张永亮（2018）为上述比较优势理论提供了中国的经验证据。

借鉴上述研究方法，张明志和吴俊涛（2019）进一步将劳动力技能区分为"年龄升值型"、"年龄贬值型"和"体力型"，该研究认为，对"年龄升值型"技能密集的行业而言，人口老龄化能够促进出口，对于"年龄贬值型"技能和"体力型"密集的行业而言，人口老龄化则会抑制其出口。

此外，田巍等（2013）从贸易总量的角度展开讨论，一方面，一国劳动人口比例的提高会增加出口国的产出，从而增加其出口量；另一方面，劳动人口比例的提高也会增加该国的劳动收入，从而增加其进口量，这两方面都有利于提高国家的双边贸易流量，促进国际贸易。与之相关的是，蔡宏波和韩金镕（2022）关注了人口老龄化如何影响城市出口贸易转型问题。

（9）人口老龄化对宏观经济政策的影响效应

一些研究聚焦于分析人口老龄化是否削弱了财政、货币政策效果。在财政政策有效性方面，李建强和张淑翠（2018）构建了一个带有人口结构的新凯恩斯动态随机一般均衡（NK-DSGE）模型，其分析认为，人口老龄化使得政府的政策调控空间收窄，政策实施成本增加；而随着人口老龄化程度的加深，年轻人的比重逐渐下降，老年人的比重逐渐提高，而通常前者的边际消费倾向较明显，后者的消费仅依赖政府养老金，因此财政刺激效应会被削弱。

在货币政策有效性方面，方显仓和张卫峰（2019）的研究认为，人口老龄化导致资本积累增加，降低了自然利率，从而压缩了传统货币政策操作空间，可能会弱化货币政策有效性；进一步，他们借助TVP-SV-VAR模型，从实证角度证实了货币政策有效性随着老龄化程度的加深而逐渐减弱；Yoshino和Miyamoto（2017）、李建强和张淑翠（2018）以及翟光宇等（2023）也得到了类似的结论。另外，Imam（2015）的研究显示，老年人抚养比每增加1%，通货膨胀率和失业率对利率冲击的累积响应将下降0.10%和0.35%。

在政策应对方面，Gagnon等（2016）认为，人口老龄化会带来经济增长的放缓，中央银行可能会通过降低基准利率等政策刺激经济。在产业政策方面，人口老龄化程度加深的同时，也伴随着老年人对养老、医疗等产品需求的增加，因而老龄产业的发展问题也具有至关重要的作用。

一些研究指出，国家可以通过政策引导、金融支持等手段调整产业政策，促进养老产业发展（丁志勇，2018）。此外，人口老龄化也可能引致金融政策的创新，例如"时间储蓄式"（时间银行）互助养老模式。郑红等（2019）的研究显示，由国家信用作为担保的社区货币可以促进闲暇时间的有效利用和合理配置，并促进人们进行养老服务储蓄。

2.3 家庭视角下人口老龄化的经济效应

（1）人口老龄化与家庭消费行为

处于不同年龄阶段的代表性行为人的消费倾向、消费偏好不一致，因此人口老龄化也在改变着家庭的消费行为。[1]茅锐和徐建炜（2014）以中国2002—2009年城镇住户调查（UHS）数据为样本展开研究，发现青少年、成年和老年群体的消费支出结构存在显著差异，即年龄效应影响家庭的消费结构。

进一步，Mao 和 Xu（2014）利用中国家庭调查（CFPS）数据的分析表明，中年家庭在交通、通信等方面的消费明显更高，而老年家庭则对医疗保健与服务的消费更高。倪红福等（2014）采用CHIPS数据的研究发现，老年家庭会在医疗保障方面支出更多。进一步，汪伟和咸金坤（2020a）借助这一思路展开研究，认为人口老龄化通过改变家庭的消费支出结构而影响其创业决策。

另外，汪伟和刘玉飞（2017）利用中国家庭追踪调查（CFPS）数据分析了人口老龄化对家庭消费结构升级的影响，该研究发现，人

---

[1] 更多关于该领域的研究可参见李超（2017）。

口老龄化可以通过提高医疗保健消费支出在居民家庭消费中的比重，进而改善家庭消费结构，但不能通过提高家庭交通通信消费支出、文教娱乐消费支出的方式改善消费结构，人口老龄化对该占比的影响为负。

此外，魏瑾瑞和张睿凌（2019）则侧重于分析老年家庭的消费行为，其利用非随机断点设计方法进行研究，发现老年家庭的补偿性消费需求在 63 和 71 岁处存在显著跳跃，[①]而驱动前者出现跳跃的因素是教育支出，驱动后者的则是医疗保健、文娱消费。

（2）人口老龄化与家庭人力资本投资决策

从家庭视角来看，一方面，人口老龄化会使得家庭的养老负担加重，因而导致个体在决策时向年轻一代投入的教育资源减少，从而对人力资本的积累产生挤占效应。同时，由寿命延长引致的人口老龄化也意味着个体退休后的时光将变长，理性行为人也会预留更多的资源以备老年期消费，因而会增加工作阶段的储蓄，进一步减少对子女的人力资本投资（Pecchenino and Pollard，2002）。

另一方面，随着预期寿命的延长，人口老龄化程度逐渐加深，此时人们活得也会更长，其接受教育的年限很可能相应地延长，工作时间也可能更长，进行更多的教育投资就会有更高的回报。更高的教育回报反过来也会导致个体对教育投资更多，从而提高家庭和个人的人力资本水平，而受教育年限延长意味着要付出更多的成本，这也会改变个体的教育投资行为，从而影响人力资本积累（汪伟等，2018）。

李超（2016）利用中国家庭追踪调查（CFPS）微观数据展开研究，认为老年人口比重的提高显著降低了家庭教育支出水平以及教育支出占家庭总支出的比重。进一步的研究发现，人口老龄化能够从广

---

① 补偿性消费是指，存在一种与需求不匹配、为弥补某种心理缺失或解除自我威胁而发生的消费行为。

延边际（extensive margin）和集约边际（intensive margin）两个层面不利于家庭的人力资本投资，并且这种负向效应主要存在于中低收入家庭。

另外，人口老龄化对家庭人力资本投资除了具有"负担效应"以外，还有一种可能就是单独考察预期寿命延长带来的影响，因为当家庭预期行为人的寿命更长时，那么其工作时间也会更长，预期的教育回报率会更高，最终家庭的教育投资也会增加（Bils and Klenow，2000）。因此，一些学者通过考察预期寿命延长与受教育年限和家庭教育投资之间的关系得到的研究结论，往往与老龄化的"负担效应"相反。但通常来讲，当正向效应存在时，实际上都是预期寿命从比较低的情况下有了一定的提高，即正向效应往往出现在经济条件非常落后的国家和地区。

Jayachandran 和 Lleras-Muney（2009）利用1946—1953年间斯里兰卡女性死亡率的突然下降作为自然实验，验证了预期寿命延长与受教育年限提高之间存在显著的正向因果关系。Hansen 和 Strulik（2017），Baranov 和 Kohler（2018）则分别利用20世纪70年代以来心血管疾病死亡率的突然下降和马拉维艾滋病治疗技术的普及作为准自然实验，通过双重差分（DID）方法进一步验证了该因果关系的存在。

（3）人口老龄化与家庭金融资产配置、需求行为

由于不同年龄阶段的风险和流动性偏好不同，因而人口老龄化可能会影响家庭的金融资产配置和需求行为。Poterba 和 Samwick（2001）利用美国的家庭金融调查数据发现，人口老龄化对家庭资产配置的种类和比例都有显著影响，老年人更倾向于投资股票，年轻人更倾向于投资免税国债，这一发现实际上与后文中针对中国家庭的研究结论并不一致。

Iwaisako 等（2016）利用日本的家庭调查数据同样发现，日本家庭的风险资产持有量会随着年龄提高而增加，即其更倾向于将储蓄转向股票资产投资。但是，Heaton 和 Lucas（2000）的研究结论与前述文献刚好相反，他们发现，美国家庭中 65 岁及以上人口比重与家庭股票投资比重呈现负相关关系。Kohler 等（2004）的研究也显示，老年家庭更倾向于增加流动性较强的资产，如现金、银行存款、低风险债券等，而减少股票等风险性较大的资产。

针对中国家庭的研究中，王聪等（2017）基于中国家庭金融调查（CHFS）数据，考察了年龄结构对家庭资产配置的影响，他们的研究发现，家庭中老年人口比重对风险资产和无风险资产的配置具有显著影响，老年人口比重越高，家庭越倾向于持有房产、银行储蓄等风险较小的资产，而减少持有股票、基金等风险较大的资产。进一步的分析显示，老年人口比重越高的家庭，投资股市、基金等金融市场的可能性也越小。

因此，家庭的人口年龄结构可以影响家庭的金融投资决策，其主要机制是改变家庭的风险偏好和预防性储蓄。在一项与之相关联的研究中，蓝嘉俊等（2018）也得到了类似的结论。该研究发现，家庭人口年龄结构的老化能够显著降低其投资金融市场的可能性，并且会降低家庭对风险资产配置的比重，而家庭年轻人口比重的提高则会起到相反的作用，即其会提高金融市场参与度和风险资产的配置比重，其中的主要机制也是风险偏好。

另外，樊纲治和王宏扬（2015）则从家庭对人身保险需求的角度展开研究，分析人口年龄结构如何影响保险需求。该研究发现，家庭老年人口的比重越高，则其对人身保险的需求会越低，而家庭少儿人口比重的提高则会起到增加家庭人身保险需求的作用。这说明，人口老龄化程度的加深可能会不利于人身保险市场的发展。

2.4　企业视角下人口老龄化的经济效应

目前，关于人口老龄化对企业行为影响的研究并不多见，相对早期的文献主要集中于研究企业的出口行为，其中，具有代表性的研究是铁瑛和张明志（2017）以及铁瑛等（2019）。前者从城市劳动力比例的角度进行实证研究，其研究结果显示，城市劳动人口比例的提高可以通过增加劳动供给、改善企业技能结构等方式促进当地企业出口量的扩张，而这种促进效应在加工贸易企业中更明显。铁瑛等（2019）利用2000年、2005年和2010年三次全国人口普查数据，构建城市层面包含人口流动信息的人口结构指标。他们研究发现，人口年龄结构会显著影响当地企业的出口，老龄化程度越低或者劳动人口比重越高，则越能够促进当地企业的出口。

进一步的影响机制分析表明，人口年龄结构可以通过"成本效应"产生影响，即企业用工成本的上升会弱化人口年龄结构对出口的促进作用；同时，人口年龄结构也可以通过"人力资本效应"产生影响，即企业人力资本水平的提升也会弱化人口年龄结构对出口的促进作用。这些分析为本书的后续研究提供了有价值的参考。

近年来，人口老龄化对企业行为影响的研究逐渐增加，Tan 等（2022）、陈熠辉等（2023）、王蕾茜等（2024）均利用中国上市企业数据展开研究，分别考察了人口老龄化对企业创新、融资决策和数字化转型的影响。

2.5 企业投资行为影响因素相关文献

（1）企业固定资产投资行为相关文献

关于企业固定资产投资的文献可谓汗牛充栋。其中一类文献是从税收优惠的角度展开讨论，Jorgenson 和 Hall（1967）是这一领域的开创性经典文献，后来人们逐渐完善了相关的理论与实证研究。Yagan（2015）利用2003年美国红利税率调整适用范围的差异，系统考察了税收对企业投资决策的影响，其结论显示，税率调整对投资的影响非常微弱。

Zwick 和 Mahon（2017）借助美国固定资产加速折旧政策的实施作为自然实验，该研究认为，政策调整显著促进了企业固定资产投资，尤其是小规模企业。Ohrn（2018）则讨论了美国促进国内生产活动减税政策（domestic production activities deduction）的影响，其也发现税率下降显著促进了企业固定资产投资。

刘行等（2019）、刘啟仁等（2019）利用中国2014年固定资产加速折旧政策做了类似的研究。还有一些研究以2004—2009年中国的增值税由生产型转变为消费型作为自然实验，代表性文献有聂辉华等（2009）、Wang（2013）、Zhang 等（2018）、许伟和陈斌开（2016）、申广军等（2016）。这些研究得到的一个基本观点是：税收优惠能够显著促进企业的固定资产投资。此外，范子英和彭飞（2017）以2012年的"营改增"政策作为自然实验，也得到了类似的结论。

还有一类文献从宏观经济不确定性或政治不确定性的角度展开讨论。Julio 和 Yook（2012）以美国总统的换届选举来衡量政治不确定性，其研究发现，政治不确定性显著降低了企业投资水平。而 Gulen

和 Ion（2016）则以经济政策不确定性作为研究出发点，同样发现不确定性的提高显著降低了企业投资，更为重要的是，该效应与企业所处行业的资产可逆性有关。李凤羽和杨墨竹（2015）、刘贯春等（2019）也得到了类似的结论。另外，还有些文献从中国现实背景出发，研究了僵尸企业对企业投资的挤出效应（谭语嫣等，2016）。

与本书研究最相关的一类文献探讨了劳动力成本变化如何影响企业的固定资产投资行为。潘红波和陈世来（2017）以2008年《劳动民法典》的实施作为自然实验展开研究，其研究结果显示，该冲击显著降低了民营企业的投资水平，并且对劳动密集型行业的影响更大，这会进一步对区域经济增长产生负面效应。

与上述研究不同，唐珏和封进（2019b）以省级养老保险征收机构变更作为自然实验，研究了由社会保险缴费上升导致的劳动力成本提高如何影响企业的资本劳动比。上述实证分析发现，社会保险缴费的增加促进了企业的固定资产投资，并且减少了劳动力雇佣，说明企业更倾向于利用资本替代劳动。同时，在劳动密集度高、规模较小的企业中，这种替代效应更加显著。另外，Garcia-Macia（2020）的研究也具有启发意义，他在分析劳动力成本如何影响企业投资时，利用行业实际工资增速与企业的劳动份额滞后项作为外生冲击，发现实际工资水平上升1个百分点会使得企业的固定资产投资降低0.33个百分点。

虽然人口老龄化可以通过提高劳动力成本的机制对企业固定资产投资行为产生影响，但是人口老龄化也可以通过其他途径产生影响，如劳动生产率、宏观经济环境等，有必要专门展开讨论，这些内容本书将在第4章具体探讨。

（2）企业创新和研发投资相关文献

探索企业研发投资影响因素的相关文献不胜枚举，其研究大致可分为两个方向：微观企业自身的因素研究和外部环境变化的因素研究（孟庆斌和师倩，2017）。不同于固定资产投资等项目，企业的研发投资具有结果不可预测性和失败风险高等特点（Holmstrom，1989），而相关的研发支出决策通常由CEO等公司高管做出，因此企业决策者的特征是影响企业研发强度的重要因素。

Barker和Mueller（2002）的研究显示，如果公司的CEO比较年轻、具备工程师或研发工作经验，则其研发投资强度往往更高，Hirshleifer等（2012）也发现，自信的CEO更愿意进行研发投资。与之相关的一些文献提出，公司治理结构也会潜在地影响企业的研发投资和创新行为（Sapra et al.，2014；Honoré et al.，2015）。

另外，企业的研发投资具有长周期性，并且需要大量的资金作为支撑（前期沉没成本），因而融资约束通常会成为限制企业增加研发投资、弱化企业研发动机的关键因素（马光荣等，2014；谢家智等，2014；Lin et al.，2017）。同时，由于银行贷款的"所有制歧视"等问题，民营企业的研发投资往往对融资约束更敏感（张杰等，2012）。

另一类文献则从企业外部环境角度入手，探索影响企业研发投资的影响因素。从缓解企业融资约束的角度看，解维敏和方红星（2011）发现，地区金融市场化程度的提高有助于缓解融资约束，从而促进企业的研发投资，并且该效应对于小规模企业和私有企业更为明显。而张嘉望等（2019）则从政府行为入手，认为政府干预（用市场化程度衡量）可以通过补贴等手段加大研发的扶持力度，缓解企业融资难题。

Rao（2016）从研发成本角度入手，其实证分析显示，研发税收减免政策可以降低企业的研发成本，从而提高企业的研发投资强度。还有一些研究从创新的特点出发进行分析，一方面，创新具有正外部性，私人部门的研发投资通常是不足的，专利保护或类似的私有产权保护措施有助于防止企业竞争对手的模仿行为，增加企业的垄断利润，降低研发投资回报的不确定性，从而增加企业的研发投资（Lin et al.，2010；Czarnitzki and Toole，2011）；另一方面，研发活动具有长期性和高风险性的特点，这使得企业的研发投资对外部环境的不确定性保持较高的敏感性。

Wang 等（2017）、孟庆斌和师倩（2017）的研究以此为切入点，前者发现，由地方官员更替引起的政策不确定性显著减少了企业的研发投资，尤其是存在政治关联的企业；而后者则认为，宏观经济政策不确定性的上升会促使企业增加研发投资，以提高创新水平，增强企业的生存能力和竞争优势。实际上，Cuervo-Cazurra 和 Un（2007）与孟庆斌和师倩（2017）具有类似的逻辑，他们认为经济的开放加剧了企业在产品市场上的竞争，从而会引致企业通过提高研发投资来保持竞争力。从广义范围来说，本书也考察企业经营的外部环境变化对企业研发投资的影响，但是研究的立足点不同于现有文献，我们从中国快速的人口结构转型角度切入。

此外，虽然当前已有一些文献关注人口老龄化对创新的影响（汪伟和姜振茂，2016；姚东旻等，2017），但是很少有文献从微观企业视角，直接考察人口老龄化对企业研发投资的影响。与本书研究内容较为相关的是考察劳动力成本上升对企业研发和创新的影响。

有些学者认为劳动力成本上升不利于企业创新。Ricardo（1951）基于生产函数的规模报酬不变这一假定，认为当劳动力成本上升时，市场达到均衡状态时会减少资本要素的投入，这显然不利于内嵌于资本投入中的技术创新。Grossman 和 Helpman（1993）也持同样的观点，根据需求定律，劳动力要素价格的上升必然会导致对劳动力要素的需求下降，进而造成工人的失业，从而不利于企业的技术进步。而另有一些学者则认为劳动力成本上升能够促进企业创新。Romer

（1987）认为提高工资水平具有创新激励效应，企业创新能力随着员工劳动报酬的提高而提升。

Van Reenen（1996）利用英国公司的面板数据考察了技术创新与工资水平的相互影响，发现两者之间存在替代效应。Acemoglu（2010）的研究结论进一步为这种观点提供了理论支撑，认为劳动力成本上升会"倒逼"企业用资本要素代替劳动要素，促使企业更多地使用先进的机器设备和研发技术，从而提高企业的研发创新水平。

在国内学者的研究中，林炜（2013）发现企业的创新能力随着劳动力成本的上升而增强，并且对其员工有着不同年龄构成的企业激励弹性不同。赵西亮和李建强（2016）也发现劳动力成本上升对制造业企业创新行为有着激励作用，而且这种激励表现出异质性。程虹和唐婷（2016）分析劳动力成本上升对不同规模企业创新的影响程度，结果发现劳动力成本上升对企业创新的促进作用主要体现在大型企业。

董新兴和刘坤（2016）发现实际工资上涨能够显著增加公司的研发支出，并且实际工资上涨带来的人力资本质量提升效应要比要素替代效应发挥的作用更大。倪骁然和朱玉杰（2016）发现，《民法典》实施后，对于劳动密集型企业而言，以研发投入衡量的创新投入显著增加。

（3）企业对外直接投资相关文献

在国际贸易领域等已有文献中，很多研究分析了企业对外直接投资的决定因素。Helpman 等（2004）认为，企业进行对外直接投资（OFDI）时需要在两种成本之间权衡，即在国外生产产品的可变成本和在国内新增投资进行生产的固定成本。因此，相对成本的变化对企业 OFDI 的决策至关重要。从企业内部因素来看，生产率是企业是否进行 OFDI 的决定因素，通常有着高生产率的企业会进行更多的对外投资（Yeaple，2009）。从企业外部环境来看，汇率冲击以及企业所在母国的金融发展程度都会影响企业的 OFDI （Russ， 2007；
Giovanni， 2005）。

随着中国企业对外投资的高速增长，越来越多的学者试图探索中国企业 OFDI 背后的驱动因素。一些文献研究指出，企业的避税动机是推动其进行跨国投资的重要因素（Morck et al.， 2008；刘志阔等，2019）。而随着中国经济对资源和能源需求的不断增加，Buckley 等（2007）、王永钦等（2014）认为通过跨国公司内部化的方式来保证稳定的资源和能源供给也是中国企业进行 OFDI 的另一重要驱动因素。

蒋冠宏和蒋殿春（2012）指出，东道国的市场潜力也成为对外投资的重要决定因素。进一步，李磊等（2018）的研究发现，外商直接投资使得东道国获取了跨国投资的相关经验，并与其形成了一定的竞争与合作关系。同时，其带来的技术溢出效应还可以提升东道国的企业生产率水平，从而促进国内企业的对外直接投资，即"引进来"有助于企业"走出去"。

此外，闫雪凌和林建浩（2019）发现，领导人出访能够增进政治互信，显著促进中国企业对到访国的对外直接投资。同时，随着中国对全球经济影响力的持续提升和转向更为主动的外交政策，这种正面效应会日益增强。

还有一些文献从企业自身角度出发，探寻影响企业对外直接投资的影响因素。通常而言，企业 OFDI 需要大量的固定资本投资，而且还要面临信贷支持力度低、收益不确定性等困境，因而融资约束会对企业 OFDI 产生严重的抑制效应（刘莉亚等，2015）。

进一步，蒋冠宏和曾靓（2020）研究了融资约束对企业对外投资模式的影响，他们发现，由于中国的跨国并购需要的资金规模大于绿地投资，因而融资约束较轻的企业更倾向于跨国并购，而融资约束严重的企业更倾向于绿地投资。陈琳等（2019）则从企业在全球生产链中的位置出发，认为处于生产链两端的企业更倾向于进行对外直接投资。而李磊等（2017）的研究更注重于考察服务业企业，其研究显示，企业的生产率、人力资本水平以及资本密集度是促进OFDI的重要企业特质因素。

从企业经营的宏观环境来看，汇率的波动是影响企业对外投资决策的重要因素（陈琳等，2020），这是因为汇率波动提高了不确定性，会抑制企业的投资活动。与此同时，汇率波动也会导致企业的期望利润下降，降低企业对外投资的可能性。本书的研究与最低工资视角存在差异，两者的影响范围和作用机制也不同。同时，人口老龄化还可以通过影响劳动生产效率等其他方式对企业的对外直接投资行为产生影响，因而需要单独展开研究。

（4）实体企业金融投资相关文献

对于企业为什么持有金融资产，现有文献进行了较为系统的研究，目前主要提出了"蓄水池效应"和"投资替代效应"两种理论进行解释（彭俞超，2018）。"蓄水池效应"认为非金融企业持有金融资产是为未来的投资而储存流动性，因此金融化能够促进企业的实体投资（Smith and Stulz，1985；Stulz，1996；Duchin，2010；Kliman and Williams，2015；Duchin et al.，2017）；而"投资替代效应"认为，企业是为了追逐利润而持有金融资产（Orhangazi，2008；Demir，2009；Tori and Onaran，2018）。

根据张成思和张步昙（2016）、彭俞超等（2018）的研究，中国企业进行金融投资的主要动机是利润追逐，而非预防性储蓄，因而更加符合"投资替代效应"理论。基于此，后续的许多研究试图寻找企业用金融投资代替实体投资，从而造成实体企业金融化背后的原因。

一些学者从公司的特质因素出发，认为某些中国机构投资者具有短视性，这会导致其企业管理层更加关注短期效益，从而导致机构投资者持股占比较高的企业更愿意将其资金配置于回报周期短的金融资产（刘伟和曹瑜强，2018）。

在与之类似的一项研究中，柳永明和罗云峰（2019）发现，公司股东施加的外部盈利压力会促使企业投资于高收益的金融资产，从而挤出实体经济投资。杜勇等（2019）则以公司高管的金融背景为研究切入点，其研究结果显示，具有金融行业工作经历的CEO会对其金融投资效益更加自信，且有助于缓解企业的融资约束，从而通过这两条机制提高了实体企业的金融化程度。

另外，还有一部分研究从金融市场体制的角度出发，分析实体企业"脱实向虚"的原因。彭俞超（2018）发现，企业在缺少直接融资的情况下，经营风险越小的企业越能够从银行系统中获得信贷支持，而在影子银行高收益的背景下，这类企业倾向于将多余的资金投资于影子银行，从而导致资金出现"脱实向虚"现象。

杨筝等（2019）借助于中国放开贷款利率限制这一准自然实验，认为贷款利率下限的放开有助于降低企业的债务成本，这可以提高实体投资收益率，从而起到抑制实体企业资金"脱实向虚"的作用。杜勇和邓旭（2020）认为，融资融券制度的实施提高了企业的金融化程度，但主要体现在融资交易上，这是因为融资交易增强了企业利用金融资产投机套利，缓解短期盈利压力，维护股价的动机，从而促进企业投资于更多的金融资产。陆蓉和兰袁（2020）也有类似的研究结论。

此外，还有一些文献认为企业外部经营环境是影响其金融化程度的重要潜在因素。例如，彭俞超等（2018）发现，经济政策不确定性程度的上升增加了金融市场的系统性风险和企业经营风险，从而抑制了企业的金融化趋势。而戴静等（2020）的研究显示，当地金融部门人力资本水平越高，企业金融资产配置水平往往越高。

在广义范围上，本书考察外部经营环境变化对企业金融化的影响，但是研究的切入点不同以往，本书将以人口结构转型作为新的研究视角，试图考察人口老龄化对经济"脱实向虚"的影响，并揭示其背后的驱动因素。

2.6 文献评述

根据上文中对已有文献的回顾，我们可以从以下两个方面给出评述，以说明现有研究待完善之处：

第一，关于人口老龄化经济效应的研究。已有的关于人口结构转型的文章主要聚焦于人口老龄化对宏观经济产生的影响，侧重于分析其对经济增长、储蓄、产业结构、贸易（结构）以及财政、社会保障等相关方面的影响。虽然这些研究从不同的方面进行了较为深入的考察，但是从微观视角研究人口老龄化的经济影响的文献并不多见。特别地，人口老龄化对经济运行的全领域具有深远影响，能够改变企业的生存环境从而对企业行为产生潜在的重要影响。不过，目前鲜有文献进行系统性研究，仅有的几篇文献主要研究了人口结构变化对企业出口以及企业进入行为的影响。

第二，通常的观点认为，经济发展一般伴随着资本深化，资本替代劳动似乎成为一种普遍规律；人口老龄化程度的加深进一步为企业用资本替代劳动提供了外在激励。但是，当前中国经济存在着产业结构升级缓慢、高端产品供给不足与低端产能过剩、中小企业发展质量良莠不齐等经济结构性失衡问题。这些现象的存在是否是由于存在某些因素阻碍了资本对劳动的替代，使得企业无法实现要素禀赋结构升级？对于这一问题的答案，现有文献未给出明确的答案。

第三，关于人口老龄化对技术进步、创新等产生负面或正面影响的原因，已有研究也未提供确切的答案，尤其是缺乏相应的经验证据。同时，在这些文献中，或者缺乏对影响机制的详细考察，或者难以适应企业角度的分析。因此，本书的研究尝试进一步完善人口老龄化影响科技创新的原因分析。

第四，关于中国企业对外直接投资快速增长驱动因素的文献，目前主要侧重于讨论避税动机、获取自然资源和技术溢出动机以及利用东道主的市场潜力动机等方面，而本书的研究则试图从人口结构转型的视角展开，从而拓展了企业OFDI的动因研究，为相关文献提供了有益的补充。

第五，在分析中国实体企业过度金融投资的文献中，学者们主要从金融体制、企业盈利压力、股权结构以及"高管"背景等方面进行解释，而本书则从人口结构因素这一全新的研究视角出发，从而对现有的研究结论提供有益的补充，拓展了经济"脱实向虚"的成因研究。

宏观视角下人口老龄化对企业投资行为影响的初步探讨

3.1 人口老龄化与企业投资：宏观层面的理论分析

3.1.1 企业投资的界定

在宏观经济学中，国内生产总值按照支出法可以分为消费、投资、政府购买和净出口，因此投资主要是指有形物质资本积累，如机器设备、厂房、计算机等。从这个意义上讲，企业投资主要是指企业的改建、扩建等投资，而这些固定资产投资既可能是企业在国内市场上的投资，又可能是在国际市场上的投资。

从更广泛的意义上讲，我们可以把投资理解为将当期收入转化为资本，以期在未来产生收益，即牺牲当前的利益以换取未来收益。企业可以通过研发获得新技术、新生产工艺或新产品，以此在产品市场上获得竞争优势，甚至是垄断利润等。此时，企业为了技术改造和产品升级进行的投入也可以理解为投资行为，即企业的研发投资行为。

另外，随着金融市场的逐渐完善，许多企业也开始进行金融资产投资，不论是出于"储存流动性"还是"投资替代"，企业的金融投资行为本质上都是为了在未来获得收益，因此也可以理解为企业的一种投资行为，即企业的金融资产投资行为。

3.1.2 人口老龄化对企业投资行为的潜在影响

随着经济和社会的发展，工业化国家和一些发展中国家的人口结构正在发生剧烈变动，其人口出生率逐渐下滑，甚至低于更替率，同时人均预期寿命也在延长，由此导致人口老龄化成为世界范围内的普遍现象。当前，我国的人口结构已经由改革开放初期的成年型转变为老年型，并且人口老龄化的速度逐渐加快，人口老龄化的程度也日益加深。"人口老龄化对经济运行全领域、社会建设各环节、社会文化多方面乃至国家综合实力和国际竞争力，都具有深远影响，挑战与机遇并存。"[①]

因此，系统研究人口老龄化对企业投资的影响既有利于我们更好地制定"积极应对人口老龄化"的相关政策，也有利于我们理解在人口老龄化程度不断加深的背景之下如何"稳定制造业投资"。

从微观层面的角度来看，个体将经历出生、发育、成长到衰老的连续变化过程，其会随着年龄的增长而逐渐老化。当个体进入老年阶段（60或65岁以后）时，我们可以称其进入了个体老龄化阶段，此时，个体的身体机能、创新创造能力，以及对新事物、新技术的接受能力可能都会发生变化（能力减弱）。

在一些研究中，一个国家人口的中位数年龄成为其人口老龄化程度的一种衡量方式。实际上，关于人口老龄化的含义，更多的是从宏观层面进行理解，人口老龄化是指整个社会中老年人口在总人口中所占的比重不断增加，社会人口年龄结构呈现老年状态。按照联合国的划分标准，当一个国家或地区60岁及以上年龄人口占总人口的比重超过10%，或65岁及以上年龄人口占总人口的比重超过7%时，则表明该国家或地区步入了人口老龄化阶段。

自2000年我国步入老龄化社会以来，在第一个十年中，我们处于老龄化的加速阶段，而在第二个十年中，则进入了老龄化高速阶段。人口老龄化是一个不可逆转的转变过程，因此要积极应对，必须准确理解其对经济、社会等各个方面所产生的影响。

根据已有文献的研究结论与政策分析结论，本章总结了人口老龄

---

① 摘自《国家积极应对人口老龄化中长期规划》。

化对宏观经济产生影响的几个方面，[①]从而通过宏观视角分析人口老龄化对企业投资产生影响的可能路径。

（1）储蓄率途径的潜在影响

第一，人口老龄化可以通过减少储蓄（降低储蓄率）的方式改变企业的投资行为。根据生命周期理论，一个人在老年期的消费高于收入，进行负储蓄，因此就一个国家而言，如果该国的老年人比重或老年抚养比较高，则储蓄率将会较低：储蓄率会随着人口老龄化程度的加深而逐渐降低。

另外，人口结构转变与经济增速的交互作用也会影响经济中的储蓄率。与处于负储蓄状态的老年人相比，经济增速放缓使得经济中处在工作期的年轻人积累财富的速度变慢（汪伟，2010），因此经济增速的放缓也潜在地降低了拥有正储蓄的年轻人的储蓄率，从而影响经济中信贷资源的供给。图3-1的数据显示，随着人口老龄化程度的加深，我国的国民储蓄率的确出现了下降的趋势。

根据宏观经济学理论，企业投资的资金来源于经济中的储蓄，因此如果人口老龄化最终会降低储蓄率，那么企业的信贷资源将会减少，这将导致企业的固定资产投资、研发投资等活动受到影响，抑制企业的生产性投资行为。而信贷资源的有限供给还可能会提升企业贷款的利率水平，这也会降低企业对固定资产投资、研发投资的需求。

另外，老年期的消费大于收入，这时个体会通过出售资产等筹集老年时期的消费资金，因此当老年人口比重上升时，资产价格趋于下降，从而利率水平趋于上升，由此企业的融资成本趋于上升，而这会进一步抑制企业固定资产投资的增加。

---

① 此处仅部分列出人口老龄化对宏观经济的影响，主要考虑与我们后文的研究结合比较紧密的几个方面。

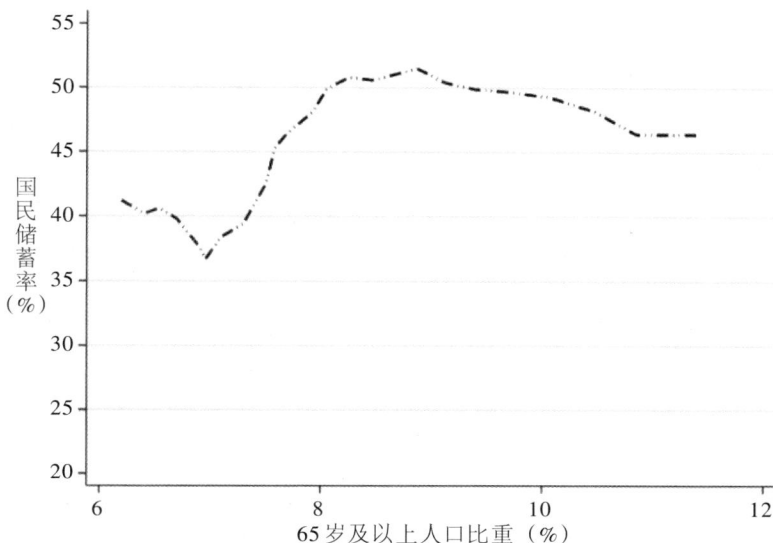

图 3-1　人口老龄化与国民储蓄率关系图

（2）劳动力市场途径的潜在影响

人口老龄化也可以通过影响劳动力供给、劳动力成本等方式来改变企业的投资行为。从劳动力市场的角度来看，一方面，人口老龄化改变了劳动力的供给状况，降低了劳动力供给的增长速度，甚至最终会减少劳动力的绝对数量，导致劳动力市场上出现供给相对不足、短缺的情况，影响企业生产扩张以及新企业的进入等。即便是在需求不变的情况下，这种劳动力短缺也会潜在地提高劳动力市场的均衡工资水平，提升企业的劳动力成本。

另一方面，人口老龄化也可以改变对劳动力的需求和劳动力成本。人口老龄化程度的加深能够促进养老产业、医药制造行业以及旅游行业的发展，客观上增加对劳动力的需求。因此，人口老龄化改变了劳动力市场的供需结构，进一步提升了总体劳动力成本，从而可能对企业的生产经营决策等产生影响。

此外，人口老龄化还可能通过社会保障体系增加企业劳动力成本。从养老保障体系和医疗服务体系的角度来看，人口老龄化程度的加深增加了社会养老负担，使现收现付制下的养老保险制度对养老金的需求越来越多，医疗需求也会逐渐增加，因而增加了财政负担，政府、企业等部门在养老保险等方面的负担也会逐渐加重，从而使财政的可持续性面临严峻的挑战。由于我国的养老保障制度建立时间不长，存在征缴力度不足、缴费基数不实等现象（鲁於等，2019），人口老龄化程度的加深可能会使得政府部门加强社会保险费的征缴力度，从而在客观上提升了企业的劳动力成本。

随着人口老龄化程度的加深、劳动力无限供给特征的消失，劳动力供给正在逐渐减少，这会使得劳动-资本比呈现出逐渐下降的趋势，导致资本回报率迅速降低，因此企业可能选择减少实体投资或者制造业投资等生产性投资行为。同时，人口红利逐渐消失、劳动力供给逐渐减少，可能会导致劳动力市场均衡工资上升，这会使得部分企业丧失原有的低劳动力成本的比较优势，从而压缩企业生产性经济活动的利润空间，进而可能会使企业减少实体投资，转而投资于收益率更高的金融资产，或者选择对外投资的方式寻找廉价劳动力以规避劳动力成本、寻找战略性资源以提高技术水平等。

因此，劳动力供给的减少、劳动力成本的上升可能会使得企业减少其固定资产投资等生产性投资，增加实体企业的金融和房地产等非生产性投资，同时也可能使得企业增加对外直接投资以规避劳动力成本的上升，而企业社会保险缴费负担的加重也可能使得企业减少其固定资产投资等生产性投资，增加对外直接投资等。

（3）劳动生产率途径的潜在影响

人口老龄化也可能会通过影响劳动生产率的方式改变企业的投资行为。企业为了应对劳动生产率的下降，可能会选择增加固定资产投资以资本代替劳动，也可能会选择增加研发投资以技术代替劳动，以提高企业的劳动生产率（封进，2018）。

（4）产业结构转型途径的潜在影响

人口老龄化还可以通过影响产业结构转型和发展的方式改变企业的投资行为。从需求端的角度分析，随着我国消费水平的不断提升和老年人口占总人口比重（人口老龄化）的不断提高，老年人作为一个越来越大的消费群体，为我国消费市场注入了一股"银发动力"，进而影响了供给端的发展和相应的政策调整。

随着人口老龄化程度的日益加深，老年人对医疗保健产品的消费需求日益增加，从而带动了医药等相关行业的发展，促使我国的产业结构向高端制造业的方向迈进。除此之外，针对老年人的服务业也会随之蓬勃发展，例如，养老院、医院、看护院以及家政和寿险服务等。而服务需求的增加会带动供给端迅速发展，也会加剧产业内部之间的竞争，从而对行业向更高质量的发展也会有进一步的促进作用。

由此，人口老龄化可以促使产业结构由传统的制造业向服务业迈进，这有利于我国产业结构的转型和升级。另外，大部分老年人在退休后拥有大量的空闲时间，因此其对休闲娱乐的需求也会逐渐增加，老年旅游、老年大学（学校）的发展丰富了老年人的生活，同时也带动了产业结构的升级和发展。

人口老龄化对产业结构转型和发展带来的影响也成为影响企业投资的一支重要力量。一方面，产业结构的转型和发展意味着一些行业的衰落，人口结构的改变促使消费者对一些行业的产品需求降低，因而这些企业的潜在投资机会减少，企业可以获得的利润也会降低，从而影响这些企业管理者的投资意愿。这些因素都会影响企业的固定资产投资、研发投资等行为，使企业管理者思考是否通过对外直接投资的方式拓展海外市场，或者改变投资方向转而投资于金融资产以获得利润等。

另一方面，人口老龄化带来的产业结构升级、转型效应意味着一些新的产业和投资方向的出现，因而部分企业的潜在投资机会会增加，而消费者对这些产品需求的增加也会提高企业可以获得的利润，从而也会进一步激发这些企业管理者的投资意愿。这些因素也会潜在地影响企业的固定资产投资、研发投资、对外直接投资等行为。

（5）风险偏好途径的潜在影响

从宏观风险偏好的角度来看，人口老龄化使得社会整体更加规避风险、厌恶风险。个体的风险厌恶程度随着年龄而变化，通常，老年人的风险厌恶程度要高于年轻人。一篇具有代表性的文献（易祯和朱超，2016）指出，从宏观层面来看，风险厌恶随着经济体中平均年龄的上升而上升。因此，当一个国家人口老龄化越来越严重时，该国整体的风险厌恶程度也会随之提高，经济体中的风险厌恶行为也将增加。

从广义的视角来看，企业的进入行为也是一种投资，那么人口老龄化将会通过提升风险厌恶水平、减弱企业家精神等方面降低企业的进入率，从而使得经济主体对投资的需求降低，不利于企业实体投资的增加。即便是不考虑企业进入这种情况，人口老龄化也可能影响现有企业的投资。

企业的研发投资、新设投资项目（固定资产投资、对外投资等）能否获得成功存在很大的不确定性，因此做出该决策可能需要决策者拥有较强的风险承受能力。而人口老龄化程度的加深使得企业减少了年轻人的升职机会，从而中老年人更有可能占据决策者位置（Liang et al.，2018），这使得决策者的风险厌恶程度提高，从而不利于企业增加研发投资以及新设项目投资等。另外，老年人比重上升也会导致整个经济中投资主体风险偏好降低，有效投资需求和消费信贷需求下降，而这可能导致利率水平下降。因此，人口老龄化可以通过改变风险偏好行为的方式影响企业的固定资产投资、研发投资、对外直接投资等生产性投资行为。

（6）宏观经济政策途径的潜在影响

人口老龄化也有可能通过影响宏观经济政策的方式改变企业的投资行为。一方面，人口老龄化程度的加深加重了政府的养老负担，限制了政府实施反周期政策的能力，压缩了财政政策发挥的空间；另一方面，由老年人主导的社会对通货膨胀的容忍度将不断下调，势必削弱货币政策刺激总需求的能力，增加政策实施成本，迫使中央银行改变货币政策，其可能采取更激进的措施以达到原有的效果，从而强化了金融脆弱性。因此，从宏观政策的经济视角来看，人口老龄化程度的加深削弱了货币政策和财政政策的有效性（李建强和张淑翠，2018）。

当政府财政和货币政策的有效性被人口老龄化削弱时，在经济下行期，扩张性经济政策对有效需求的提升作用变小，使得企业增加生产的动力减弱，因而导致企业投资水平的增加有限。由此，与成年型国家相比，老龄化程度较深的国家抑制了扩张性政策对企业投资的刺激作用，在一定程度上抑制了企业投资的增加。另外，人口老龄化一定程度上会带来经济增长的放缓，中央银行可能会通过降低基准利率等刺激经济（Gagnon et al.，2016），从而也可以起到促进企业相关投资的作用。但是，在企业投资比较低迷的时候释放流动性，也会导致企业将资金投入金融和房地产行业，增加非生产性金融类资产的投资。因此，人口老龄化通过影响宏观经济政策的方式有可能会降低企业的固定资产投资，增加实体企业的金融投资。

此外，人口老龄化程度的加深会导致社会中对养老、医疗等产品的消费需求增加，因而政府可能会通过实施相应的产业引导政策，鼓励某些产业的发展，比如，老年相关产业。此时，这类产业很可能会得到更多的信贷资源、政策支持等，从而影响整个经济中金融支持的力度、信贷资源的供给情况，进而影响企业的投资行为。因此，人口老龄化也可以通过需求推动、政府供给侧结构性改革等方式影响企业的投资行为。

　　基于以上分析与界定，图3-2概述了以上内容。因此，本书所研究的企业投资主要包括企业为应对人口老龄化对生产造成的不利影响而进行的固定资产投资（资本代替劳动）和对外直接投资行为，以及企业为实现技术升级等进行的研发投资行为，还包括企业为获得更高的收益而进行的金融投资行为。

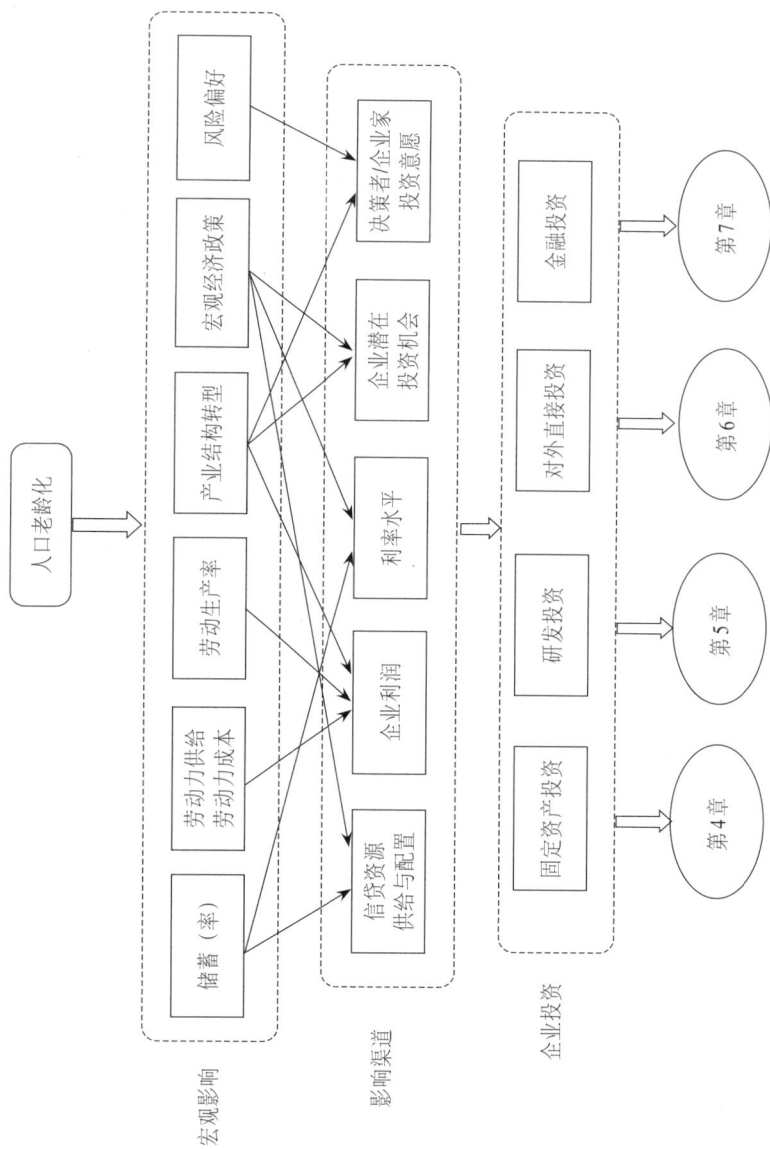

图 3-2　核心章节关系图

3.2 人口老龄化与投资的宏观典型事实

在正式开始本书的实证研究之前，我们首先利用宏观数据给出一些相关的典型事实。

3.2.1 人口老龄化与固定资产投资

本小节给出了关于人口老龄化与固定资产投资占GDP比重的散点图。①随着人口老龄化程度的不断加深，制造业的劳动力成本快速上涨，企业的雇佣成本变得越来越高昂，这将在很大程度上改变中国制造业部门中资本、劳动等生产要素的市场相对价格。因此，理性的企业决策者会调整要素投入组合，以实现利润最大化：增加固定资产投资，减少劳动雇佣，通过使用资本代替劳动进行生产。如果上述过程存在，在宏观数据上可能会表现为人口老龄化程度越加深，则固定资产投资比重越高。

图3-3显示，65岁及以上人口比重与固定资产投资占GDP的比重呈现出正相关关系，②从而在一定程度上证实了上述判断。然而，两者之间的相关关系似乎比较微弱，拟合线仅呈现出微弱的向上倾斜的趋势。这也提示我们，是否存在某些因素制约了企业利用资本代替劳动，是否存在一些制造业企业不愿意或者无法增加固定资产投资，而仅仅通过缩小企业规模（减少劳动力雇佣）的方式"消极"应对人口老龄化的负面冲击呢？对此，本书将在第4章给出具体分析。

---

① 数据来源于国家统计局网站和EPS数据分析平台中国宏观数据库。
② 在具体分析时，我们采用如下方法将其标准化：首先，计算固定资产投资占GDP的比重；其次，将该指标剔除省份和时间固定效应；最后，利用经过上述处理后得到的残差值与人口老龄化（65岁及以上人口比重）指标描绘出散点图。

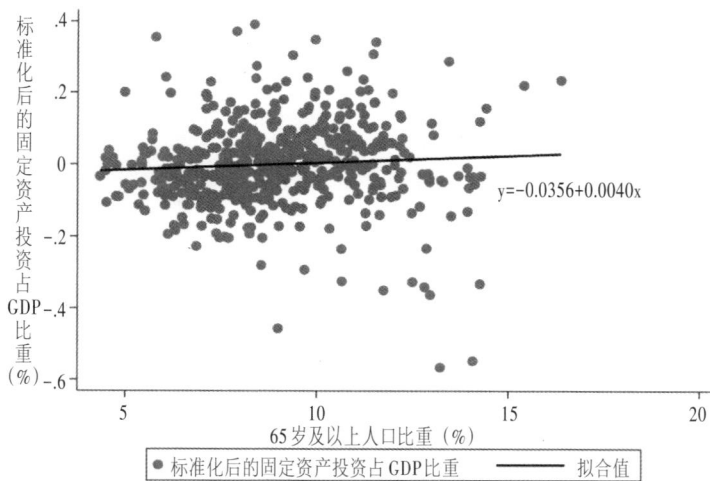

$$y = -0.0356 + 0.0040x$$

图 3-3　人口老龄化与固定资产投资占 GDP 比重散点图

3.2.2　人口老龄化与研发投资

图 3-4 给出了人口老龄化与研发投资之间关系的散点图。①一些利用宏观数据的研究指出，人口老龄化会对科技创新造成不利影响，而图 3-4 的宏观证据似乎也可以为此提供数据支撑。

图 3-4 中的信息显示，研发投资占 GDP 比重与 65 岁及以上人口比重呈现出明显的负相关关系，②人口老龄化程度的加深很有可能会不利于科技创新和技术进步。而《国家积极应对人口老龄化中长期规划》指出，积极应对人口老龄化的第一动力和战略支撑是技术创新，那么在此背景下，深入探究人口老龄化对企业研发投资的影响，以及通过哪些机制产生影响就显得尤为重要。对于这些内容，本书将在第 5 章中给出具体分析。

---

① 数据来源于国家统计局网站和 EPS 数据分析平台中国宏观数据库。
② 与之前的处理方式类似，首先剔除研发投资占 GDP 比重中的省份和时间固定效应，然后利用上述标准化处理后的指标与 65 岁及以上人口比重做散点图。

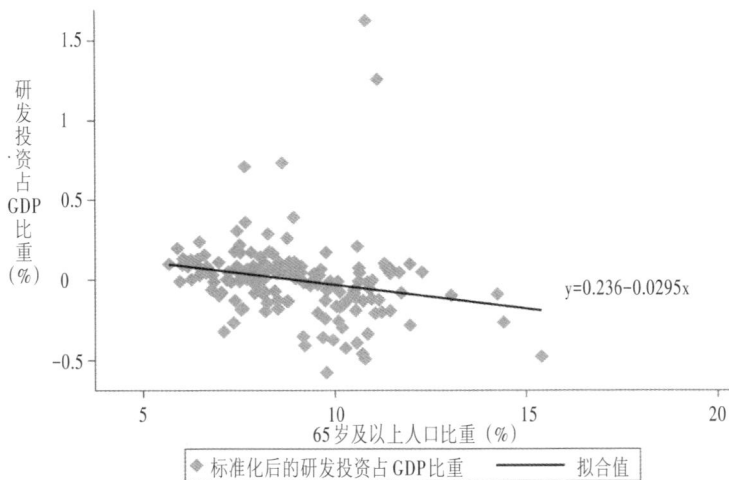

图3-4　人口老龄化与研发投资占GDP比重散点图

3.2.3　人口老龄化与对外直接投资

图3-5给出了人口老龄化与对外直接投资企业数量的变化趋势图。[①]
在经济从高速发展到高质量发展的转型过程中，中国政府不断推出新的
对外开放举措，积极推动"一带一路"倡议，越来越多的中资企业选择
"走出去"，积极拓展海外市场，为中国和世界经济注入新的活力。

图3-5中的数据显示，中国对外直接投资者的数量呈现出迅速上
升的趋势，其中图3-5（a）表示的是境内投资者的总数量，而图3-5
（b）则表示非国有境内投资者的数量。这说明，快速增长的对外直接
投资主要集中在非国有企业群体，而国有企业数量则保持着相对稳定
的态势；与此同时，中国的人口老龄化程度也呈现出同步上升的趋
势。由此，除了已有研究指出的避税动机、获取自然资源动机等，人
口老龄化是否是企业对外直接投资不断增加的重要诱因之一呢？对于
这一问题的答案，本书将在第6章的分析中具体给出。

---

① 　数据来源于国家统计局网站和EPS数据分析平台中国宏观数据库。

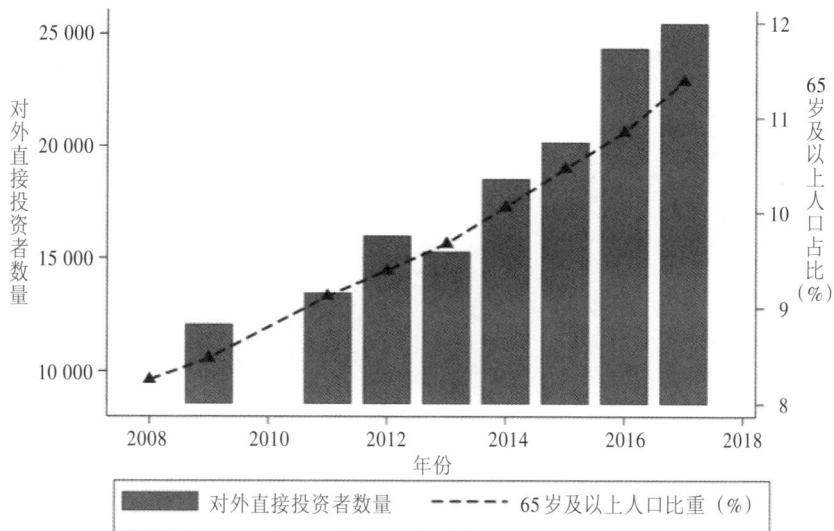

（a）

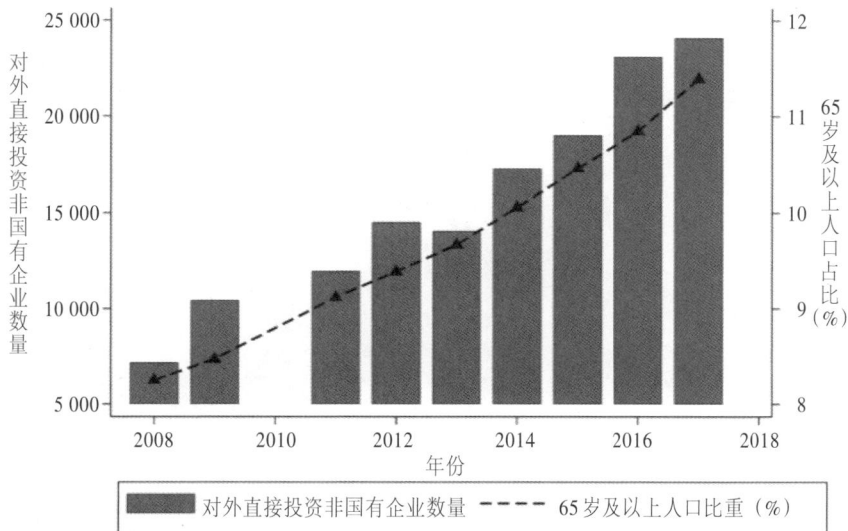

（b）

图 3-5　人口老龄化与对外直接投资企业数量变化趋势图

3　宏观视角下人口老龄化对企业投资行为影响的初步探讨　59

3.2.4　人口老龄化与金融资产投资

本章在图3-6中列示了人口老龄化与金融资产投资之间的关系。在这里，我们借鉴彭俞超、黄娴静和沈吉（2018）的研究，利用房地产投资占固定资产投资的比重衡量宏观上的金融资产投资，该指标也可以用来表示经济"脱实向虚"，即资金脱离实体经济而流向虚拟经济的程度。一些研究显示，房地产投资比重过高会对经济资源的配置效率、经济增长等造成不利影响，不利于支持实体经济发展（罗知和张川川，2015；陈斌开等，2015；2018）。因此，利用该指标衡量"脱实向虚"有其合理性。

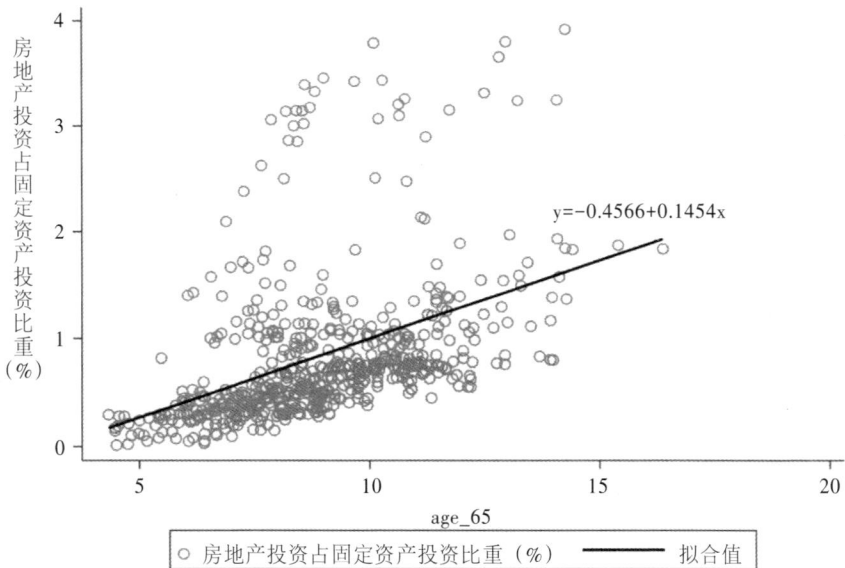

图3-6　人口老龄化与房地产投资占固定资产投资比重散点图

图3-6给出了人口老龄化与房地产投资占固定资产投资比重的散点图，我们可以清晰地看到两者呈现出正相关关系。因此，人口老龄化是否会造成资金流向虚拟经济，进而加剧经济的"脱实向虚"呢？

我们将在第7章中具体回答这一问题。

3.3　本章小结

本章中，首先，我们界定了企业投资行为的概念，从而具体指出本书主要研究的是企业的固定资产投资行为、研发投资行为、对外直接投资行为以及金融资产投资行为等。

其次，我们从宏观视角初步分析了人口老龄化可能会通过储蓄率途径、劳动力供给与劳动力成本途径、劳动生产率途径、产业结构转型途径、宏观风险偏好途径以及宏观经济政策途径等影响企业的上述投资行为。

最后，本章借助宏观经济数据，初步描绘了人口老龄化与固定资产投资、研发投资、对外直接投资和金融资产投资或经济"脱实向虚"之间的相关关系，从而为后文的实证研究提供宏观典型事实。

4

人口老龄化对企业固定资产投资行为的影响：
基于资本劳动比视角的分析[①]

① 本章相关内容曾刊载于《南方经济》2022 年第 5 期，标题为：《人口老龄化必然导致资本替代劳动吗》，作者感谢《南方经济》编辑部和匿名评审专家的宝贵意见。

4.1　问题的提出

人口老龄化对经济增长的负面影响不容忽视。与其他国家相比，我国"未富先老"的矛盾尤为突出，因此如何有效应对老龄化带来的不利影响成为政府和学术界关注的重大理论与现实问题。[①]

当老龄化程度不断加深时，劳动力变得日益稀缺，企业雇佣的劳动力变得越来越昂贵，导致制造业的劳动力成本快速上涨，这将在很大程度上改变制造业部门中资本、劳动等生产要素的市场相对价格，进而"倒逼"企业利用资本替代劳动，使得一些企业完成由劳动密集型向资本密集型、技术密集型的转型和升级（张杰等，2016）。

然而中国经济也面临着高端产品供给不足与低端产能过剩，中小企业发展质量良莠不齐等经济结构性失衡问题（陈爱贞、刘志彪，2016）。这些现象的存在使得我们开始进一步思考：在老龄化快速发展、劳动力资源丰裕度不断下降的过程中，是否存在某些因素阻碍了资本对劳动的替代，使得企业无法实现要素禀赋结构升级？

实际上，如果企业试图升级要素结构，通过采用先进的自动化、智能化生产技术以实现资本对劳动的替代，那么必须面临的一个现实问题是：任何新技术的采用和生产方式、过程的升级并不是凭空产生的，而是需要进行大规模固定资产投资。此时，企业会基于利润最大化原则对成本与收益进行权衡，做出是否进行投资的决策。资本替代劳动意味着企业需要承担前期高昂的固定成本，一般而言生产规模越大的企业，越能借助规模经济的优势不断降低固定成本，因而更有动力或意愿承担固定成本的很可能是大型企业（Geroski，2000；

---

① 中共中央、国务院于 2019 年 11 月颁布实施了《国家积极应对人口老龄化中长期规划》，将应对人口老龄化上升为国家战略。

Fabiani et al.，2005）。

另外，企业在资本替代劳动的过程中所需的大额投资资金往往通过外部融资的方式完成（刘啟仁等，2019）。对企业投资决策的预算约束条件而言，如果存在融资约束，那么企业的最优决策也可能发生改变，企业投资的意愿有可能会下降。换言之，即便企业主观上愿意更换新技术、新设备，但是融资约束的存在使得企业客观上无法顺利完成。

为了验证上述猜想，本章尝试利用中国工业企业数据库，将其与人口结构数据进行匹配，以考察人口结构转型如何影响企业的资本劳动比。

具体来看，首先，本章从企业资本深化的角度，分析人口老龄化对资本劳动比的影响，研究发现，人口老龄化程度的加深显著提升了企业的人均固定资产数量。

其次，从理论上看，企业可以通过增加固定资产投资、维持或减少劳动力雇佣人数，也可以通过同时增加固定资产投资和劳动力雇佣人数的方式提高资本劳动比。基于此，本章将分别考查人口老龄化对企业固定资产投资和劳动力雇佣行为的影响，研究结果显示，人口老龄化显著提升了企业的固定资产投资，减少了劳动力雇佣数量，并且企业更有可能利用资本代替原有的低技能劳动力。

根据前文的分析，本章还进一步探索了企业规模效应和融资约束程度是否构成我国工业企业应对人口老龄化的障碍，实证结果显示，人口老龄化并没有显著提高规模较小和融资约束程度较为严重的企业的固定资产投资，但却显著缩小了企业用工规模，说明技术升级换代所需的高昂固定成本投入等因素制约了这类企业利用资本代替劳动的意愿和能力。而且，该结论在更换核心变量测度方式、排除竞争性解释等一系列的稳健性检验下均成立。

最后，我们按照企业的生产水平和出口状态进行了异质性分析，发现人口老龄化的资本替代劳动效应在资本密集型、生产率水平较高以及非出口的企业中更为显著。

与已有研究相比，本章的边际贡献主要体现在以下三个方面：

第一，研究视角独特。已有关于人口老龄化的研究主要侧重于从宏观角度分析其对经济增长、产业结构以及技术创新等方面的影响，本书从微观视角研究了人口老龄化对企业资本替代劳动的影响，进一步扩展了老龄化的经济影响的研究范畴。

第二，研究内容探索性强。已有文献提出智能化生产能够有效应对人口老龄化的负面冲击（陈彦斌等，2019），但并未考察不同企业应对该负面冲击的能力，本书从规模效应和融资约束角度分析了制约企业提高智能化生产的因素，对已有文献进行了补充。

第三，研究结论启示性强。本书的研究结论能够为政府制定积极应对老龄化的相关政策提供经验证据支持，同时也可以为人口老龄化背景下如何"稳定制造业投资"提供相应的政策参考。

4.2　理论分析

从理论角度看，资本与劳动有替代与互补两种不同的关系。根据新古典经济学的观点，生产要素相对价格的变动会促使企业调整其要素投入决策，因此现有文献较多地从劳动力市场和资本市场等角度考察资本与劳动的关系及其影响因素。

从劳动力市场因素出发，Hasan 等（2013）利用跨国行业层面的数据研究发现，劳动力市场的规制政策改变了企业的用工成本，进而影响行业的资本劳动比：通常劳动力规制越少，则该行业越能够利用劳动力替代资本，使资本密集度越低，这一效应在中等收入国家和发展中国家更为显著，并且在低技能占比较高的行业中更明显。从企业层面的数据来看，Autor 等（2007）和 Cingano 等（2016）的研究表明，劳动保护政策会促进企业利用资本替代劳动，提升企业的资本劳动比，即当劳动力相对价格上升时，企业会利用资本替代劳动。

但是也有一些学者指出，劳动力保护政策反而会减少企业投资，降低企业的资本劳动比（Calcagnini et al.，2009；Cingano et al.，2010），资本与劳动之间呈现出互补关系。实际上，Janiak 和 Wasmer（2014）的研究证明，劳动保护等因素的改变如何影响企业资本替代劳动取决于两者之间的技能互补性等多种因素。但是从中国的现实数据来看，工业部门的资本与劳动之间呈现出显著的替代关系（陈登科、陈诗一，2018）。进一步的证据也显示，作为企业用工成本的重要组成部分，当社会保险缴费上升带来劳动力相对价格上升时，企业会通过增加固定资产投资、减少劳动力雇佣等方式实现资本替代劳动力，从而导致资本劳动比上升（唐珏、封进，2019）。

直观上，人口老龄化对企业资本替代劳动的影响与劳动力市场的规制政策类似，其都可以通过提高企业用工成本的机制产生影响，然而除此以外，人口老龄化还可能通过其他途径产生影响。

第一，人口老龄化会造成劳动力年龄结构的老化，而平均来看，劳动生产率会随着劳动力老龄化程度的加深而下降（汪伟等，2019；Maestas et al.，2023），这会使得企业通过增加固定资产投资的方式进行资本替代劳动，从而提高企业的劳动生产率（封进，2019）。

第二，根据生命周期理论，人口老龄化降低了储蓄率，这会导致企业的信贷资源减少，从而影响企业的固定资产投资决策，进而有可能影响企业的资本替代劳动行为。

第三，经济增速放缓可能会使得消费低迷、潜在投资机会减少，此时企业的投资意愿降低，从而会对企业资本替代劳动决策产生影响。同时，经济增速放缓也有可能使得经济政策不确定性程度上升，这也会进一步抑制企业进行技术升级和更新换代的意愿，不利于企业资本替代劳动。因此，有必要专门探讨人口老龄化如何通过改变企业的投资、雇佣行为影响企业的资本替代劳动。

从资本市场角度出发，一些学者认为企业面临的融资约束是制约其资本替代劳动的重要因素。Spaliara（2009）利用英国微观企业数据的研究发现，融资约束程度的提高会降低企业资本替代劳动的能力。更为重要的是，企业的现金流、杠杆率以及抵押品比重等因素均会强化融资约束的负面作用。而且，Spaliara（2011）还发现，由于不同行业间存在技术差距，融资约束对资本替代劳动的负面效应存在异质性。张杰等（2016）利用中国工业企业的微观数据研究发现，融资约束同样是制约制造业企业资本替代劳动的重要因素，而这种负面效应在民营企业、小规模企业以及没有获得政府补助的企业中更为突出。

如果将机器人等智能化生产过程看作一种特殊的资本，那么与本章相关的另一类文献是探索人口老龄化对智能化生产的引致作用，其基本观点是，人口老龄化倒逼企业通过资本替代劳动以提高劳动生产率。Acemoglu 和 Restrepo（2022）利用跨国数据研究发现，劳动力老龄化越严重的国家（地区），机器人等自动化生产技术的使用程度越高。同时，他们还发现，由于机器人和劳动力存在竞争关系，因此机器人的使用会给劳动力市场中的就业和工资带来负面影响（Acemoglu and Restrepo，2020）。

Abeliansky 和 Prettner（2017）的研究也显示，人口出生率的下降会导致经济体更多地使用机器人（智能化）代替生产。而陈秋霖等（2018）的研究得到了同样的结论，他们发现，一个经济体的人口老龄化程度越深，则工业机器人的安装密度越高，并且机器人的应用有助于缓解人口老龄化对经济增长的负面作用。

从宏观证据来看，人口老龄化的"资本替代劳动"效应得到了经验证据的支持，宏观经济现象有其微观基础，因此微观企业也应该表现出通过资本替代劳动来应对人口老龄化带来的负面影响。然而相关的微观经验证据并不多见，尤其是人口老龄化对不同类型企业的固定资产投资和劳动力雇佣决策影响的异质性尚不明确，即是否存在某些因素制约企业通过资本替代劳动提升资本劳动比，而对这些问题的探索有助于我们更好地利用机器人等智能化生产技术应对人口老龄化的负面冲击。

4.3 实证研究策略与数据

4.3.1 计量分析模型设定

本章的主要目的是基于资本劳动比的视角，考察人口老龄化通过增加固定资产投资替代劳动进行生产，而资本替代劳动会带来企业的资本劳动比的提高。因此，我们借鉴唐珏和封进（2019b）等的研究，首先考察人口老龄化对企业资本劳动比的影响，然后具体分析企业通过何种方式应对人口老龄化带来的负面冲击。为此，本小节建立了如下计量分析模型进行实证研究：

$$Y_{i,j,r,t} = c + \beta_1 old\_ratio_{r,t} + \Theta XF_{i,j,t} + \Lambda XR_{r,t} + \alpha_r + \delta_j + year_t + \delta_j \times year_t + \varepsilon_{i,r,t} \tag{4-1}$$

在基准回归中，本章首先考察人口老龄化对企业资本劳动比的影响，此时，$Y_{i,j,r,t}$ 表示企业的人均固定资产，且该指标利用企业的固定资产存量除以从业人数后的对数值进行衡量。

在考察人口老龄化影响企业资本劳动比的机制时，$Y_{i,j,r,t}$则表示企业的固定资产投资、劳动力雇佣人数等变量。本章主要借鉴谭语嫣等（2017）的文献，利用固定资产总值取对数后的差值测度企业投资，同时还借鉴聂辉华等（2009）等的研究，利用当年企业固定资产存量减去上一年固定资产存量来度量企业的新增固定资产投资，并将其除以上一年企业的固定资产存量。从业人数则用企业劳动力雇佣人数的对数值表示。关于解释变量人口老龄化程度$old\_ratio_{r,t}$，本书使用各个省份65岁及以上人口的比重来衡量。

人口年龄结构在很大程度上由几十年前当地人口出生率决定，这一特征使得该变量可以减少内生性问题，并且我国近二十年来人口结构变化速度非常快，这为进一步识别人口结构对企业投资和雇佣行为的影响提供了很好的数据支持。

另外，对于控制变量而言，本章从谭语嫣等（2017），唐珏、封进（2019）等已有文献中进行选取。企业层面的控制变量$X_{i,j,r,t}$，主要包括企业规模、利润率、负债率、融资成本、成立年限、出口状态以及企业所有制性质等；地区层面的控制变量$X_{r,t}$，主要包括人均GDP、城市化率、产业结构、对外直接投资以及对外贸易等。表4-1中，我们给出了详细的企业和地区层面控制变量的定义和测算方法等。

表4-1 变量定义和测算方法

变量名		描述	测算方法
企业层面控制变量	$ln（K/L）$	资本劳动比	企业固定资产（千元）/从业人数的对数值

变量名		描述	测算方法
企业层面控制变量	*Invest*	投资	固定资产总值取对数后的差值；（当年固定资产存量−上一年固定资产存量）/上一年固定资产存量
	lnlabor	企业从业人数	企业雇佣人数的对数值
	lnwage	人均薪酬	应付薪酬总额/从业人数的对数值
	lnasset	企业规模	企业总资产（万元）的对数值
	profit_rate	利润率	企业利润总额占总资产的比重
	liability_ratio	负债率	企业负债总额占总资产的比重
	fin_cost	融资成本	企业财务费用占负债的比重
	export	出口	企业的对外出口取值为1，其他情况取值为0
	firm_age	企业年龄	企业成立年限
	ownership	企业所有制	按照出资比例确定企业所有制
地区层面控制变量	*age_65*	人口老龄化程度	65岁及以上人口的比重
	lngdp	人均GDP	人均总产出对数值
	urban	城市化率	城市人口的比重

变量名		描述	测算方法
地区层面控制变量	*ind_share*	第二产业比重	第二产业总产值占 GDP 的比重
	fdi	外商直接投资比重	外商直接投资总额（人民币）占 GDP 的比重
	ex_import	进出口总额比重	进出口总额（人民币）占 GDP 的比重

4.3.2　数据描述性统计量

本章在实证分析中主要采用1998—2008年中国工业企业数据库中的数据。由于该数据库存在样本匹配混乱、变量大小异常，以及度量误差等问题（聂辉华等，2012），且数据库中没有直接的真实固定资产存量指标，无法确切得知固定资产购买年份，因此推算真实固定资产存量存在诸多挑战（杨汝岱，2015）。

为此，本章首先参照Brandt等（2012）给出的方法将不同年份的企业进行匹配，以测算企业的真实固定资本存量等；随后，按照Cai和Liu（2009）和杨汝岱（2015）等的做法，对数据库中部分指标进行异常值处理，以避免极端异常值和过大的度量误差导致估计结果出现严重偏误的情况。

具体来看：（1）剔除工业总产值、总资产、固定资产、工业增加值以及中间投入品缺失、为零值和为负值的样本；（2）剔除企业从业人数缺失并且小于10的样本；（3）剔除总资产规模小于流动资产、固定资产的样本；（4）剔除本年折旧小于0，并且大于累计折旧的样本；（5）剔除流动负债合计小于应付账款以及负债合计小于非流动负债的样本。

同时，为进一步避免极端异常值对实证研究结果的影响，本章还对企业层面的连续变量进行了上下 1% 的 winsorize 缩尾处理。宏观层面的数据主要来源于历年《中国统计年鉴》和 EPS 中国宏观经济数据库等，其中各省的外商直接投资和进出口贸易总额以美元计价，我们按照中美汇率将其转换为以人民币计价。两个层面的变量按照企业所在地进行匹配，表 4-2 给出了这些变量的描述性统计量。

表 4-2   描述性统计量

变量名	样本量	均值	标准差	最小值	最大值	中位数
$ln (K/L)^1$	2 383 908	4.0220	1.2770	0.5500	7.6890	4.0460
$ln (K/L)^2$	2 358 244	3.8080	1.2990	0.1860	6.9810	3.8620
$Invest^1$	1 717 433	0.1420	0.5320	−1.7960	2.4380	0.0330
$Invest^2$	1 689 184	0.0700	0.5470	−1.7440	2.4220	−0.0210
$Invest^3$	1 720 395	0.1224	0.4420	−1.9999	1.4374	0.0336
$lnlabor$	2 383 908	4.7600	1.1000	2.5650	7.8580	4.6630
$lnwage$	2 379 577	2.4100	0.7450	0.2330	5.0220	2.4100
$lnasset$	2 383 908	7.4250	1.4170	4.6910	12.0090	7.2460
$profit\_rate$	2 383 908	0.0820	0.1690	−0.1910	0.9860	0.0300
$liability\_ratio$	2 383 908	0.5810	0.2850	0.0100	1.3810	0.5920
fin_cost	2 383 908	0.0430	0.1120	−0.0290	1.0000	0.0160
$export$	2 383 908	0.2530	0.4350	0.0000	1.0000	0.0000
$firm\_age$	2 383 908	10.9010	11.5860	0.0000	52.0000	7.0000
age_65	341	8.1020	2.0000	4.0480	16.3750	7.8800
$lngdp$	341	9.2830	0.6820	7.7680	11.2000	9.2400

变量名	样本量	均值	标准差	最小值	最大值	中位数
urban	341	38.5980	16.2660	14.0390	89.0890	35.6630
ind_share	341	45.3890	8.1450	19.7600	61.5000	46.2000
fdi	341	2.6970	2.5820	0.0010	13.5270	1.6950
ex_import	341	31.3520	41.4050	3.1640	172.1480	11.8560

注："¹"表示利用名义固定资产计算的企业资本劳动比，企业投资也采用名义固定资产总值取对数后的差值测算；"²"表示利用实际固定资产计算的企业资本劳动比，企业投资也采用实际固定资产总值取对数后的差值测算；"³"表示企业投资采用"（当年固定资产存量－上一年固定资产存量）/上一年企业的固定资产存量"计算。

4.4　人口老龄化与企业固定资产投资的实证研究结果

4.4.1　人口老龄化对企业资本劳动比的影响

在表4-3中，我们给出了人口老龄化对企业资本劳动比影响的回归结果。关于企业的资本劳动比，本章借鉴张杰等（2016）、唐珏和封进（2019b）等的研究，利用企业固定资产除以从业人数的对数值作为测量指标，其中第（1）、（2）列是利用名义固定资产计算企业的人均固定资产，而第（3）、（4）列则是利用经调整价格因素后的真实固定资产存量计算人均固定资产。在所有回归中，我们均控制了省份固定效应、时间固定效应、行业固定效应以及行业×时间固定效应，并且将误差项在省二位码行业层面进行聚类。

表4-3中的回归结果显示，当不控制任何企业层面和宏观层面的变量时（第（1）、（3）列），人口老龄化程度的加深显著地提高了企

业的资本劳动比。进一步，在回归中加入控制变量以后，表4-3第（2）、（4）列的估计结果表明，不论是利用名义人均资本存量衡量，还是利用实际人均资本存量衡量，人口老龄化的系数仍然在1%的显著性水平上显著为正，即人口老龄化程度提升1个百分点，企业的人均资本存量将会上升1.1%左右。

表4-3　　　　　　　人口老龄化与企业资本劳动比

变量	（1）	（2）	（3）	（4）
	ln（K/L）	ln（K/L）	ln（K/L）	ln（K/L）
age_65	0.0478***	0.0111***	0.0457***	0.0105***
	（0.0087）	（0.0031）	（0.0094）	（0.0036）
lnasset		0.4799***		0.4647***
		（0.0047）		（0.0048）
profit_rate		−0.4877***		−0.5474***
		（0.0269）		（0.0245）
liability_ratio		−0.5889***		−0.5890***
		（0.0159）		（0.0151）
fin_cost		0.1075***		0.1297***
		（0.0231）		（0.0244）
export		−0.3016***		−0.3330***
		（0.0165）		（0.0170）
firm_age		−0.0030***		0.0070***
		（0.0005）		（0.0004）
lngdp		0.3275***		0.2986***
		（0.0442）		（0.0471）

变量	（1）	（2）	（3）	（4）
	ln（K/L）	*ln（K/L）*	*ln（K/L）*	*ln（K/L）*
urban		−0.0083***		−0.0086***
		(0.0006)		(0.0006)
ind_share		0.0058***		0.0085***
		(0.0014)		(0.0015)
fdi		0.0240***		0.0296***
		(0.0025)		(0.0025)
ex_import		0.0012***		0.0011***
		(0.0002)		(0.0002)
企业产权性质	No	Yes	No	Yes
省份固定效应	Yes	Yes	Yes	Yes
时间固定效应	Yes	Yes	Yes	Yes
行业固定效应	Yes	Yes	Yes	Yes
行业×时间固定效应	Yes	Yes	Yes	Yes
Observations	2 430 927	2 383 908	2 408 421	2 361 479
Adj. R-squared	0.1688	0.4431	0.1512	0.4168

注：（1）表中没有报告常数项；（2）括号中的标准误为聚类到省份−行业层面的稳健标准误；（3）*** $p<0.01$，** $p<0.05$，* $p<0.1$。

这些估计结果表明，人口老龄化可能会促使企业利用资本替代劳动，这与前文的理论分析相一致：一方面，人口老龄化程度的加深使得制造业的劳动力成本快速上涨，这将在很大程度上改变中国制造业部门中资本、劳动等生产要素的市场相对价格。因此人口老龄化会

"倒逼"制造业企业减少雇佣劳动，增加固定资产投资并改进技术，从而使得有竞争优势的企业完成由劳动密集型向资本密集型、技术密集型转型和升级（汪伟等，2015；张杰等，2016）。

另一方面，对实体经济来讲，尤其是制造业行业，劳动生产率在中老年阶段一般会随着年龄的增长而降低，人口老龄化会造成企业劳动力年龄结构的老化（Liang et al.，2018；汪伟等，2019），因而使得部分行业企业的劳动生产率下降，而为了应对这种劳动生产率的下降，企业也可能会选择利用资本替代劳动。

关于企业资本劳动比上升，企业可以仅通过减少劳动的方式，也可以仅通过增加固定资产投资的方式，或者两者兼而有之予以实现。根据当前的回归结果，我们无法判断企业采用何种方式应对人口老龄化的负面冲击，因此接下来，本章将分别考察企业的固定资产投资行为和劳动力雇佣行为。

4.4.2　人口老龄化对企业固定资产投资、劳动力雇用的影响

本章的核心是分析企业是否会通过资本替代劳动以应对人口老龄化对劳动力成本、劳动生产率等造成的不利影响，因此本小节将分别考察人口老龄化对企业固定资产投资行为和劳动力雇佣行为的影响。如前所述，我们借鉴谭语嫣等（2017）的方式定义企业投资，即利用企业固定资产总值取对数后的差值进行衡量。在后文的稳健性检验中，我们还采用聂辉华等（2009）的方式进行定义。同时，在回归分析中，我们对企业的劳动力雇佣数量进行取对数处理。

表4-4中给出了人口老龄化对企业投资和劳动力雇佣行为的影响结果。第（1）列的结果显示，在控制其他因素不变的情况下，人口老龄化程度的加深显著增加了企业的固定资产投资，老龄化每上升1个百分点，企业的固定资产投资将会上升0.3%左右。而第（2）列的

结果则表明，在控制其他因素不变的情况下，人口老龄化程度的加深显著减少了制造业企业的劳动力雇佣数量，老龄化每上升 1 个百分点，企业的雇佣人数将会减少 1.3% 左右，该系数在 1% 的水平上显著。这两列的结果共同说明，人口老龄化的确会带来企业利用资本替代劳动，这既符合理论预期，也符合现实情境。

表 4-4　　　　　　　　　人口老龄化与资本替代劳动

变量	（1）	（2）	（3）	（4）
	invest	*ln（labor）*	*ln（wage）*	*tranning*
65 岁及以上人口比重	0.0031**	−0.0130***	0.0279***	0.0049***
	（0.0014）	（0.0029）	（0.0033）	（0.0009）
控制变量	Yes	Yes	Yes	Yes
省份固定效应	Yes	Yes	Yes	Yes
时间固定效应	Yes	Yes	Yes	Yes
行业固定效应	Yes	Yes	Yes	Yes
行业×时间固定效应	Yes	Yes	Yes	Yes
Observations	1 717 433	2 390 713	2 386 182	1 288 556
Adj. R-squared	0.0317	0.5709	0.4384	0.0620

注：（1）表中没有报告常数项；（2）括号中的标准误为聚类到省份–行业层面的稳健标准误；（3）*** $p<0.01$，** $p<0.05$，* $p<0.1$；（4）控制变量与表 4-3 一致。

进一步，人口老龄化使得劳动力成本上升，劳动生产率水平下降，那么企业是否会减少低技能劳动力的雇用，即利用资本和高技能劳动力代替低技能劳动力呢？遗憾的是，目前公开的企业数据库中难以找到统计口径统一的企业技能结构相关变量。①为了验证上述猜想，本章参照唐珏和封进（2019b）的做法，考察人口老龄化对职工平均薪酬的影响。我们发现，人口老龄化程度每上升1个百分点，企业的工资水平会提高2.8%左右（表4-4第（3）列）。这在一定程度上说明，企业更有可能通过购买新的机器设备、雇佣高技能劳动力替代原有的低技能劳动力。

另外，企业也可能通过增加对现有员工的培训，或提高员工技能水平来提高生产率、应对劳动力成本的上升。在表4-4第（4）列中，我们可以发现，人口老龄化程度的加深显著增加了企业对员工的培训费用支出。这些结果说明，企业为了应对人口老龄化，在利用资本替代劳动过程中主要替代了低技能劳动力，并且也会加强对员工进行培训，提高员工的技能水平。由此，本章可以引申出一个推测：当人口老龄化导致制造业企业用资本替代劳动时，部分劳动力逐渐从制造业流入服务业，从而增加了服务业的就业与增加值份额，因此在宏观上表现为产业结构的升级，即第三产业就业比重或产值占GDP的比重逐渐上升，亦说明人口老龄化有利于产业结构的升级（汪伟等，2015）。

4.4.3 人口老龄化影响企业固定资产投资的潜在机制

（1）企业规模的影响

值得注意的是，如果企业利用资本替代劳动是为了利用更加先进的技术，提高生产的智能化和自动化程度，那么企业是否会因为不愿意或者无法更多地进行固定资产投资，而不得不选择减少劳动力雇佣或仅仅通过培训现有员工等途径"被动"应对呢？生产技术升级和更新换代并不是凭空出现的，企业往往需要相应的高技能员工与之匹配，需要支付高昂的固定成本，需要有较强的风险承担能力等

---

① 中国工业企业数据库中仅有2004年有相关变量，不足以支撑本章的研究。

（Geroski，2000）。

因此在实践中，企业规模通常是影响技术升级的重要因素，而规模较大的企业往往更有意愿和能力通过资本替代劳动的方式进行技术升级（Fabiani et al.，2005）。另外，刘盛宇和尹恒（2018）利用中国制造业企业数据研究指出，资本的调整成本在规模较小的企业中更高。同时，刘啟仁等（2019）也认为，企业进行固定资产投资时需要外部融资，而企业的偿债能力也与其规模有关，因此相比于小规模企业，大企业会更占优势。

基于以上分析，本章认为，人口老龄化"倒逼"企业利用资本替代劳动的效应主要存在于大规模企业中，对小规模企业的影响会减弱，甚至不显著。为此，借鉴已有研究（Zwick and Mahon，2017；唐珏和封进，2019b），我们将企业的总资产划分为10个组别，将规模最小的下30%分位数企业识别为小规模企业，将规模最大的上30%分位数企业识别为大规模企业，从而对样本进行分组回归，主要结果列于表4-5。

在表4-5的Panel A中，我们分别考察了人口老龄化对大规模企业和小规模企业的固定资产投资和劳动力雇佣的影响。第（1）和第（3）列的回归结果表明，人口老龄化对小规模企业投资的影响较小，其系数并不显著，但是对小规模企业劳动力雇佣的负向影响非常显著，其系数大小与基准结果比较接近。这说明对于小规模企业而言，其主要通过减少雇佣人数的方式应对人口老龄化，而不是增加对资本的投资。第（2）、（4）列的回归结果则显示，人口老龄化对大规模企业投资的影响较为显著，老龄化每上升1个百分点，该类企业的固定资产投资将会上升0.6%左右，并且在1%的水平上显著。同样，老龄化对大规模企业劳动力雇佣的负面影响也非常显著，其系数大小要略高于基准结果，也要高于小规模企业样本的系数。

表4-5　　　按照企业规模分组的人口老龄化与资本替代劳动

	Panel A			
变量	（1）	（2）	（3）	（4）
	invest	*invest*	*ln（labor）*	*ln（labor）*
65岁及以上人口	0.0032	0.0055***	−0.0119***	−0.0172***
比重	（0.0020）	（0.0019）	（0.0034）	（0.0038）
控制变量	Yes	Yes	Yes	Yes
省份固定效应	Yes	Yes	Yes	Yes
时间固定效应	Yes	Yes	Yes	Yes
行业固定效应	Yes	Yes	Yes	Yes
行业×时间固定效应	Yes	Yes	Yes	Yes
Observations	546 401	454 065	891 320	553 155
Adj. R-squared	0.0229	0.0436	0.2934	0.4864
	Panel B			
变量	（5）	（6）	（7）	（8）
	tranning	*tranning*	*invest*	*invest*
65岁及以上人口	0.0053***	0.0062***	0.0024	0.0041***
比重	（0.0012）	（0.0014）	（0.0018）	（0.0013）
控制变量	Yes	Yes	Yes	Yes
省份固定效应	Yes	Yes	Yes	Yes
时间固定效应	Yes	Yes	Yes	Yes
行业固定效应	Yes	Yes	Yes	Yes
行业×时间固定效应	Yes	Yes	Yes	Yes
Observations	479 165	295 838	996 410	646 712
Adj. R-squared	0.0283	0.0842	0.0306	0.0257

注：（1）表中没有报告常数项；（2）括号中的标准误为聚类到省份-行业层面的稳健标准误；（3）奇数列表示小规模企业，偶数列表示大规模企业；（4）*** p<0.01，** p<0.05，* p<0.1；（5）控制变量与表4-3一致。

在表 4-5 的 Panel B 中，我们还考察了人口老龄化对大、小规模企业的员工培训费用支出的影响效应，虽然两者的系数差异较小，但是人口老龄化对大规模企业的培训费用的影响的确更大一些。这些估计结果表明，对于大规模企业而言，人口老龄化会促使其用资本替代劳动，提高生产的智能化和自动化程度。与此同时，这类企业也会通过增加员工技能培训，或用高技能员工替代低技能员工的方式提高劳动生产率，实现要素升级，因此人口老龄化对大规模企业劳动力雇用的负面影响更大。

另外一般而言，成熟企业的规模更大，而年轻企业的规模偏小一些，因此参照张杰等（2016）的做法，我们将企业分为年轻型（成立年限小于 10 年）和成熟型（成立年限大于 10 年）作为按企业规模分组结果的一个佐证。表 4-5 第（7）、（8）列的回归结果再次表明，人口老龄化对年轻型企业投资的影响效应虽然为正，但是其系数较小，并且不显著；但是人口老龄化对成熟型企业投资的影响效应非常明显，人口老龄化每上升 1 个百分点，该类企业的固定资产投资将会上升 0.4% 左右，并且在 1% 的水平上显著。这些结果说明，面对人口老龄化，年轻型、小规模企业并没有利用资本替代劳动，而仅仅减少了雇佣人数。

（2）企业融资约束的影响

从理论上看，人口老龄化会"倒逼"企业转型升级，会带来生产过程自动化和智能化程度的提升。但是企业投资具有追逐利润的动机，预算约束的改变也会对企业的投资行为产生影响。在实践中，由于许多企业需要通过外部融资的方式来进行固定资产投资，完成资本对劳动的替代，实现要素结构升级（刘啟仁等，2019），那么对于这些企业而言，融资约束的存在使得企业的预算约束发生改变，可能在一定程度上限制资本替代劳动，对企业的发展形成制约。

为了反映企业的融资约束程度，本章首先借鉴马光荣和李力行（2014）的研究，采用"企业是否获得贷款"作为衡量指标之一，当企业存在正的利息支出时，则该变量取值为1，这些企业的融资约束相对较小。本章还借鉴了刘晴等（2017）的研究，其采用杠杆率指标来代表银行贷款的融资情况，而杠杆率通过短期借款与总资产之比来衡量，其中短期贷款为"流动负债——应付账款——应付工资——应付福利费——应交税费"（韩剑和王静，2012），该指标数值越小，表示银行融资约束越明显。

我们按照杠杆率将企业分为10个组别，将该指标数值最小的下30%分位数识别为融资约束程度较大的企业，将该指标数值最大的上30%分位数识别为融资约束程度较小的企业。另外，企业除了通过外部融资完成资本替代劳动的过程以外，还可以利用企业内部资金，为此，我们进一步考察了企业内部融资约束的影响，其中内部融资约束指标是企业的利润和折旧与总资产之比，该指标越小表示内部融资约束越明显。

我们同样按照内部融资约束指标将企业分为10个组别，将该指标数值最小的下30%分位数识别为内部融资约束程度较大的企业，将该指标数值最大的上30%分位数识别为内部融资约束程度较小的企业。

表4-6中给出了不同融资约束程度下的分组回归结果。Panel A分别考察了人口老龄化对融资约束程度较低和较高的企业固定资产投资和劳动力雇佣的影响效应。第（1）、（2）列的结果显示，人口老龄化对融资约束程度较低的企业投资存在正向影响，其系数在1%的水平上显著，老龄化程度每上升1个百分点，企业的固定资产投资将会上升0.5%左右。第（3）、（4）列的回归结果则表明，在不同的融资约束程度下，人口老龄化对企业劳动力雇佣人数的负面影响均显著存

在，并且系数大小极为接近，老龄化程度每上升 1 个百分点，企业的雇佣人数将会下降 1.1% 左右，该结果与基准回归也比较类似。

表4-6　　按照融资约束分组的人口老龄化与资本替代劳动

			Panel A	
变量	（1）	（2）	（3）	（4）
	invest	*invest*	*ln（labor）*	*ln（labor）*
65岁及以上人口比重	0.0046***	0.0018	−0.0111***	−0.0115***
	（0.0016）	（0.0016）	（0.0030）	（0.0033）
控制变量	Yes	Yes	Yes	Yes
省份固定效应	Yes	Yes	Yes	Yes
时间固定效应	Yes	Yes	Yes	Yes
行业固定效应	Yes	Yes	Yes	Yes
行业×时间固定效应	Yes	Yes	Yes	Yes
Observations	1 114 640	602 790	1 501 601	889 110
Adj. R-squared	0.0339	0.0304	0.6043	0.4864
			Panel B	
变量	（5）	（6）	（7）	（8）
	invest	*invest*	*invest*	*invest*
65岁及以上人口比重	0.0063**	−0.0063	0.0070***	0.0013
	（0.0026）	（0.0066）	（0.0025）	（0.0016）
控制变量	Yes	Yes	Yes	Yes
省份固定效应	Yes	Yes	Yes	Yes
时间固定效应	Yes	Yes	Yes	Yes

变量	（5）	（6）	（7）	（8）
	invest	*invest*	*invest*	*invest*
行业固定效应	Yes	Yes	Yes	Yes
行业×时间固定效应	Yes	Yes	Yes	Yes
Observations	343 680	314 381	373 302	470 314
Adj. R-squared	0.0230	0.0491	0.0320	0.0286

注：（1）表中没有报告常数项；（2）括号中的标准误为聚类到省份-行业层面的稳健标准误；（3）奇数列表示融资约束较轻的企业，偶数列表示融资约束较严重的企业；（4）*** p<0.01，** p<0.05，* p<0.1；（5）控制变量与表4-3一致。

因此我们可以看到，人口老龄化对企业的劳动力雇佣人数的负面效应基本保持稳定，但是对企业投资的影响存在显著的异质性。

为了进一步说明融资约束的作用，我们在表4-6的 Panel B 中给出了按照刘晴等（2017）的指标进行分组回归的结果。第（5）、（6）列的结果表明，对于融资约束程度较低的企业而言，人口老龄化对其投资依然存在显著的正向影响，老龄化程度每上升1个百分点，企业的固定资产投资将会上升0.6%左右；而对于融资约束程度较高的企业而言，人口老龄化对其投资的影响不再显著，系数的符号甚至变为负。通过考察企业内部融资约束程度（第（7）、（8）列），我们发现了与上述结论一致的结果。综合以上的估计结果，本章认为，融资约束的存在不利于企业要素结构升级，尤其是对于融资约束程度比较严重的企业而言，人口老龄化使得这类企业主要是通过减少雇佣人数的方式来"被动"应对人口老龄化，而不是利用资本替代劳动。

根据表4-5和表4-6中的结果，本章还可以引申出一种观点：面对不利的人口结构冲击，规模较小、融资约束较为严重的制造业企业似乎仅仅通过减少劳动力雇佣人数而非增加固定资产投资的方式进行应对，那么这很有可能导致中国出现过早"去工业化"的现象（黄群慧等，2017；魏后凯和王颂吉，2019），从而不利于提升中国制造业的发展质量和竞争力，对经济高质量发展构成潜在威胁。

4.5 人口老龄化对企业固定资产投资影响的进一步分析

4.5.1 人口老龄化对企业固定资产投资影响的稳健性检验

在上文的分析中，我们根据实证研究结果得出的主要观点是，虽然人口老龄化程度的加深会引发制造业企业利用资本替代劳动，但是由于小规模企业无法或不愿意承受技术升级换代产生的高额固定成本，以及企业在进行固定资产投资时存在融资约束，这会使得上述内生"倒逼机制"的传导路径存在阻碍，不利于企业应对人口老龄化带来的负面影响，部分企业主要是通过被动地减少雇佣人数的方式来应对。在接下来的分析中，我们通过一些稳健性检验再次考察上述观点是否成立。

第一，在基准回归中，本章采用了当期被解释变量对当期解释变量的固定效应模型进行回归，该模型可能并非最合适的计量模型，企业的投资决策可能会根据之前的人口老龄化程度做出反应。为此，我们将人口老龄化程度滞后一阶作为核心解释变量进行回归，表4-7给出了相应的回归结果。Panel A 的估计结果表明：人口老龄化显著提升了企业的资本劳动比。同时，人口老龄化增加了企业的固定资产投资，减少了企业的劳动力雇佣数量，这与本章的基准结论一致。

表4-7 稳健性分析之一：将老龄化程度滞后一期

	Panel A			
变量	（1）	（2）	（3）	（4）
	ln（K/L）	ln（K/L）	$invest$	ln（$labor$）
65岁及以上人口比重： 滞后一期	0.0153 ***	0.0158 ***	0.0065 **	−0.0109 ***
	（0.0033）	（0.0039）	（0.0017）	（0.0026）
控制变量	Yes	Yes	Yes	Yes
省份固定效应	Yes	Yes	Yes	Yes
时间固定效应	Yes	Yes	Yes	Yes
行业固定效应	Yes	Yes	Yes	Yes
65岁及以上人口比重	0.0063 **	−0.0063	0.0070 ***	0.0013
	（0.0026）	（0.0066）	（0.0025）	（0.0016）
行业×时间固定效应	Yes	Yes	Yes	Yes
$Observations$	1 586 819	1 566 342	1 584 081	1 590 448
$Adj.\ R\text{-}squared$	0.4139	0.3891	0.0324	0.5754

	Panel B			
变量	（5）	（6）	（7）	（8）
	$invest$	$invest$	$invest$	$invest$
65岁及以上人口比重：滞后一期	0.0021	0.0084 ***	0.0024	0.0099 ***
	（0.0023）	（0.0022）	（0.0020）	（0.0020）
控制变量	Yes	Yes	Yes	Yes
省份固定效应	Yes	Yes	Yes	Yes
时间固定效应	Yes	Yes	Yes	Yes
行业固定效应	Yes	Yes	Yes	Yes

变量	（5）	（6）	（7）	（8）
	invest	*invest*	*invest*	*invest*
行业×时间固定效应	Yes	Yes	Yes	Yes
Observations	511 703	401 686	556 892	1 027 189
Adj. R-squared	0.0231	0.0231	0.0307	0.0348

注：（1）表中没有报告常数项；（2）控制变量与表4-3一致；（3）如未特殊说明，括号中的标准误为聚类到省份-行业层面的稳健标准误；（4）表中第（5）、（6）列分别表示小规模、大规模企业，第（7）、（8）列分别表示融资约束较严重和较轻的企业；（5）*** p<0.01，** p<0.05，* p<0.1。

进一步，Panel B再一次验证其中的影响机制，即人口老龄化对小规模企业投资的影响依然较小，其系数并不显著，但是其对大规模企业投资的影响较为显著。同时，人口老龄化对融资约束程度较高的企业的投资的影响虽然为正，但是并不显著，而对融资约束程度较低的企业的投资的影响显著为正，这些结果均与基准回归结果相一致。

第二，我们在基准回归中利用了企业固定资产投资的名义变量，在稳健性检验中，我们根据企业的真实固定资本存量计算企业投资，即真实固定资产总值取对数后的差值，这部分结果主要列于表4-8的Panel A中。另外，借鉴聂辉华等（2009）的研究，利用新增固定资产（当年企业固定资产存量－上一年固定资产存量）来度量企业的固定资产投资行为，并将其与上一年企业的固定资产存量之比作为被解释变量，这部分结果列于表4-8的Panel B中。由于人口老龄化对企业雇佣人数始终存在显著的负向影响，因此表4-8中主要考察了人口老龄化对企业固定资产投资的影响。在表4-8中，第（1）、（2）列和第（5）、（6）列分别考察了人口老龄化对大、小规模企业投资的影响，第（3）、（4）列和第（7）、（8）列则分别考察了人口老龄化对不同融资约束程度企业投资的影响，其中融资约束采用马光荣和李力行（2014）研究中的指标进行衡量。

表4-8的 Panel A 中的结果显示，利用真实固定资本存量计算企业投资时，人口老龄化对小规模企业固定资产投资的影响依然不显著，而对大规模企业投资的影响则显著为正，老龄化每上升1个百分点，其投资将会上升0.4%左右。而对于融资约束程度较轻的企业而言，人口老龄化对其投资的影响显著为正，但是对融资约束较重的企业投资的影响则不显著，甚至符号变为负号。

表4-8的 Panel B 中的估计结果显示，人口老龄化对小规模企业固定资产投资的影响不显著，但是能够显著促进大规模企业投资水平的提高。人口老龄化也能够显著促进融资约束程度较轻的企业增加投资，对融资约束较重的企业的固定资产投资的影响则不再显著。

第三，在人口老龄化的研究中，一些文献利用老年抚养比作为测量指标（汪伟等，2015），因此我们也利用老年抚养比（old_dep）作为核心解释变量重新估计人口老龄化对企业投资的影响。我们发现估计结果与使用65岁及以上人口比重作为老龄化度量指标的估计结果非常类似。值得一提的是，在第（8）列的回归结果中，老年抚养比的系数虽然较小，但在10%的水平上显著。为此，我们进行了组间系数差异性检验，结果发现，其系数要显著小于融资约束程度较轻的企业。①因此，表4-8中的结果表明，通过更换被解释变量和解释变量的测度指标，基准回归中的结论依然成立。

---

① 我们对此进行了组间系数差异性检验，其统计量的值为4.28，在5%的水平上显著。

| 表4-8 | 稳健性分析之二：更换核心变量测量指标 | | | |

Panel A				
变量	（1）	（2）	（3）	（4）
	invest	*invest*	*invest*	*invest*
65岁及以上人口比重	0.0040**	0.0025	0.0028*	−0.0003
	(0.0019)	(0.0018)	(0.0015)	(0.0016)
老年抚养比	0.0022**	0.0013	0.0031***	0.0012
	(0.0010)	(0.0009)	(0.0008)	(0.0009)
控制变量	Yes	Yes	Yes	Yes
省份固定效应	Yes	Yes	Yes	Yes
时间固定效应	Yes	Yes	Yes	Yes
行业固定效应	Yes	Yes	Yes	Yes
行业×时间固定效应	Yes	Yes	Yes	Yes

Panel B				
变量	（5）	（6）	（7）	（8）
	invest	*invest*	*invest*	*invest*
65岁及以上人口比重	0.0044***	0.0024	0.0030**	0.0015
	(0.0015)	(0.0017)	(0.0013)	(0.0014)
老年抚养比	0.0020***	0.0014	0.0029***	0.0014*
	(0.0007)	(0.0009)	(0.0007)	(0.0007)
控制变量	Yes	Yes	Yes	Yes
省份固定效应	Yes	Yes	Yes	Yes
时间固定效应	Yes	Yes	Yes	Yes
行业固定效应	Yes	Yes	Yes	Yes
行业×时间固定效应	Yes	Yes	Yes	Yes

注：（1）表中没有报告常数项；（2）括号中的标准误为聚类到省份–行业层面的稳健标准误；（3）*** $p<0.01$，** $p<0.05$，* $p<0.1$；（4）控制变量与表4-3一致。

第四，我们在基准回归中将标准误聚类至省份-二位码行业层面，而标准误的计算也会影响不同回归组别的显著性水平，从而影响本章的基本结论。为此，我们改变了标准误的计算方式：（1）将标准误聚类至二位码行业层面；（2）将标准误聚类至地级市层面。表4-9给出了相应的估计结果，其中第（1）、（2）列分别表示上30%分位数、下30%分位数企业的分组回归结果，而第（3）、（4）列分别表示融资约束较轻的企业和融资约束较重的企业分组回归结果，融资约束指标依然借鉴马光荣和李力行（2014）的研究。表4-9前两列的回归结果显示，即便改变了标准误的计算方式，人口老龄化对大规模企业的固定资产投资依然存在显著的正向影响，其系数在至少在10%的水平上显著。然而，人口老龄化对小规模企业投资的影响虽然为正，但是不显著。因此，本章的基本结论没有改变，即人口老龄化并没有使得小规模企业利用资本替代劳动，而它们主要是通过减少雇佣人数的方式应对人口老龄化。第（3）、（4）列的回归则再次表明，企业融资约束的存在使得人口老龄化程度的加深没有显著增加企业的投资，不利于其要素结构升级。

第五，虽然人口结构指标通常是比较外生的变量，其内生性的潜在影响更小一些（Feyrer，2007），但仍有可能存在遗漏变量偏误，导致估计结果存在较大偏差。为此，我们进行了以下分析：（1）由于国有企业除了追求利润的目标外，往往还承担社会责任（林毅夫和李志赟，2004），因此其在日常的经营决策过程中会一定程度上受到政府的干预，有可能造成估计结果存在偏误。例如，在人口老龄化越严重的地区，政府为了缓解劳动力短缺和老化对经济增长等造成的负面影响，可能会增加当地国有企业的投资。为此，我们在样本中剔除了国有和集体企业，仅使用非国有企业作为样本进行分析。表4-9中的估计结果再次显示，人口老龄化显著增加了大规模企业的投资，但是并没有显著增加小规模企业的投资，不利于这类企业利用资本替代劳动。而存在融资约束的情况下，人口老龄化同样没有显著增加企业的投资，即基准回归中的结论依然成立。

表4-9　　　　　　　　　稳健性分析之三

类型	变量	（1）	（2）	（3）	（4）
		invest	*invest*	*invest*	*invest*
改变标准误聚类层面：二位码行业	65岁及以上人口比重	0.0055***	0.0032	0.0046***	0.0018
		（0.0020）	（0.0021）	（0.0015）	（0.0017）
改变标准误聚类层面：城市层面	65岁及以上人口比重	0.0055*	0.0032	0.0046*	0.0018
		（0.0032）	（0.0037）	（0.0027）	（0.0029）
剔除国有和集体企业样本	65岁及以上人口比重	0.0047**	0.0030	0.0041**	−0.0001
		（0.0023）	（0.0024）	（0.0019）	（0.0019）
剔除直辖市、一线城市	65岁及以上人口比重	0.0078**	0.0033	0.0061**	−0.0017
		（0.0039）	（0.0027）	（0.0027）	（0.0032）
	控制变量	Yes	Yes	Yes	Yes
	省份固定效应	Yes	Yes	Yes	Yes
	时间固定效应	Yes	Yes	Yes	Yes
	行业固定效应	Yes	Yes	Yes	Yes
	行业×时间固定效应	Yes	Yes	Yes	Yes

注：（1）表中没有报告常数项；（2）如未特殊说明，括号中的标准误为聚类到省份-行业层面的稳健标准误；（3）*** $p<0.01$，** $p<0.05$，* $p<0.1$；（4）控制变量与表4-3一致；（5）在控制企业固定效应时，无法同时控制省份固定效应和行业固定效应。

第六，我们在样本中剔除了位于北京、上海、天津和重庆四大直辖市以及广州和深圳等一线城市的企业。通常这些城市的人口老龄化程度较高，而且位于这些城市的企业也可能获得更多的投资机会或者这些企业更容易接触到先进的生产技术等，从而在面对人口老龄化的负面冲击时，更容易改变要素结构，完成技术升级换代。表4-9中第4行的回归结果显示，人口老龄化对大规模企业的投资存在显著的正向影响，对小规模企业投资的影响不显著。另外，第（3）、（4）列的结果表明，只有融资约束程度比较低时，人口老龄化才会对企业投资存在显著的正向影响。因此，剔除大城市样本以后，基准回归中的结论仍然成立。

第七，在样本期内，中国经济经历了大规模的劳动力迁移，这一方面会影响人口流入地和流出地的人口结构，另一方面也可能影响企业的技术选择，从而影响企业的资本劳动比、投资和雇佣决策等。为此，本章进一步在回归中控制了人口迁移率，从而在一定程度上缓解了上述问题。根据表4-10的结果，我们发现本章的基准结论仍然成立。

第八，为增强分析的严谨性，本章将制造业企业单独作为样本展开分析，表4-11给出了相应的回归结果。结果显示，人口老龄化显著提升了制造业企业的资本劳动比，其实现方式是增加企业的投资，且减少劳动力数量，在面临人口老龄化的负面冲击时，制造业企业利用资本替代劳动，这与基准结果一致。

在机制分析中我们认为，相比于小规模企业，大规模企业在资本代替劳动的过程中会更占优势，即人口老龄化主要促进规模较大的企业利用资本替代劳动。表4-12给出了以制造业企业为样本的分析结果：人口老龄化对小规模企业投资的影响较小，其系数并不显著，但是对其劳动力雇佣的负向影响非常显著；对规模较大的企业而言，人口老龄化对其投资的影响较为显著，对其劳动力雇佣的负面影响也非常显著，这与基准的结论一致。

表4-10   稳健性分析之四

变量	（1）	（2）	（3）	（4）	（5）
	ln（K/L）	invest	invest	invest	invest
65岁及以上人口比重	0.0092***	0.0025	0.0051***	0.0012	0.0040**
	（0.0029）	（0.0020）	（0.0019）	（0.0017）	（0.0016）
控制变量	Yes	Yes	Yes	Yes	Yes
控制人口迁移	Yes	Yes	Yes	Yes	Yes
省份固定效应	Yes	Yes	Yes	Yes	Yes
时间固定效应	Yes	Yes	Yes	Yes	Yes
行业固定效应	Yes	Yes	Yes	Yes	Yes
行业×时间固定效应	Yes	Yes	Yes	Yes	Yes

注：（1）表中没有报告常数项；（2）括号中的标准误为聚类到省份-行业层面的稳健标准误；（3）*** p<0.01，** p<0.05，* p<0.1；（4）控制变量与表4-3一致；（5）第（1）列的被解释变量为资本劳动比，第（2）-（5）列的被解释变量为企业投资，其中第（2）列为小规模企业子样本，第（3）列为大规模企业子样本，第（4）列为融资约束较严重的子样本，第（5）列为融资约束较轻的子样本。

表4-11   仅包含制造业企业样本的分析

变量	（1）	（2）	（3）	（4）
	ln（K/L）	ln（K/L）	invest	ln（labor）
65岁及以上人口比重	0.0125***	0.0120***	0.0030**	−0.0151***
	（0.0032）	（0.0037）	（0.0014）	（0.0028）
控制变量	Yes	Yes	Yes	Yes
省份固定效应	Yes	Yes	Yes	Yes

变量	（1）	（2）	（3）	（4）
	ln（K/L）	*ln（K/L）*	*invest*	*ln（labor）*
时间固定效应	Yes	Yes	Yes	Yes
行业固定效应	Yes	Yes	Yes	Yes
行业×时间固定效应	Yes	Yes	Yes	Yes
Observations	2 201 484	2 179 891	1 584 081	2 207 934
Adj. R-squared	0.4141	0.3892	0.0324	0.5711

注：（1）表中没有报告常数项；（2）控制变量与表4-3一致；（3）如未特殊说明，括号中的标准误为聚类到省份-行业层面的稳健标准误；（4）第（1）列是利用名义固定资产计算企业的人均固定资产，第（2）列是利用经调整价格因素后的真实固定资产存量计算人均固定资产；（5）*** p<0.01，** p<0.05，* p<0.1。

表4-12   **按照企业规模分组回归：制造业企业样本**

变量	（1）	（2）	（3）	（4）
	invest	*invest*	*ln（labor）*	*ln（labor）*
65岁及以上人口比重	0.00335	0.0053 ***	−0.0144 ***	−0.0181 ***
	（0.0020）	（0.0020）	（0.0033）	（0.0040）
控制变量	Yes	Yes	Yes	Yes
省份固定效应	Yes	Yes	Yes	Yes
时间固定效应	Yes	Yes	Yes	Yes
行业固定效应	Yes	Yes	Yes	Yes
行业×时间固定效应	Yes	Yes	Yes	Yes

变量	（1）	（2）	（3）	（4）
	invest	*invest*	*ln（labor）*	*ln（labor）*
Observations	511 703	401 686	835 611	488 996
Adj. R-squared	0.0231	0.0467	0.2929	0.4821

注：（1）表中没有报告常数项；（2）控制变量与表4-3一致；（3）如未特殊说明，括号中的标准误为聚类到省份-行业层面的稳健标准误；（4）*** p<0.01，** p<0.05，* p<0.1；（5）表中第（1）、（3）列表示小规模企业，第（2）、（4）列表示大规模企业。

另外机制分析还指出，融资约束的存在是阻碍企业资本代替劳动的关键因素。为此，再次借鉴马光荣、李力行（2014）的方式衡量企业的融资约束程度，表4-13给出了回归结果。研究显示，对融资约束程度较低的制造业企业而言，人口老龄化对其投资的影响显著为正；对融资约束程度较高的企业而言，老龄化对其投资的影响虽然为正，但并不显著，其影响系数也较小。同时，在有着不同融资约束程度的企业中，人口老龄化对企业劳动力雇佣人数的负面影响均显著存在，并且系数大小较为接近，这同样与基准结论一致。

表4-13　　　　按照融资约束分组回归：制造业企业样本

变量	（1）	（2）	（3）	（4）
	invest	*invest*	*ln（labor）*	*ln（labor）*
65岁及以上人口比重	0.0015	0.0047 ***	−0.0143 ***	−0.0129 ***
	（0.0017）	（0.0017）	（0.0032）	（0.0030）
控制变量	Yes	Yes	Yes	Yes

变量	（1）	（2）	（3）	（4）
	invest	*invest*	*ln（labor）*	*ln（labor）*
省份固定效应	Yes	Yes	Yes	Yes
时间固定效应	Yes	Yes	Yes	Yes
行业固定效应	Yes	Yes	Yes	Yes
行业×时间固定效应	Yes	Yes	Yes	Yes
Observations	556 892	1 027 189	822 963	1 384 971
Adj. R-squared	0.0307	0.0348	0.4861	0.6055

注：（1）表中没有报告常数项；（2）控制变量与表4-3一致；（3）如未特殊说明，括号中的标准误为聚类到省份-行业层面的稳健标准误；（4）*** p<0.01、** p<0.05、* p<0.1；（5）表中第（1）、（3）列表示融资约束程度较高的企业，第（2）、（4）列表示融资约束程度较低的企业。

4.5.2 人口老龄化对企业固定资产投资影响的异质性分析

首先，本章的分析认为，从总体来看，人口老龄化会使得资本和劳动等生产要素的市场相对价格发生改变，企业的劳动力成本上涨，这会激励其利用资本代替劳动进行生产。但是机制分析指出，企业规模效应和融资约束效应是阻碍上述资本替代劳动过程的重要因素。现实中，不同企业对投入要素的依赖程度各异，对劳动密集型企业而言，劳动力成本占生产成本的比重较高，因此面对人口老龄化的负面冲击时，这类企业往往会面临更大的劳动力成本上升压力。

由于企业投资需要大量资金支撑，利润的下降减少了资金来源，从而可能会削弱企业利用资本代替劳动的能力。随着人口老龄化程度的加深，劳动力无限供给的二元经济特征消失，劳动力成本逐渐攀升（蔡昉，2010），这种结构性转型使得企业原有的低劳动力成本优势逐渐丧失，因此有可能加剧企业资金脱离制造业而转向金融和房地产行业（白雪洁、于庆瑞，2019），从而削弱这部分企业通过资本代替劳动进行生产的动机。

为此，本书利用企业工资支出占销售收入的比重度量企业劳动密集度（倪骁然、朱玉杰，2016），在同年度、同一行业内，将该指标数值最小的下30%分位数识别为资本密集型企业，将该指标数值最大的上30%分位数识别为劳动密集型企业。

表4-14的回归结果显示，对劳动密集型企业而言，人口老龄化对其固定资产投资的影响虽然为正，但不显著（第（1）列）。但是对资本密集型企业而言，人口老龄化对其投资的影响显著为正：人口老龄化程度每上升一个百分点，则企业的固定资产投资将会上升0.4%左右（第（2）列）。而第（3）结果显示，对劳动密集型企业而言，人口老龄化对其劳动力雇佣的影响显著为负，并且老龄化程度每上升一个百分点，则企业的雇佣人数将会下降2.1%左右，明显高于基准回归结果，这表明人口老龄化不利于劳动密集型企业的资本替代劳动。第（4）列结果表明，对资本密集型企业而言，人口老龄化会显著减少其劳动力雇佣数量，但该系数明显小于基准回归结果的回归系数。

表4-14　　　　　按企业劳动密集度分组的异质性结果

变量	（1）	（2）	（3）	（4）
	invest	*invest*	*ln（labor）*	*ln（labor）*
65岁及以上人口比重	0.0029	0.0040 *	−0.0212 ***	−0.0067 **
	(0.0046)	(0.0020)	(0.0032)	(0.0030)

变量	（1）	（2）	（3）	（4）
	invest	*invest*	*ln（labor）*	*ln（labor）*
控制变量	Yes	Yes	Yes	Yes
省份固定效应	Yes	Yes	Yes	Yes
时间固定效应	Yes	Yes	Yes	Yes
行业固定效应	Yes	Yes	Yes	Yes
行业×时间固定效应	Yes	Yes	Yes	Yes
Observations	467 342	481 269	662 880	660 616
Adj. R-squared	0.0326	0.0311	0.5843	0.6023

注：（1）表中没有报告常数项；（2）括号中的标准误为聚类稳健标准误；（3）*** $p<0.01$，** $p<0.05$，* $p<0.1$；（4）控制变量与表4-3一致；（5）奇数列表示劳动密集型企业，偶数列表示资本密集型企业。

因此对于劳动密集型企业而言，人口老龄化显著地减少了企业的劳动力雇佣人数，同时并未显著提高其固定资本投资，这在一定程度上验证了上述分析与判断，即在面对人口老龄化负面冲击时，劳动密集型企业处于不利地位，其资本替代劳动的能力受限，这些企业仅仅通过减少雇佣人数的方式"被动"应对。然而对于资本密集型企业而言，人口老龄化能够促进其利用资本代替劳动，并通过实现要素结构升级的方式积极应对人口老龄化带来的挑战。

其次，从技术水平方面来看，如果企业拥有的生产技术较为先进，生产效率较高，则更可能在面临人口老龄化的负面冲击下依然保持较高的盈利能力，那么这些企业更有动力通过优化要素结构来完成生产技术的自动化和智能化的升级。

同时，如果企业的技术水平相对较低，那么面对人口老龄化带来的负面影响，一方面，这类企业可能没有足够的技术积淀来应对，从而缺乏资本替代劳动所需的相应技术；另一方面，这类企业很可能是要素驱动型企业，人口老龄化很可能会严重削弱其盈利能力，弱化其主业的发展。其可能通过拓宽投资渠道等方式谋求利润，例如投资于更多的金融资产（张成思、张步昙，2015；亦可参见本书第7章的分析），此时这些企业以资本替代劳动来应对人口老龄化的动力可能显得弱一些。

为此，我们利用全要素生产率（TFP）衡量企业的技术水平，按照该指标将企业分为10个组别，将该指标数值最小的下30%分位数识别为技术水平较低的企业，将该指标数值最大的上30%分位数识别为技术水平较高的企业。表4-15给出了不同技术水平下的分组回归结果。

表4-15　　　　按企业生产率水平分组的估计结果

变量	（1）	（2）	（3）	（4）
	invest	*invest*	*ln（labor）*	*ln（labor）*
65岁及以上人口	0.0067***	0.0006	−0.0023	−0.0108**
比重	（0.0018）	（0.0018）	（0.0040）	（0.0047）
控制变量	Yes	Yes	Yes	Yes
省份固定效应	Yes	Yes	Yes	Yes
时间固定效应	Yes	Yes	Yes	Yes
行业固定效应	Yes	Yes	Yes	Yes
行业×时间固定效应	Yes	Yes	Yes	Yes
Observations	452 866	390 605	590 305	590 056
Adj. R-squared	0.0220	0.0412	0.5754	0.6199

注：（1）表中没有报告常数项；（2）括号中的标准误为聚类到省份-行业层面的稳健标准误；（3）*** p<0.01，** p<0.05，* p<0.1；（4）控制变量与表4-3一致；（5）奇数列表示高生产率企业，偶数列表示低生产率企业。

表 4-15 第（1）列的结果显示，对技术水平较高的企业而言，人口老龄化对这些企业的投资存在正向影响，其系数在 1% 的显著性水平上显著，具体来看，老龄化程度每上升一个百分点，则企业的固定资产投资将会上升 0.7% 左右。

对技术水平较低的企业而言，人口老龄化对企业投资的影响虽然为正，但是并不显著，并且其影响系数也非常小（第（2）列）。第（3）列的结果表明，对技术水平较高的企业而言，人口老龄化对其劳动力雇佣虽然存在负向影响，不过该系数并不显著；对技术水平较低的企业而言，人口老龄化会显著减少其劳动力雇佣数量，人口老龄化程度每上升一个百分点，则企业的雇佣人数将会下降 1.1% 左右（第（4）列），该系数与基准回归结果比较接近。

最后，在我国的经济发展过程中，较早到来的"人口红利"使得很多企业的生存和发展依赖低劳动力成本优势。但是随着人口老龄化程度的加深，劳动力无限供给的二元经济特征逐渐消失，劳动力成本逐渐攀升（蔡昉，2010），这种结构性转型使得企业原有的低劳动力成本优势逐渐丧失。

对于出口企业而言，其要面临全球企业的竞争，而非出口企业主要面临来自国内方面的竞争，因此相比于非出口企业，劳动力成本上升对出口企业的负面影响往往更加严重（Harasztosi and Lindner，2019）。为此，我们根据企业的出口状态，将其分为出口企业和非出口企业，分别考察人口老龄化对这两类企业的固定资产投资和劳动力雇用的影响，表 4-16 给出了相应的估计结果。

表 4-16 中第（1）、（3）列的出口企业样本估计结果显示，人口老龄化并没有显著促进其固定资产投资，但却显著降低了企业的劳动力雇佣人数，老龄化程度每上升 1%，则雇佣人数下降 0.9% 左右，这说明出口企业主要通过减少雇佣劳动来应对人口老龄化，而非通过资

表4-16 按企业出口状态分组的估计结果

变量	（1）	（2）	（3）	（4）
	invest	invest	ln（labor）	ln（labor）
65岁及以上人口比重	−0.0016	0.0052***	−0.0090***	−0.0148***
	(0.0015)	(0.0016)	(0.0032)	(0.0032)
控制变量	Yes	Yes	Yes	Yes
省份固定效应	Yes	Yes	Yes	Yes
时间固定效应	Yes	Yes	Yes	Yes
行业固定效应	Yes	Yes	Yes	Yes
行业×时间固定效应	Yes	Yes	Yes	Yes
Observations	470 791	1 246 637	604 478	1 786 232
Adj. R-squared	0.0320	0.0340	0.5758	0.5319

注：（1）表中没有报告常数项；（2）括号中的标准误为聚类到省份-行业层面的稳健标准误；（3）*** p<0.01，** p<0.05，* p<0.1；（4）控制变量与表4-3一致（但没有包括出口状态）；（5）奇数列表示出口企业估计结果，偶数列表示非出口企业估计结果。

本替代劳动。第（2）、（4）列的非出口企业估计结果显示，人口老龄化显著增加了其固定资产投资，同时也显著降低了该类企业的劳动力雇佣人数，人口老龄化程度每上升1%，使得企业固定资产投资上升0.52%，雇佣人数下降1.5%左右，这说明非出口企业存在资本替代劳动效应。

一种可能的解释是，我国的出口企业较多地生产低附加值产品，因而人口老龄化程度的加深使得这类企业的生产地点部分地转移至人口结构更加年轻化的国家和地区（可参见本书第6章的分析）；而对于非出口企业而言，其主要面对的是国内消费者或厂商，更有动力将其生产地点保留在国内，从而通过资本替代劳动来应对人口老龄化。

4.6　本章小结

人口老龄化某种程度上意味着传统的劳动密集型产业和低端制造业难以为继，而通过优化产业结构、提高劳动生产率和技术创新能力，利用资本和技术替代劳动，促使中国的产业结构迈向资本密集型和技术密集型是积极应对人口老龄化的应有之策。本章的研究对传统的见解提供了有益的补充。

根据以上研究结论，本章得到如下启示：

第一，关注人口老龄化带来的要素结构变化所产生的后果。本章的研究发现，人口老龄化使得企业主要利用资本替代低技能劳动力，从而提升了资本劳动比。然而，这部分劳动力往往难以再次进入第二产业就业，因此政府应该顺应趋势，对低技能劳动力加强再就业培训，引导他们进入第三产业就业，促进我国制造业和服务业的协调发展。

第二，继续深化金融体制改革，缓解企业在进行技术更新升级过程中面临的融资约束。本章的实证分析显示，通过深化金融改革，缓解企业的融资约束能够帮助企业顺利完成要素结构升级。

第三，加大对中小微企业技术智能化升级的政策优惠与扶持力度。中小微企业是制造业的根基，也是规模以上工业企业的后力军，而本章的分析表明，人口老龄化并未有效促进这部分企业的要素结构升级，其中智能化技术基础薄弱、人才缺乏、风险承受能力弱以及资金不足等成为重要影响因素，而通过有效的政策助推中小微企业转型升级将有助于提升"中国智造"水平，加快产业结构向高级化转型。

5

人口老龄化对企业研发投资行为的影响

5.1　问题的提出

人口因素对中国的经济和社会发展正在产生深刻的影响。当前，人口老龄化程度持续加深，根据第七次全国人口普查数据，中国65岁及以上人口比重已经达到13.50%，①正在快速逼近"深度老龄化社会"标准，如何积极应对人口老龄化带来的不利影响成为政府和学术界关注的重大理论与现实问题，而提升技术创新能力是其中的第一动力和战略支撑。作为技术创新的主体，企业也会内生地对外部经营环境的变化做出反应，因此在人口老龄化加速发展的现实背景下，探究企业如何调整其研发投资决策，对实施创新驱动发展战略、实现经济高质量发展至关重要。

已有文献认为，人口老龄化能够对技术进步、生产率等方面产生影响（邓明，2014；Maestas et al.，2023；Acemoglu and Restrepo，2017；Aksoy et al.，2019），但其研究结论并不一致。一些研究认为，中老年群体创新能力、创新意识减弱，因此人口老龄化降低了经济中的整体创新活力。然而这种观点并不具备很强的解释力，这是因为随着知识的不断积累，发明创造者需要接受更长时间的教育，并且需要经验的积累，这会导致个体创新能力最强、最高产的年龄段出现"后移"现象，一般是在40~50岁达到顶峰（Jones，2010）。

还有一些研究认为，人口老龄化程度的加深会对人力资本积累产生负面影响，从而降低经济中的技术创新水平（姚东旻等，2017）。一方面，人口老龄化来源于预期寿命延长和生育率下降，然而根据已有研究，预期寿命延长通常能够促进人力资本积累与受教育水平的提

---

①　数据引自"第七次人口普查主要数据情况"。

高（Baranov and Kohler，2018；Jayachaudran and Lleeras-Muney，2009；汪伟和咸金坤，2020b）。同时，根据数量-质量权衡（QQ）理论，生育率下降会使得家庭更注重孩子的培养质量，进而促进人力资本积累（Rosenzweig and Zhang，2009）。

另一方面，企业作为科技创新的主体，其研发部门可以自主选择研发人员的学历水平、研发能力等。因此，利用"人力资本机制"解释人口老龄化对技术创新，特别是企业创新行为的影响还有待进一步的补充与讨论。另外，人口老龄化对企业行为影响的理论机制和作用路径非常复杂，那么人口老龄化还可以通过哪些机制影响企业的研发投入、创新能力呢？现有文献也未提供明确答案。基于以上考虑，本书认为有必要从微观企业视角入手，分析当前快速的人口结构转型对企业研发行为的影响，从而为理解人口老龄化对科技创新、全要素生产率的影响提供微观经验证据。

为此，本章利用我国制造业 A 股上市企业数据，将其与人口结构数据进行匹配，从微观企业视角分析人口结构转型对企业研发投资的影响效应，并尝试分析其中的影响渠道。

第一，从理论角度而言，人口老龄化既能够通过改变技术-劳动的相对价格、企业劳动生产率等方面促进研发投资，也可以通过增加劳动力成本而挤出企业的研发投资。

第二，通过对影响渠道的分析发现，人口老龄化显著提高了企业的劳动力成本，并且在劳动密集型企业中更显著。而在劳动密集型企业中，人口老龄化对企业研发投资的负面影响也更大。同时，创新具有正外部性，而政府补助能够弥补企业收益，缓解资金约束，进而可以促进企业研发投资。然而，人口老龄化使得企业获得的政府补助减少，从而也会降低企业的研发投资强度。

第三，进一步的异质性分析显示，在获得政府补助更少的非国有企业、所在行业竞争程度更加激烈的企业，以及风险承受能力更弱、融资约束程度更严重的中小规模企业中，人口老龄化对研发投资强度的负面影响更大。

与已有研究相比，本章的边际贡献主要体现在以下三个方面：

第一，研究视角较为新颖。目前关于人口老龄化经济效应的相关研究主要侧重于从宏观角度分析其对经济增长、产业结构、国际贸易以及企业家精神（创业）等方面的影响，而本章试图从微观企业视角研究人口老龄化对企业研发投资行为的影响效应，从而可以为相关文献提供有益的补充，也可以为我们理解人口老龄化的经济增长、科技创新的宏观效应提供微观证据支撑。

第二，研究内容探索性强。关于人口老龄化影响科技创新的文献，或者缺乏对影响机制的详细考察，或者鲜有从企业角度展开细致的分析，而本章主要从人口老龄化导致企业的劳动力成本上升、获得的政府补助减少等机制进行解释，从而进一步完善了人口老龄化影响科技创新的原因分析。

第三，本章的研究结论从企业角度出发，能够为政府制定积极应对人口老龄化的相关政策提供经验证据。

5.2 理论分析与研究假说

（1）人口老龄化的"倒逼"机制

一直以来，劳动密集型产业，尤其是制造业企业可充分利用劳动力生产成本较低的优势，"人口红利"也成为中国经济实现快速增长的必要条件（蔡昉等，2018）。但是随着人口老龄化程度的加深，经济中的劳动力越来越稀缺、企业用工成本越来越高昂，这种转变使得制造业企业原有的低劳动力成本的比较优势逐渐丧失（李建强和赵西亮，2018），这会迫使企业进行转型和升级（张杰等，2016）。

就生产技术而言，一方面，人口老龄化使得技术和劳动等生产要素的市场相对价格发生改变，如果技术和劳动力之间存在替代关系，那么人口老龄化很可能会促使企业增加研发投资以技术替代劳动，从而降低"有效劳动成本"、促进生产工艺创新（诸竹君等，2017）。[①]

另一方面，劳动生产率与年龄有关，一般中老年人的劳动生产率最低（汪伟等，2019）。对实体经济，尤其是制造业行业来说，人口老龄化会造成劳动力年龄结构的老化，企业为了应对劳动生产率的下降，也可能会选择增加研发投资；就产品本身而言，人口老龄化使得企业劳动力成本优势消失，为了继续保持竞争力，企业也可能选择增加研发投资，促进产品质量升级与新产品技术水平提高（诸竹君等，2017）。因此基于以上的理论分析，本章提出第一个理论假说：

研究假说 5-1：人口老龄化可能会通过"倒逼"机制增加企业的研发投资。

（2）劳动力成本上升的挤出效应机制

已有研究认为，许多企业的工资制度安排向高龄员工倾斜，人口老龄化会带来企业高龄员工比重的提高，从而造成企业的工资负担较重，这会影响企业的研发投资（胡伟略，1991）。实际上，即便企业的员工年龄结构不变，人口老龄化也会加剧年轻劳动力的稀缺性，从而造成企业的雇佣成本上升，这会进一步压缩企业利润（Draca 等，2011；周末等，2017）。由于企业研发需要大量资金支撑，利润的下降减少了研发资金的来源，从而可能会挤出企业的研发投资。另外，人口老龄化程度的加深也可能使得企业支付给研发人员的工资上涨，

---

① "有效劳动成本"可以定义为人均劳动力成本除以企业生产率，通过增加研发投入提高企业的生产效率可以起到降低有效劳动成本的作用。

这推升了企业的研发成本，从而减弱了企业的研发动机（汪伟和姜振茂，2016）。所以本章提出第二个理论假说：

研究假说5-2：人口老龄化可能会通过提升企业的劳动力成本而挤出企业的研发投入，并且这一效应在劳动密集型企业当中更为显著。

（3）政府补贴机制

大量文献指出，政府补贴有助于提升企业的研发投资（白俊红，2011；张辉等，2016）：

第一，经典的经济学理论认为，由于研发活动具有正外部性，因此企业的最优投资决策往往低于社会最优决策，政府的补助有助于降低企业的研发成本，提高企业的研发投资（Arrow，1962；Jones和Williams，1998）。

第二，企业的研发活动通常需要投入大量资金，而政府补助有助于缓解企业的融资约束，降低研发成本，从而对企业的研发投资有促进作用（白俊红，2011）。

第三，政府对所补助的企业具有一定的选择性，因此这种行为会向外界投资者传递积极信号，尤其是存在信息不对称的情况下，政府补助意味着对企业及其所处行业的肯定，有助于吸引信贷支持与外部私人风险投资等（Kleer，2010；刘婧等，2019）。但是随着人口老龄化程度的加深，政府承担日益加大的养老和医疗方面的支出压力，加重了地方政府的债务负担。同时，劳动力数量和比重的下降也会减少当地潜在的纳税人数，从而导致部分税收收入减少（陈小亮等，2020）。

另外，人口老龄化降低了经济增速（陆旸和蔡昉，2014；Maestas等，2023），这也会潜在地影响政府税基，进而对政府财政收入产生影响。因此，如果人口老龄化改变了政府的支出结构，对企业获得的政府补助形成挤出效应，那么这可能会对研发投资成不利影响。基于此，本章提出第三个待检验的理论假说：

研究假说5-3：人口老龄化可能会通过减少政府补贴的形式而挤出企业的研发投资。

通过以上分析可以看出，人口老龄化对企业研发投资的影响方式并不明确，而其中的关键在于，劳动力成本的上升既可以通过"倒逼"机制提高研发投资强度（赵西亮和李建强，2016），也可以通过挤出效应而降低研发投资强度。此外，人口老龄化对企业获得的政府补贴会产生影响，从而不利于研发投资。由此可知，人口老龄化如何影响企业创新投资需要进一步研究。

5.3 实证研究策略与数据描述

5.3.1 实证模型设定和变量定义

首先，为研究人口老龄化对制造业企业研发投资的影响，本章的计量经济模型设定为如下形式：

$$RD\_ratio_{rijt} = \beta_0 + \beta_1 Old\_ratio_{rt} + \Gamma Firm\_CV_{rijt} + \Delta Prov\_CV_{rt} + \alpha_i + \tau_t + \varepsilon_{rijt}$$

$$(5-1)$$

对于被解释变量的度量，本章参照现有文献中的普遍做法（倪骁然和朱玉杰，2016；张嘉望等，2019），将企业的研发投资与销售额之比（RD/Sales）作为企业研发投资强度的度量指标。然而，由于部分企业的"收入"项目存在盈余操纵的问题（孟庆斌和师倩，2017），从而对本章的研究结论构成潜在干扰，为了排除这种影响，我们也利用研发投资与总资产之比（RD/Asset）衡量企业的研发强度（解维敏和方红星，2011）。此外，本章还采用企业研发投资强度的绝对量指标，即企业研发投资的对数值（lnRD）作为研发投资强度的度量指标。

关于核心解释变量的度量，本书按照人口老龄化的定义，通过各个地区 65 岁及以上人口占总人口的比重（*Age_65*）进行衡量。①同时，为了更好地反映人口老龄化现象对政府在养老和医疗等方面的支出压力，本章参照汪伟等（2015）的研究，利用各个地区 65 岁及以上人口与 15~64 岁人口的比例，即老年抚养比（*Old_dep*）作为度量指标。虽然人口年龄结构在一定程度上是前定变量（Feyrer，2007），然而仍然可能面临由遗漏变量偏误、度量误差等问题引起的内生性问题，本章将在稳健性分析中进行考察。

在控制变量方面，本章参照张嘉望等（2019）以及孟庆斌和师倩（2017）等的研究，选取的企业层面控制变量主要包括公司规模（*Size*）、企业财务杠杆率（*Lev*）、企业销售收入（*Sales*）、盈利能力（*Roa*）、企业年龄（*Age*）、资产抵押能力（*Ppe*）、劳动密集度（*Asset_per*）以及董事会、任职情况和股权集中度等。宏观层面的控制变量，主要包括各个地区经济发展水平（lnGDP）、产业结构（*Ind_struc*）、教育水平（*Edu*）、0~14 岁人口比重（*Age0_14*）等。在表 5-1 中，我们给出了详细的企业和宏观层面控制变量的定义和测算方法等。

表 5-1　　　　　　　　　　变量定义和测算方法

变量名	描述	测算方法
RD/Sales	企业研发投资强度	企业的研发投资与销售额之比
RD/Asset	企业研发投资强度	企业的研发投资与总资产之比
lnRD	企业研发投资强度	企业研发投资的对数值

---

① 省级层面的人口年龄结构是目前除了人口普查数据外最详细的人口老龄化衡量指标，人口普查每十年才统计一次。

变量名	描述	测算方法
Size	公司规模	公司总资产的对数值
Lev	企业财务杠杆率	公司负债总计/资产总计
Sales	公司销售额	企业销售收入的对数值
Roa	盈利能力	净利润/总资产
Age	企业年龄	当年年份减掉企业成立年份的对数值
Ppe	资产抵押能力	固定资产净额除以总资产
Asset_per	劳动密集度	企业总资产与员工总数之比的对数值
Sharetop1	股权集中度	第一大股东的持股比例
Duality	两职合一	公司董事长和总经理是否为同一人
lnBsize	董事会规模	董事会规模的自然对数值
lnwage	企业劳动力成本	本年应付工资与企业员工数之比的对数值
Subsidu	政府补助	企业获得的政府补助与其总资产的比值
Age_65	65岁以上人口比重	65岁以上人口数量/总人口数量
Old_dep	老年抚养比	65岁以上人口数量/15~64岁人口数量
lnGDP	经济发展水平	人均GDP的对数值
Ind_sturc	产业结构（%）	第二产业生产总值/地区生产总值
Edu	教育水平（%）	大专及以上人口数量/6岁及以上人口数量
Age0_14	0~14岁人口比重	0~14岁人口数量/总人口数量

其次，在检验人口老龄化影响企业研发投资的渠道时，本章将计量回归模型设定为如下形式：

$$M\_var_{rijt} = \beta_0 + \beta_1 Old\_ratio_{rt} + \Gamma Firm\_CV_{rijt} + \Delta Prov\_CV_{rt} + \alpha_i + \tau_t + \mu_{rijt} \quad (5\text{-}2)$$

其中，被解释变量 M_var_{rijt} 表示本章的机制变量，在考察企业劳动力成本渠道时，M_var_{rijt} 利用企业的人均工资作为代理变量；在考察政府补助渠道时，M_var_{rijt} 则利用企业获得的政府补助强度作为代理变量。核心解释变量 Old_ratio_{it} 表示企业所在地的人口老龄化程度，μ_{rijt} 则表示该模型下的误差项，其他变量与上文一致。

5.3.2 数据和变量描述性统计

本章将样本限定在制造业企业，这种做法有两个方面的考虑：第一是因为研发投资主要集中在制造业等企业中（解维敏和方红星，2011）；第二是因为制造业企业研发投资的缺失值更少，采用制造业企业样本可以减少样本选择性偏误对研究结果造成的干扰。[1][2]

另外，由于上市公司的研发投资数据 2008 年才开始规范披露，并且 2008 年、2009 年披露该数据的企业数量较少，[3]因此为了减弱样本选择性偏误的影响，本章将样本区间设定为 2010—2018 年。企业的财务数据和基本信息等来源于国泰安 CSMAR 数据库，企业的研发投资数据则来源于中国研究数据服务平台（CNRDS）数据库、中国创新专利研究（CIRD）数据库和 Wind 数据库。

根据现有文献，我们按照以下原则对数据进行了筛选：（1）剔除金融行业，包括证券、银行、保险等；（2）剔除处于 ST 状态的公司；（3）对公司层面的连续变量进行了上下 1% 的 winsorize 缩尾处理；（4）借鉴张嘉望等（2019）的研究，剔除披露研发投入次数少于 3 次的企业样本。宏观层面的数据主要来源于历年《中国统计年鉴》，两个层面的变量按照企业所在地进行匹配，[4]最终得到 12 987 个企业-

---

[1] 如何处理研发投资的缺失值并不是一件容易的事，倪骁然和朱玉杰（2016）的做法是将缺失值设定为 0。然而，这种做法也可能会引入新的问题，例如，公司年报和 Wind 等数据库的统计中，"美的集团"在 2019 年的研发投资为缺失值，但是我们通过阅读其 2019 年公司年报发现，"美的集团"当年的研发投入支出超过了 100 亿元，将其处理为 0 或者行业均值等其他数值很可能会引入人为因素。

[2] 为了结果的稳健性，本章也按照倪骁然和朱玉杰（2016）的做法，将研发投资的缺失值设定为 0，本章的基本结论没有发生改变。

[3] 在全部样本中，2008 年和 2009 年仅有 400 多家企业披露研发投入数据，占企业数量的比重仅为 30% 左右。

[4] 在后文的分析中，我们也按照企业的办公地址进行匹配。

年份有效样本，宏观变量为279个观测值，表5-2给出了这些变量的描述性统计量。

表5-2 变量描述性统计量

变量名	样本量	均值	标准差	最小值	最大值	中位数
RD/Sales	12 987	0.0410	0.0350	0.0000	0.2470	0.0350
RD/Asset	12 987	0.0220	0.0160	0.0000	0.0970	0.0190
lnRD	12 987	8.4710	1.4210	3.9530	12.3840	8.4490
Size	12 987	12.6640	1.1580	10.3070	16.8350	12.5070
Lev	12 987	4.9850	0.6770	3.3090	8.3340	4.9630
Sales	12 987	0.6430	0.3770	0.0660	2.5290	0.5610
Roa	12 987	2.6640	0.4240	0.0000	4.0940	2.7080
Age	12 987	0.3780	0.1950	0.0470	0.9170	0.3640
Ppe	12 987	0.0470	0.0540	−0.1890	0.2000	0.0440
Asset_per	12 987	0.2270	0.1350	0.0020	0.7100	0.2020
ShareTop1	12 987	34.7640	14.2100	8.6050	74.9650	33.2920
Duality	12 987	0.3100	0.4620	0.0000	1.0000	0.0000
lnBsize	12 987	2.1290	0.1910	1.3860	2.8900	2.1970
lnwage	12 987	9.1310	1.1760	0.6750	14.8690	9.2960
Subsidu	12 987	0.0060	0.0070	0.0000	0.0420	0.0040
Age_65	279	0.0970	0.0220	0.0480	0.1520	0.0950
Old_dep	279	0.1320	0.0310	0.0670	0.2270	0.1310
lnGDP	279	10.7080	0.4560	9.4910	11.8510	10.6600
Ind_sturc	279	0.4490	0.0850	0.1860	0.5900	0.4680
Edu	279	0.1280	0.0710	0.0000	0.4870	0.1090
Age0_14	279	0.1658	0.0401	0.0829	0.2526	0.1683

根据表 5-2 的结果，样本期内，企业研发投资占销售额（*RD/Sales*）的平均值为 4.10%，中位数为 3.50%，这些数值与杨国超等（2017）的研究结果类似，此外，*RD/Sales* 的最小值为 0，最大值接近 25%，这说明各制造业企业的研发投入强度的变异性较大。同时，65 岁以上人口比重（*Age_65*）平均值为 9.70%，最大值达到 15.2%，而最小值仅为 4.8%，老年抚养比（*Old_dep*）平均值为 13.20%，其标准差为 3.10%，这说明各个地区的人口老龄化程度有较大的差异，这为本书识别人口老龄化的研发投入效应提供了基础。

5.4 人口老龄化对企业研发投资影响的实证研究结果

5.4.1 人口老龄化对企业研发投资影响的基准结果

表 5-3 给出了人口老龄化对制造业企业研发投资影响的实证研究结果。第（1）列的回归中仅加入了企业和时间的固定效应，初步的证据显示，人口老龄化程度的加深显著降低了当地企业的研发投资强度；在第（2）、（3）列的回归中，本章新加入了企业层面和宏观层面的控制变量，结果依然没有发生改变，并且至少在 5% 的水平上显著为负。

表 5-3   基准回归结果

变量	（1） *RD/Sales*	（2） *RD/Sales*	（3） *RD/Sales*	（4） *RD/Sales*
Age_65	−0.0737**	−0.0801**	−0.0881***	−0.0917**
	(0.0326)	(0.0313)	(0.0322)	(0.0393)

变量	（1） RD/Sales	（2） RD/Sales	（3） RD/Sales	（4） RD/Sales
Size		−0.0024** （0.0011）	−0.0024** （0.0011）	−0.0019*** （0.0003）
Lev		−0.0125*** （0.0034）	−0.0125*** （0.0034）	−0.0256*** （0.0019）
Sales		−0.0173*** （0.0016）	−0.0173*** （0.0016）	−0.0195*** （0.0007）
Roa		−0.0596*** （0.0077）	−0.0596*** （0.0077）	−0.0164** （0.0071）
Age		−0.0052** （0.0026）	−0.0052** （0.0026）	−0.0064*** （0.0007）
Ppe		0.0043 （0.0049）	0.0043 （0.0049）	−0.0144*** （0.0023）
Asset_per		−0.0020** （0.0010）	−0.0019* （0.0010）	0.0011** （0.0005）
Share_top1		0.0001 （0.0001）	0.0001 （0.0001）	−0.0001*** （0.0000）
Duality		0.0004 （0.0008）	0.0005 （0.0008）	−0.0031*** （0.0006）
lnBsize		0.0029 （0.0027）	0.0028 （0.0027）	−0.0002 （0.0014）
lngdp			0.0072 （0.0065）	0.0044 （0.0059）
Ind_sturc			−0.0098 （0.0210）	0.0002 （0.0198）

变量	（1）RD/Sales	（2）RD/Sales	（3）RD/Sales	（4）RD/Sales
Edu			0.0048	0.0116
			（0.0148）	（0.0175）
Age0_14			0.0007*	0.0006
			（0.0004）	（0.0005）
时间固定效应	Yes	Yes	Yes	Yes
企业固定效应	Yes	Yes	Yes	No
省份固定效应	No	No	No	Yes
行业固定效应	No	No	No	Yes
Observations	12 987	12 987	12 987	12 987
R²	0.0817	0.1407	0.1414	0.3565

注：（1）表中没有报告常数项；（2）括号中的标准误为稳健标准误；（3）*** p<0.01，** p<0.05，* p<0.1。

为了排除不同固定效应控制方式对本章研究结论可靠性的影响，同时由于我们的核心解释变量是地区层面的变量，因此在回归中试图控制地区层面的固定效应，第（4）列控制了地区、行业和时间的固定效应，并重新进行回归，结果同样显著为负。

综合上述结果，我们发现，人口老龄化对企业研发投资强度的边际效应为-0.09左右，并且在5%的水平上显著。虽然从理论角度看，人口老龄化对企业研发投资的影响存在正负两种效应，但实证结果发现占据主导的是负面影响，这也说明"倒逼机制"并不占主导：研究假说5-1的效应较小，研究假说5-2和5-3的效应更大。

从经济意义上看，如果人口老龄化程度由样本中位数的9.54%上升至最大值的15.16%，则会使得企业的研发强度下降0.50%左右，下降幅度占企业的研发投资强度的12.5%左右。因此，本章的研究结论表明，人口老龄化程度的持续加深一定程度上不利于提升企业的创新能力、结构升级等，从而为人口老龄化降低全要素生产率和科技创新产出提供了微观机制上的解释。另外，对其他控制变量而言，企业的规模、杠杆率、盈利能力、销售额以及企业年龄等对研发投资强度具有负向影响，这与孟庆斌和师倩（2017）、程玲等（2019）和张嘉望等（2019）的结论类似。

5.4.2 人口老龄化影响企业研发投资的机制分析

（1）劳动力成本的挤出效应

上文影响机制的理论分析中曾指出，人口老龄化通过推升劳动力成本这一机制影响企业的研发投资，因此我们首先在表5-4中给出人口老龄化对企业劳动力成本的影响。参考马双等（2014）的研究，利用企业本年支付给职工的薪酬与企业员工数之比的对数值来衡量企业的人均劳动力成本。

在表5-4第（1）列中，本章利用样本中的全部制造业企业进行估计，回归结果发现，人口老龄化对企业的劳动力成本具有正向影响，并且在1%的水平上显著，这与理论预期和现实情况一致，人口老龄化程度上升1个单位标准差使得工资水平上升7.5%左右。

另外，我们借鉴孔东民等（2017）的研究，利用企业的人均资产数量作为劳动密集度的衡量标准，当企业的人均资产数量小于同年同行业的中位数时，将该企业划分为劳动密集型，否则划分为资本密集型，分组回归结果列于表5-4第（2）、（3）列。实证结果显示，在劳动密集型企业中，人口老龄化对劳动力成本的推升效应更大；虽然在资本密集型企业中，人口老龄化也造成了劳动力成本的上升，但并不显著，从而验证了本章的理论预测。

表 5-4 人口老龄化与企业劳动力成本回归结果

变量	（1）：lnwage 制造业企业	（2）：lnwage 劳动密集型企业	（3）：lnwage 资本密集型企业
65 岁及以上人口比重	3.8158*** （1.3665）	3.6151* （1.9235）	2.2572 （1.8547）
企业控制变量	Yes	Yes	Yes
宏观控制变量	Yes	Yes	Yes
时间固定效应	Yes	Yes	Yes
企业固定效应	Yes	Yes	Yes
Observations	12 946	6 487	6 363
R^2	0.2647	0.2400	0.2517

注：（1）表中的控制变量与表 5-3 中的控制变量相同；（2）括号中的标准误为稳健标准误；（3）*** p<0.01，** p<0.05，* p<0.1。

需要指出的是，人口老龄化显著降低了企业的研发投资强度，并且提高了企业用工成本，但这并不一定意味着挤出效应的成立，我们需要进一步将其与"倒逼机制"进行区分。如果"倒逼机制"占据主导，那么可以预测，在劳动密集型企业中，人口老龄化会促进研发投资，而在资本密集型企业中，则影响较小。如果挤出效应占据主导，则我们预测，在劳动密集型企业中，人口老龄化对企业研发投资的负向影响更大，同样在资本密集型企业中影响较小。为此，我们利用企业的人均资产数量作为劳动密集度的衡量标准进行分组回归，结果列于表 5-5 第（1）、（2）列。

实证结果显示，人口老龄化对劳动密集型企业研发投资强度的影响在 5% 的水平上显著为负，并且系数大小比基准回归略有提高，对资本密集型企业的影响不显著。

表 5-5　　　　　　　　　按劳动密集度分组的回归结果

变量	（1）RD/Sales 劳动密集型	（2）RD/Sales 资本密集型	（3）RD/Sales 劳动密集型	（4）RD/Sales 资本密集型
65岁及以上人口比重	−0.1002** (0.0413)	−0.0617 (0.0497)	−0.1251** (0.0493)	−0.0461 (0.0431)
企业控制变量	Yes	Yes	Yes	Yes
宏观控制变量	Yes	Yes	Yes	Yes
时间固定效应	Yes	Yes	Yes	Yes
企业固定效应	Yes	Yes	Yes	Yes
Observations	6 499	6 374	6 480	6 398
R^2	0.1637	0.1362	0.1429	0.1482

注：（1）表中的控制变量与表5-3中的控制变量相同；（2）括号中的标准误为稳健标准误；（3）*** p<0.01，** p<0.05，* p<0.1。

同时，为了让结论更加具有可信度，本章还借鉴陆瑶等（2017）的研究，利用企业的员工数量与其固定资产之比的对数值作为劳动密集度的衡量标准。按照与上文相同的方式，当企业的劳动密集度大于同年同行业的中位数时，则将该企业划分为劳动密集型，否则划分为资本密集型，相应的分组回归结果列于表5-5第（3）、（4）列。

回归结果表明，人口老龄化对劳动密集型企业研发投资强度存在负面影响，并且在1%的水平上显著，其系数大小比基准回归提高了接近1倍，但是对资本密集型企业的影响仍然不显著。以上结果说明，人口老龄化推升了企业的用工成本，从而挤出了企业的研发投资。

结合表5-4中和表5-5的分组回归结果，本章认为，人口老龄化引起了企业劳动力成本的不断攀升，从而挤出了企业的研发支出，并且这种挤出效应在劳动密集型企业中表现得更为显著。

（2）政府补助机制

在前文的分析中，本章总结了政府补助有利于增加企业研发投入的三种渠道，即缩小企业研发投资的私人收益与社会收益的差距、缓解企业融资约束以及起到信号传递的作用。那么，本章接下来要检验的机制是，人口老龄化程度的不断加深使得政府支出压力加大，导致对企业的补助力度降低，从而不利于企业研发投资的增加。

为了验证这一理论猜想，本章借鉴杨芷晴等（2019）的研究，利用企业获得的政府补助与其总资产的比值来反映政府补助情况，其中"政府补助"为包括税收优惠、人才补助以及科研奖励等在内的所有补助项目的总计，主要回归结果列于表5-6中。第（1）列的回归结果显示，人口老龄化程度的加深显著降低了制造业企业获得的政府补助水平，并且在1%的水平上显著：人口老龄化上升1个单位标准差，则企业的政府补助降低0.06%左右，而样本期内政府补贴占总资产的比重为0.6%左右，因而人口老龄化对政府补助的负面效应也具有显著的经济意义。

表5-6   人口老龄化与企业的政府补贴回归结果

变量	（1）：Subsidy 制造业企业	（2）：Subsidy 非国有企业	（3）：Subsidy 国有企业
65岁及以上人口比重	−0.0279*** (0.0088)	−0.0371*** (0.0103)	−0.0142 (0.0159)
企业控制变量	Yes	Yes	Yes
宏观控制变量	Yes	Yes	Yes

变量	（1）：*Subsidy* 制造业企业	（2）：*Subsidy* 非国有企业	（3）：*Subsidy* 国有企业
时间固定效应	Yes	Yes	Yes
企业固定效应	Yes	Yes	Yes
Observations	12 987	9 271	3 716
R^2	0.0243	0.0291	0.0395

注：（1）表中的控制变量与表5-3中的控制变量相同；（2）括号中的标准误为稳健标准误；（3）*** p<0.01，** p<0.05，* p<0.1。

与此相关的是，本章也考察了人口老龄化与财政支出结构的关系。在上文中，我们已经验证了人口老龄化使得企业获得的政府补助减少。为了提供更加完整的证据支撑，图5-1给出了各省级地区的人口老龄化与社会保障和医疗支出占政府一般预算公共支出的比重之间的关系，可以发现，两者呈现出明显的正相关关系。在人口老龄化严重的地区，其政府会倾向于加大的养老和医疗方面的支出，这加大了政府的财政压力，从而会挤出其对企业的研发补助等相关补贴。

同时，一些研究指出，有着不同产权性质的企业获得的政府补助存在差异，通常国有企业比非国有企业更高（邵敏和包群，2011）。一方面，由于国有企业会更多地承担增加地方就业、提供公共物品等社会责任，因而政府补助往往更加倾向于国有企业（孔东民等，2013）；另一方面，国有企业具有知识溢出效应，因而其也是政府解决基础研发市场失灵的重要工具（叶静怡等，2019）。

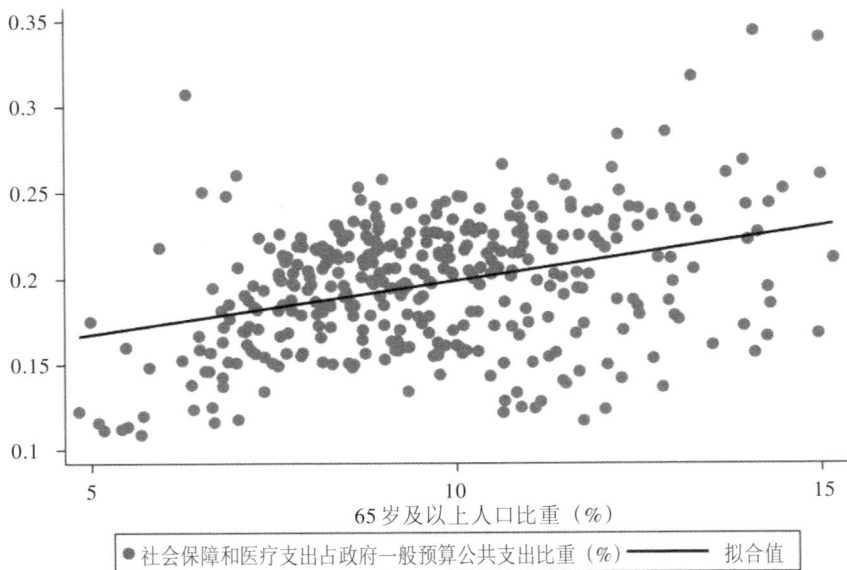

图5-1　人口老龄化与政府支出结构

因此我们预测，与国有企业相比，人口老龄化程度的加深对非国有企业的政府补助挤出效应更大。为了验证这一猜想，本章分别考察了人口老龄化对国有和非国有企业获得政府补助力度的影响，回归结果列于表5-6第（2）、（3）列中，其中企业产权性质的划分以实际控制人性质为依据。我们发现，在非国有企业样本中，人口老龄化对企业获得的政府补助力度具有负面影响，并且在1%的水平上显著，但是在国有企业样本中并不显著。

总结以上发现，本章认为，人口老龄化对企业研发投资的负面影响至少可以通过以下两条机制进行解释：（1）人口老龄化通过提高企业的劳动力成本而挤出研发投资，并且该效应在劳动密集型企业中表现得更为显著；（2）人口老龄化通过减少企业获得的政府补助而减少研发投资，并且该影响在非国有企业中更大。

5.4.3　人口老龄化对企业研发投资影响的异质性分析

在上文的研究中，我们主要回答了人口老龄化为何会减少企业研发投资，而另一个值得关注的发现是，人口老龄化对企业获得的政府补助的影响存在显著的产权性质差异。因此，如果上述机制成立的话，那么我们预测，人口老龄化对企业的研发投资的影响效应也应该存在异质性。

在表 5-7 第（1）、（2）列中，本章给出了按企业产权性质分组的回归结果。我们发现，人口老龄化对非国有企业的研发投资具有显著的负面影响，其边际效应大小为 -0.1156，高于基准回归结果，而对国有企业则不显著，且边际效应大小仅为 -0.03 左右，从而验证了上述猜想。由于国有企业具有知识溢出效应（叶静怡等，2019），因而在当前人口老龄化程度不断加深的情况下，利用国有企业的这种独特作用也有助于更好地应对人口老龄化。

接下来，人口老龄化对企业研发投资的影响也可能与该企业所在行业的行业竞争度有关。一方面，如果企业所处的行业竞争度非常高，那么该企业对产品的定价能力就弱，相应地将成本转嫁给消费者的能力也弱，因此人口结构变动的负面冲击引起的变化可能使得这类企业更加容易受到影响；另一方面，通常国有企业所处行业的竞争度更低，而非国有企业所处行业的竞争度更高，因此通过考察不同行业竞争度下，人口老龄化对企业的研发投资是否存在异质性影响也可以为企业产权性质的异质性结果提供佐证。

借鉴彭俞超、韩珣和李建军（2018）等已有研究，本章以企业的销售额为基准，[①]计算了每个行业的赫芬达尔指数（HHI），将 HHI 低

---

① 本章也在附录中计算了以企业的资产规模为基准的 HHI，然后按照该 HHI 划分企业所在行业的竞争程度，其回归结果与表 5-7 中的结果相似，具体可参见附录中的表 B2。

于中位数的行业划分为竞争激烈的行业，而HHI高于中位数的行业则被划分为竞争较弱的行业，相应的分组回归结果见表5-7第（3）、（4）列。实证结果显示，人口老龄化对企业研发投资的负面影响仅在所处行业竞争度较高的企业中显著存在，而对处在低竞争度行业中的企业影响效应很小，且不显著，从而与表5-7中前两列结果相互印证。

表5-7　　　　按产权性质和行业竞争度分组的回归结果

变量	（1）非国有企业	（2）国有企业	（3）行业竞争度高	（4）行业竞争度低
65岁及以上人口比重	−0.1156*** (0.0436)	−0.0296 (0.0424)	−0.1008** (0.0456)	−0.0424 (0.0405)
企业控制变量	Yes	Yes	Yes	Yes
宏观控制变量	Yes	Yes	Yes	Yes
时间固定效应	Yes	Yes	Yes	Yes
企业固定效应	Yes	Yes	Yes	Yes
Observations	9 271	3 716	7 755	5 082
R^2	0.1289	0.2066	0.1404	0.1573

注：（1）表中的控制变量与表5-3中的控制变量相同；（2）括号中的标准误为稳健标准误；（3）*** p<0.01，** p<0.05，* p<0.1。

另外，企业规模是反映企业多方面信息的重要指标。通常，企业规模越大，则抵御外界风险和负面冲击的能力就越强，企业规模也在一定程度上反映了企业的融资约束等（彭俞超等，2018），而这些因素也是影响企业研发投资的重要因素（程玲等，2019）。同时，一些实证研究显示，企业投资成本、劳动力成本的变动往往对小规模企业的影响更大（Zwick and Mahon，2017；唐珏和封进，2019b）。

为此，我们按照企业总资产划分企业规模，其中表5-8第（1）列表示规模小于同年同行业25%分位数的企业样本，表5-8第（2）列表示小于同年同行业中位数的企业样本，而表5-8第（3）列表示大于同年同行业中位数的企业样本。根据回归结果，我们发现，当企业规模较大（高于中位数）时，人口老龄化对其研发投资的影响不显著，而随着企业规模的减小，人口老龄化对其研发投资强度的负面效应逐渐增大，并且在5%的水平上显著。这表明，在人口老龄化程度不断加深的情形下，国家和政府应该重点帮助中小微企业提高创新能力、增加技术指导与帮扶，促进其转型升级。

表5-8　　按企业规模和是否为研发操纵企业分组的回归结果

变量	（1）企业规模低于25%分位数	（2）企业规模低于中位数	（3）企业规模高于中位数	（4）研发操纵企业	（5）非研发操纵企业
65岁及以上人口比重	−0.1578** (0.0738)	−0.1272** (0.0550)	−0.0510 (0.0354)	−0.0072 (0.0085)	−0.0929*** (0.0359)
企业控制变量	Yes	Yes	Yes	Yes	Yes
宏观控制变量	Yes	Yes	Yes	Yes	Yes
时间固定效应	Yes	Yes	Yes	Yes	Yes
企业固定效应	Yes	Yes	Yes	Yes	Yes
Observations	3 085	6 427	6 444	1 738	11 249
R^2	0.1628	0.1577	0.1645	0.0494	0.1463

注：（1）表中的控制变量与表5-3中的控制变量相同；（2）括号中的标准误为稳健标准误；（3）*** $p<0.01$，** $p<0.05$，* $p<0.1$。

此外，有一类文献认为，中国的部分企业存在"研发操纵"行为，①而其目的主要是获得政府的税收优惠、政策性补助等（杨国超等，2017）。基于此，本章可以预计，对于"研发操纵"企业而言，面对人口老龄化的负面冲击，其减少研发投资的动机更弱；而对于非"研发操纵"企业而言，其减少研发投资的动机更强。

为此，本章借鉴杨国超等（2017）给出的标准识别"研发操纵企业"，即当公司的销售收入小于2亿元时，研发投入占销售收入的比重处于[4.0%，4.5%）；或当公司的销售收入大于等于2亿元时，该比重处于[3.0%，3.5%），则认为其存在研发操纵行为。②表5-8第（4）、（5）列给出了相应的回归结果，我们发现，人口老龄化对企业研发投资的负向影响在非研发操纵企业中显著存在，而在"研发操纵企业"中不明显。但是我们必须承认，由于"研发操纵企业"的样本较少，因此该结果仅仅是启发性的，在解释的时候必须非常小心。

5.5 人口老龄化对企业研发投资影响的稳健性检验

在上文的分析中，本章主要考察了人口老龄化对企业研发投资强度的不利影响。在下文，我们将通过更换企业研发投资强度和老龄化程度的度量指标、控制行业特质冲击和省趋势项、改变标准误计算方式以及控制金融危机因素的影响等对主要结论进行稳健性检验。

5.5.1 更换企业研发投资强度和老龄化程度的度量指标

在基准回归中，本章利用企业的研发投资与销售收入之比衡量研

---

① 研发操纵行为产生的原因是：《高新技术企业认定管理办法》中通过企业的"研发投入占销售收入比重"来认定企业是否为"高新技术企业"，企业可以通过操纵研发投入（最主要的方式）或销售收入来达到"高新技术企业"的标准。

② 另外，我们更换了识别标准，即当公司的销售收入小于2亿元时，研发投入占销售收入的比重处于[4.0%，5.0%）；或当公司的销售收入大于等于2亿元时，该比重处于[3.0%，4.0%），则认为其存在研发操纵行为。此时，本章的结果仍然没有改变，其回归结果见附录中的表B2。

发强度。然而，由于企业操纵研发行为的存在，一些收入仍存在被操纵的可能性（孟庆斌和师倩，2017）。为了排除这种干扰，本章利用企业的研发投资与总资产之比衡量研发强度。同时，借鉴倪骁然和朱玉杰（2016）的研究，利用企业研发投资的对数值（绝对量）来衡量。

另外，在关于人口老龄化的实证研究中，一些文献也采用老年抚养比作为测量指标（汪伟等，2015），在某种程度上，该指标更能够反映政府在养老和医疗等方面的支出压力。因此，基于以上考虑，我们通过改变核心变量的度量指标重新进行估计，相应的结果见表5-9。

表5-9　　　　人口老龄化与企业研发投资：稳健性之一

变量	（1）RD/Asset	（2）RD/Sales	（3）RD/Asset	（4）lnRD	（5）lnRD
65岁及以上人口比重	-0.0328** (0.0144)			-2.1895** (0.9846)	
老年抚养比		-0.0603*** (0.0211)	-0.0219** (0.0095)		-1.4225** (0.6445)
企业控制变量	Yes	Yes	Yes	Yes	Yes
宏观控制变量	Yes	Yes	Yes	Yes	Yes
时间固定效应	Yes	Yes	Yes	Yes	Yes
企业固定效应	Yes	Yes	Yes	Yes	Yes
Observations	12 987	12 987	12 987	12 986	12 987
R^2	0.1802	0.1415	0.1802	0.5591	0.5591

注：（1）表中的控制变量与表5-3中的控制变量相同；（2）括号中的标准误为稳健标准误；（3）*** p<0.01，** p<0.05，* p<0.1。

根据表5-9第（1）中的结果，我们发现，人口老龄化对企业研发投资占总资产比重的影响仍然显著为负，其边际效应为-0.3左右。如果人口老龄化程度由样本中位数的9.54%上升至最大值的15.16%，相应的企业研发强度会下降0.18%左右，下降幅度大概相当于企业研发投资占总资产比重的10%左右，与基准结果非常类似。第（4）列的结果显示，人口老龄化会在绝对量的意义上显著降低企业的研发投资。

同时，表5-9中的其他实证结果也表明，老年抚养比对企业研发投资强度的影响同样为负，并且至少在5%的水平上显著。以第（2）列的结果为基准，我们发现老年抚养比由样本中位数的14.3%上升至最大值22.7%，相应的企业研发强度会下降0.51%左右，同样非常接近于基准结果。这些结果表明，改变企业研发投资强度和人口老龄化程度的度量指标并不会影响本章研究结论的统计意义和经济意义。

5.5.2　控制行业特质冲击和省趋势项

在研究中采用人口变量的一个好处是极大地减少了潜在内生性问题（Feyrer，2007），然而仍有可能存在遗漏变量偏误等问题影响基准回归结果的可靠性。

首先，由于不同行业对劳动依赖程度不一致，不同省份的产业结构也存在差异，如果在样本期内，不同的行业遭受异质性的供需冲击、政策冲击的影响，从而影响企业的研发投资决策，那么基准回归结果就会存在严重的偏误。

同时，政府针对不同行业的研发补贴政策等也会影响企业的研发投资决策。为了排除这种可能性，本章在回归中加入行业代码与时间虚拟变量的交互项，[①]其结果见表5-10第（1）列。此时，人口老龄

---

① 利用2012年证监会公布的《上市公司行业分类指引》。

化的回归系数仍然显著为负。

其次，虽然我们在基准回归中发现控制省级、行业和时间固定效应不会改变基本结论，但是并没有控制不同省份的趋势项，以排除不同省份研发投资具有不同趋势而对回归结果造成干扰。为此，我们在表5-10第（2）列中加入了省趋势项，回归结果发现，虽然系数大小有了一定程度的下降，但是人口老龄化对企业研发投资强度的影响依然显著为负。而当我们同时控制行业特质冲击和省趋势项之后（表5-10第（3）列），基准结论同样没有发生改变。

表5-10　　　　　人口老龄化与企业研发投资：稳健性之二

变量	（1） RD/Sales	（2） RD/Sales	（3） RD/Sales
65岁及以上人口比重	−0.0814** （0.0322）	−0.0561* （0.0314）	−0.0561* （0.0310）
控制变量	Yes	Yes	Yes
时间固定效应	Yes	Yes	Yes
企业固定效应	Yes	Yes	Yes
行业×时间固定效应	Yes	No	Yes
省趋势项	No	Yes	Yes
Observations	12 987	12 987	12 987
R^2	0.1708	0.1522	0.1804

注：（1）表中的控制变量与表5-3中的控制变量相同；（2）括号中的标准误为稳健标准误；（3）*** $p<0.01$，** $p<0.05$，* $p<0.1$。

通常而言，直辖市和省会城市整体科研资源更多、实力更强，随着经济的发展，这些城市的集聚经济效应也越来越强，而企业的研发活动往往也会借助于大城市的集聚经济效应，因此人口老龄化对企业研发投资的负向影响有可能仅仅是企业研发活动从其他城市转移至直辖市和省会等大城市造成的。

为排除这种可能性，本章在表5-11第（1）、（2）列中进行分组回归。我们发现，位于直辖市和省会城市的企业，人口老龄化对其研发投资强度的影响更大，而对位于非直辖市省会城市的企业则不显著。同时，一般直辖市和省会城市的人口老龄化程度也更高，因此，如果本章的观点成立，那么我们应该能够发现人口老龄化对这些城市的企业研发投资影响更大。

表5-11　　　　人口老龄化与企业研发投资：稳健性之三

变量	（1）省会和直辖市企业	（2）非省会和直辖市企业	（3）按照企业办公地点匹配
65岁及以上人口比重	−0.1604***	−0.0448	−0.0811***
	(0.0511)	(0.0465)	(0.0316)
控制变量	Yes	Yes	Yes
时间固定效应	Yes	Yes	Yes
企业固定效应	Yes	Yes	Yes
Observations	4 935	8 052	12 987
R^2	0.1766	0.1256	0.1414

注：（1）表中的控制变量与表5-3中的控制变量相同；（2）括号中的标准误为稳健标准误；（3）*** p<0.01，** p<0.05，* p<0.1。

此外，在基准回归中我们根据企业的注册地匹配宏观变量，但是部分企业的办公地点可能与其注册地点不一致，[①]从而会使得估计结果存在偏误。为此，我们根据企业的办公地点匹配宏观变量，其结果

① 这种现象在服务业企业中更加严重，这也是我们采用制造业企业样本进行研究的原因之一。

见表5-11第（3）列。回归结果显示，人口老龄化对企业研发投资强度影响的边际效应为-0.0812，并且在1%的水平上显著，与基准回归结果非常接近，这说明上述问题并不会改变本章的主要结论。

5.5.3 改变标准误计算方式

为了排除标准误的计算方式对变量系数的显著性造成的潜在影响，本章在表5-12中使用了多种方式计算稳健标准误。首先，参照唐珏和封进（2019b）等的研究，将标准误聚类到企业层面，其隐含的假设是单个公司的误差项仅在时间维度上存在自相关，在横截面维度则与其他公司的误差项不存在相关性。

表5-12　　　　　人口老龄化与企业研发投资：稳健性之四

变量	（1）RD/Sales	（2）RD/Asset	（3）lnRD
65岁及以上人口比重	−0.0881	−0.0328	−2.1895
	(0.0322)	(0.0144)	(0.9846)
	[0.0340]	[0.0137]	[1.0584]
	{0.0343}	{0.0138}	{1.0458}
控制变量	Yes	Yes	Yes
时间固定效应	Yes	Yes	Yes
企业固定效应	Yes	Yes	Yes
Observations	12 987	12 987	12 986
R^2	0.1414	0.1802	0.5591

注：（1）表中的控制变量与表5-3中的控制变量相同；（2）括号中的标准误为稳健标准误；（3）表中并没有标注显著性水平；（4）"（）"表示标准误聚类至企业层面，"［］"表示标准误聚类至省份-行业层面，"｛｝"表示标准误聚类至行业层面。

当然，聚类至企业层面的假设过于强，因此本章接下来将标准误聚类到省份-二位码行业层面，以允许同一个省份内部同一行业内公司之间的误差项存在相关性。另外，本章还进一步放宽相同省份的假设条件，将标准误聚类到上市公司的二位码行业层面（肖文和薛天航，2019），以允许同一行业内部公司之间的误差项存在相关性。

表5-12第（1）列以企业研发投资与销售收入之比作为被解释变量。我们发现，不论采用何种标准误的计算方式，人口老龄化对企业研发投资强度的影响系数均显著为负，并且标准误的大小也比较接近。第（2）、（3）列的被解释变量则是企业研发投资与总资产之比、企业研发投资的对数值。回归结果显示，人口老龄化系数的显著性均未发生改变，且至少在5%的水平上显著。以上结果表明，系数标准误的潜在估计偏误并不会改变本章的主要结论。

5.5.4 控制金融危机因素的影响

人口老龄化对企业研发投资强度的负面影响也可能存在另一种解释，即金融危机的影响。在加入世界贸易组织以后，我国不断依赖低劳动力成本的比较优势发展外向型经济，而2008年发生的金融危机使得我国企业面临巨大的负向外部需求冲击，对企业的发展产生了不可忽视的影响，这潜在地改变了企业的生产和投资行为。

因此，一种可能的解释是：金融危机对经济产生了较为持久的影响，例如经济不确定性程度加大，这使得企业减少了研发投资，而经济较为开放的地区和劳动密集型企业恰恰是受影响较为严重的，即人口老龄化并不是真正降低企业研发投资的因素。由于2008年金融危机对国内企业产生了异质性的影响，对外销型企业的影响更大，因此根据企业是否出口，我们可以将其分为内销型和外销型企业。①如果"金融危机因素"的解释更为重要，那么我们将会看到人口老龄化对内销型企业的研发投资强度影响较小。

在表5-13中，本章单独考察了内销型企业样本。回归结果显示，人口老龄化对该类企业研发投资强度均存在显著的负面影响，其影响系数的绝对值大小，甚至略高于基准回归结果，这说明金融危机的影响并不能够成为解释本章主要结论的重要因素。表5-14第（1）-（3）列展示的回归结果将标准误聚类至省份-二位码行业层面，人口老龄化的系数依然显著为负。这些结果表明，"人口老龄化程度的加深对制造业企业研发投资强度造成负面影响"的结论是成立的。

表5-13　　　　　人口老龄化与企业研发投资：稳健性之五

变量	（1） RD/Sales	（2） RD/Asset	（3） lnRD
65岁及以上人口比重	−0.1033** (0.0438)	−0.0365* (0.0205)	−2.5126* (1.3499)
控制变量	Yes	Yes	Yes
时间固定效应	Yes	Yes	Yes
企业固定效应	Yes	Yes	Yes
行业×时间固定效应	Yes	No	Yes
省趋势项	No	Yes	Yes
Observations	7 456	7 456	7 455
R^2	0.1307	0.1785	0.5678

注：（1）表中的控制变量与表5-3中的控制变量相同；（2）括号中的标准误为稳健标准误；（3）*** p<0.01，** p<0.05，* p<0.1。

————————
① 按照金融危机开始影响我国的前一年2007年，上市企业是否有来自海外的收入来划分。

表 5-14 人口老龄化与企业研发投资：稳健性之六

变量	（1）RD/Sales	（2）RD/Sales	（3）RD/Sales
65 岁及以上人口比重	−0.1033** （0.0435）	−0.0365* （0.0199）	−2.5126* （1.2841）
控制变量	Yes	Yes	Yes
时间固定效应	Yes	Yes	Yes
企业固定效应	Yes	Yes	Yes
行业×时间固定效应	No	No	No
省趋势项	No	No	No
Observations	7 456	7 456	7 456
R^2	0.1308	0.1785	0.5678

注：（1）表中的控制变量与表 5-3 中的控制变量相同；（2）括号中的标准误为稳健标准误；（3）*** p<0.01，** p<0.05，* p<0.1。

5.5.5 研发投资数据的缺失值问题

部分企业研发数据存在缺失值，这可能会造成样本选择偏误问题。实际上，本章在研究中采用制造业企业样本也是为了减少样本选择性偏误对研究结果造成的干扰。为了更加谨慎地处理，本章参考倪骁然和朱玉杰（2016）提供的方式进一步考察该问题的影响：

第一，我们将企业研发投资的缺失值替换为 0（表 5-15 第（1）列）；第二，借鉴 Koh 和 Reeb（2015）的思路，在用 0 替换缺失值的基础上，添加"企业研发投入是否为缺失值"的虚拟变量作为控制变量（第（2）列）；第三，利用当年同行业企业的研发投资均值替换研发投资的缺失值（第（3）列）；第四，在第（3）列的基础上，同样增加"企业研发投入是否为缺失值"作为控制变量（第（4）列）。

表5-15中的回归结果显示，人口老龄化对企业研发投资强度的影响依然显著为负，这说明，由缺失值带来的潜在样本选择偏误问题并不会对本章的主要结论构成威胁。

表5-15　　　　人口老龄化与企业研发投资：稳健性之七

变量	（1） *RD/Sales*	（2） *RD/Sales*	（3） *RD/Sales*	（4） *RD/Sales*
65岁及以上人口比重	−0.0897*** （0.0408）	−0.0875*** （0.0319）	−0.0883*** （0.0317）	−0.0892*** （0.0316）
控制变量	Yes	Yes	Yes	Yes
时间固定效应	Yes	Yes	Yes	Yes
企业固定效应	Yes	Yes	Yes	Yes
Observations	13 540	13 540	13 540	13 540
R^2	0.1658	0.1878	0.1308	0.1353

注：（1）表中的控制变量与表5-3中的控制变量相同；（2）括号中的标准误为稳健标准误；（3）*** $p<0.01$，** $p<0.05$，* $p<0.1$。

5.6　本章小结

人口老龄化对中国的高质量发展提出了严峻挑战，而提升技术创新能力是积极应对人口老龄化的重要战略支撑，但是人口老龄化如何影响企业的研发投资尚未明确。本章利用我国A股制造业上市企业数据，从微观企业的视角分析了人口老龄化对企业研发投资强度的影响，并探索了其中的影响机制。

实证研究发现：第一，人口老龄化对企业研发投资强度的边际影响显著为负，这一结论在更换企业研发投资强度和老龄化程度的度量指标、控制行业特质冲击和省趋势项、改变标准误计算方式，以及控制金融危机因素的影响等一系列稳健性分析下仍然成立，说明人口老龄化不利于企业增加研发投资以提高技术水平。

第二，人口老龄化显著提高了企业的劳动力成本，减少了企业获得的政府补助，从而对企业的研发投资强度造成显著的不利影响。

第三，在非国有、所在行业竞争激烈以及中小规模的企业中，人口老龄化对研发投资强度的负面影响更大。

本章的研究为深入理解人口老龄化对经济增长和科技创新的负面效应和制定积极应对人口老龄化的相关政策提供了新的经验证据。基于以上研究结论，本章获得了以下几点政策启示：

第一，优化政府资金配置效率，加大企业创新、技术升级补贴力度。人口老龄化加重了政府财政负担，本章的研究显示，企业获得的政府补助减少是人口老龄化对研发投入强度造成负面影响的重要因素，因此政府需要在有限的财政预算资金下适当加大研发类补贴力度，降低企业的研发成本和融资约束程度，分散企业研发风险，促进科技创新能力的提升。

第二，充分发挥国有企业的知识溢出效应，带动经济整体创新水平。

第三，加大对中小企业技术升级、科技创新的政策优惠与扶持力度。中小微型企业是制造业的根基，也是推动经济高质量发展的中坚力量，而本章的分析表明，人口老龄化对这部分企业研发投资的负面影响更大，其中技术基础薄弱、人才缺乏、风险承受能力弱以及资金不足等成为重要影响因素，而通过有效的政策助推中小企业转型升级将有助于提升"中国智造"水平，加快产业结构向高级化转型。

6

人口老龄化对企业对外直接投资行为的影响①

---

① 本章相关内容曾刊载于《国际金融研究》2022 年第 8 期，标题为：《人口老龄化与企业对外直接投资——基于中国制造业上市企业的经验研究》，作者感谢《国际金融研究》编辑部和匿名评审专家的宝贵意见。

6.1 问题的提出

在中国改革开放的四十多年中，在战略层面上设置经济特区/经济开发区吸引外商直接投资，对于我国的快速工业化、经济起飞起到了至关重要的作用。随着中国对外开放程度的进一步加深，融入经济全球化的步伐不断加快，我国开放型经济的发展方式也逐渐呈现多样化，其中对外投资合作是中国开放型经济的重要内容，也是中国经济与世界经济融合的重要方式。

近年来，国内企业的对外直接投资（OFDI）与中国吸引的外商直接投资（FDI）呈现出并行增长的趋势，更为重要的是，当前中国的开放型经济正经历着从"引进来"（引进外资）到"走出去"（对外投资）的阶段转型（李磊等，2018）。

根据国家统计局和商务部公布的相关数据，截至2020年末，中国对外直接投资存量从2000年的278亿美元快速增长至2.58万亿美元，仅次于美国和荷兰，而当前中国对外直接投资流量达到1 537.1亿美元，位居世界第1位，占据全球的比重超过两成，中国对外投资在全球外国直接投资中的影响力不断扩大。同时，图6-1的数据显示，中国制造业对外直接投资存量也在逐年增加。由此引出的一个问题是：中国高速增长的OFDI背后，驱动因素是什么？一些文献从企业的避税动机、获取自然资源动机、获取技术领先国家技术溢出以及东道国市场潜能等多个视角做了有益分析。

值得注意的是，中国曾凭借人口结构等优势吸引了大量的境外资本来华投资建厂，成为"世界工厂"。但是近年来，随着中国人口老龄化程度的持续加深，制造业等部门的劳动力成本快速攀升。根据国

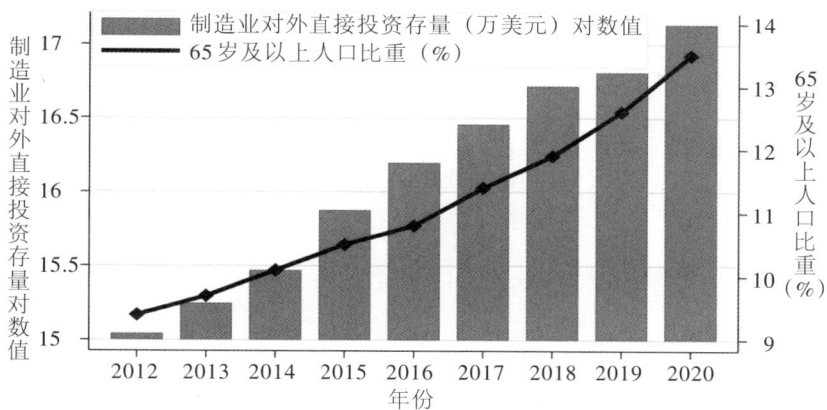

图6-1 人口老龄化与对外直接投资存量

家统计局公布的数据，2020年制造业平均年工资达到8.28万元，相比2005年的1.59万元上涨了5.2倍之多。国际欧洲监测的数据也显示，2005—2016年间，中国制造业平均时薪上涨了3倍，已达到3.6美元（24.7元人民币），超过了几乎所有的拉美大国，更是逼近美国。[1]

然而令人担忧的是，中国的劳动生产率仍然处于较低的水平，2015年仅为世界平均水平的40%，并且呈现出工资上涨快于劳动生产率提升的趋势。[2]

因此，不论从劳动力成本的绝对水平来看，还是从劳动生产率的相对成本角度来看，中国原有的劳动密集型产业的比较优势日益减弱，使中国经济面临着劳动年龄人口持续减少和劳动力成本不断攀升的较为严峻的挑战。由此导致的一个重要变化是，企业在国内投资所面临的经营成本不断上升，从而压缩了其投资利润。

如果说企业进行投资是一种利润最大化行为，那么在人口老龄化加速发展、人口红利消失的现实背景下，国内企业会不会将投资目的

[1] 资料转引自白雪洁和于庆瑞（2019）。
[2] 资料来源：作者根据相关资料整理。

地瞄准海外，从而使得对外投资持续、快速增长？这是本章提出并试图回答的核心问题。

首先，我们从时间维度上展示了人口老龄化与中国制造业上市公司对外直接投资的变化趋势。图6-2给出的数据显示，从绝对数量上看，进行对外直接投资的企业数量由2012年的516家快速增长至2019年的1 323家，其与人口老龄化程度之间呈现一种同步变化的关系。从相对数量上看，进行对外直接投资的企业数量占全部制造业上市企业总数的比重亦大幅上升，由2012年的32.8%上升至2019年的57.0%，同样与人口老龄化呈现正相关关系。

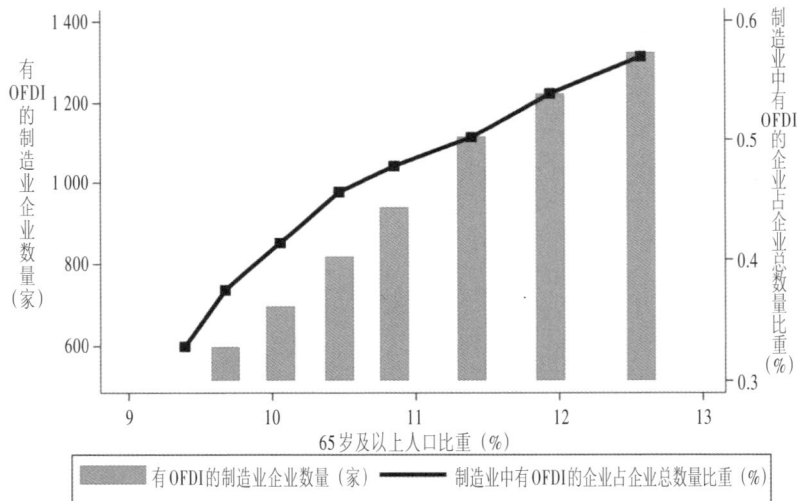

图6-2　人口老龄化与制造业企业对外直接投资：时间维度

其次，我们也尝试从地区维度进一步分析两者的相关关系，图6-3是每个地区的人口老龄化与对外直接投资净额（流量）对数值的散点图。①据此，我们可以初步判断出人口老龄化与当地的对外直接

---

① 省级对外直接投资净额数据来源于EPS全球数据分析平台中国对外经济数据库。

投资流量之间也存在着正向关系。

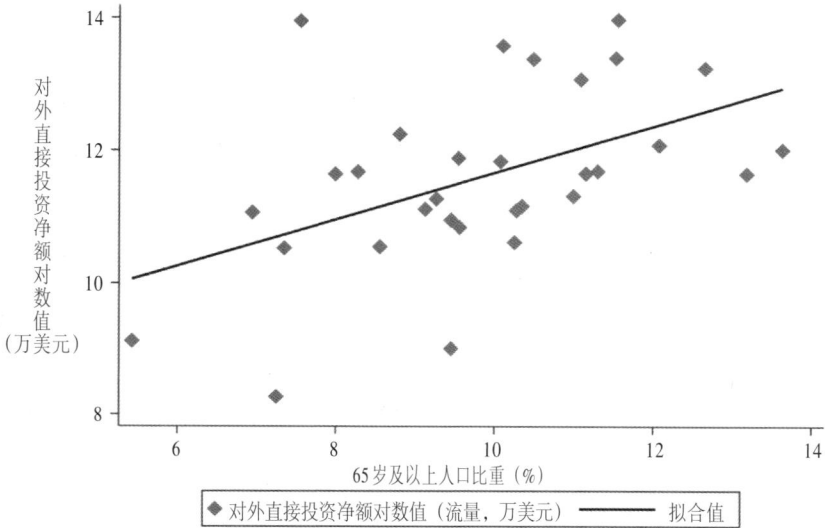

图 6-3　人口老龄化与对外直接投资：地区维度

为此，本章利用中国 A 股制造业上市企业数据，并使用关联交易研究数据库构建制造业企业的对外直接投资指标，将其与人口结构数据等进行匹配，以此分析人口结构转型对企业对外直接投资的影响效应。

与已有研究相比，本章的边际贡献主要体现在以下两个方面：

第一，本书试图从人口结构转型的视角展开研究，从而拓展了企业 OFDI 的动因研究，为相关文献提供了有益的补充。

第二，关于人口老龄化的经济效应相关文献，当前主要集中在从宏观角度分析对经济增长、产业结构、国际贸易、创新等方面的影响，而本书则尝试以微观企业作为研究的出发点，这可以对现有的研究结论提供微观证据支持，并起到完善和补充的作用。

6.2 人口老龄化影响企业对外直接投资的理论分析

6.2.1 人口老龄化影响企业对外直接投资的初步探讨

从理论上看，人口老龄化深刻影响着企业经营的外部环境，因而对其投资决策可能会产生重要的影响。一方面，人口老龄化对经济增长带来一定的负面影响，降低了潜在经济增长率（陆旸和蔡昉，2014；汪伟，2017），而经济增速放缓可能会使得消费低迷，潜在投资机会减少。此时，企业可以充分利用东道国的市场潜力，借助对外直接投资的方式输出国内过剩的产能（温湖炜，2017；闫雪凌和林建浩，2019）。

另一方面，经济增速放缓也有可能使得经济政策不确定性程度上升，这会对企业在本国的投资产生显著的抑制作用（李凤羽和杨墨竹，2015；饶品贵等，2017），而企业为了获得投资收益，则有可能增加对外直接投资。除此以外，人口老龄化程度的加深还会降低经济总体的储蓄率水平，对企业的信贷供给产生影响，而对外直接投资通常投资周期长，需要大量资金支持，所以这也可能潜在影响企业是否进行对外投资。

值得注意的是，与本章最相关的两篇文献是 Fan 等（2018）和王欢欢等（2019），他们均从最低工资制度的视角展开研究，认为最低工资的上涨使得企业所在地的劳动力成本上升，企业进行对外直接投资的概率也会随之上升。前者的研究还发现，中国 2001—2012 年 OFDI 增速的 32.3% 可以由最低工资的上涨解释。

本章的研究与最低工资视角存在差异：一方面，人口老龄化与最低工资水平变化的成因各异，前者主要源自于生育率下降、预期寿命延长和人口迁移等，而后者则是由政府相关部门制定和调整的；另一方面，两者的影响范围和作用机制也不同，虽然其都可以通过提高企业用工成本的方式产生影响，但最低工资的影响主要存在于部分员工工资低于最低工资标准的企业，对工资较高的企业的影响有限（Harasztosi and Lindner，2019），而人口老龄化带来的影响则更为广泛和深刻。

同时，人口老龄化还可以通过影响劳动生产效率等方式对企业的对外直接投资行为产生影响，因而需要单独展开研究。

6.2.2 劳动力成本上升机制

企业的对外直接投资行为实际上是在全球范围内进行资本配置，以谋求更高的利润水平（陈琳等，2020）。人口老龄化深刻影响着企业经营的外部环境，从具体的影响机理来看，本章将从劳动力成本效应和劳动生产效率两个角度进行分析。

在劳动力成本方面，当企业母国的人口老龄化程度逐渐加深时，其会提高该国劳动力市场的均衡工资水平，从而影响企业获得的利润（Draca et al.，2011；周末等，2017），这也会影响企业的投资决策。

通常，企业销售产品给国外消费者时有两种方式：一是直接出口；二是在国外投资建厂（对外直接投资），生产的产品在当地销售。根据 Helpman 等（2004）、Fan 等（2018），如果选择第一种方式，则需要支付一定的生产固定成本和可变的劳动力成本。此外，还需要支付将产品运输至外国的冰山成本，因此企业的边际成本将取决于劳动力成本和冰山成本。如果企业选择第二种方式（OFDI），此时需要为每单位产品支付固定投资成本以及可变的劳动力成本，则企业的边际成本取决于投资目的地国家的劳动力成本。

企业将在利润最大化的指引之下选择对外直接投资或者出口。企业母国所在地的人口老龄化程度不断加深，会逐渐推升当地的劳动力成本，从而改变企业出口和对外直接投资之间相对成本的大小关系，进而影响企业的投资决策，即企业可能通过选择对外直接投资的方式在全球寻找更加廉价的劳动力资源（吴先明和黄春桃，2016）。

因此从理论角度来看，本书预计，人口年龄结构的老化能够通过改变劳动力成本的方式提高企业对外直接投资的可能性。

6.2.3 劳动生产效率机制

人口老龄化也可能通过劳动生产效率改变企业的对外投资行为。对实体经济，尤其是制造业企业来说，其员工在中年阶段时，劳动生产率一般会随着年龄的升高而降低，这就导致人口老龄化带来企业员工的年龄结构老化（Liang et al.，2018），对劳动生产率带来负面影响（封进，2019；汪伟等，2019）。因此，对于尤其依赖劳动力生产要素的行业来说，人口老龄化会对其劳动生产率产生负面影响。

进一步，劳动生产率的下降导致企业付出的单位劳动力成本获得的产出率降低，造成劳动密集型产业的比较优势逐渐丧失，此时，企业有可能通过对外直接投资的方式应对这种现状。这是因为企业在对外直接投资的过程中会产生"学习效应"，获得逆向技术溢出（齐亚伟，2016）。同时，其还可以提升自身在全球价值链分工中的地位（郑丹青，2019），从而提高企业产品的市场竞争力。

所以本书认为，人口老龄化还可能通过降低劳动生产效率的方式提高企业对外直接投资。

6.3 实证研究策略与数据描述

6.3.1 实证模型设定和变量定义

参照 Fan 等（2018）现有的研究，本章使用如下所示的计量经济模型研究人口老龄化对制造业企业对外直接投资的影响：

$$OFDI_{rijt} = \beta_0 + \beta_1 Aging_{rt} + \Gamma Firm\_CV_{rijt} + \Theta Prov\_CV_{rt} + \alpha_r + \theta_j + \tau_t + \varepsilon_{rijt} \quad (6-1)$$

其中，下标 r，i，j 和 t 分别代表地区、企业、行业和年份。$OFDI_{rijt}$ 为本章的被解释变量，即企业当年度是否进行对外直接投资或者企业当年度对外直接投资的次数。$Aging_{rt}$ 为本章的核心解释变量，即企业所在地的人口老龄化程度。$Firm\_CV_{rijt}$ 和 $Prov\_CV_{rt}$ 则分别为企业层面和地区（省级）层面的控制变量。ε_{rijt} 表示随机扰动项。

另外，参照王欢欢等（2019）的研究，本章控制了地区固定效应（α_i）、行业固定效应（θ_j）和经济中的共同冲击，即时间固定效应（τ_t）。[①]

关于被解释变量的度量，本章参照刘莉亚等（2015）、朱荃和张天华（2015）等的研究，主要利用上市企业关联交易数据构建相关指标，即企业当年度是否进行对外直接投资以及投资的次数等。[②] 由于人口年龄结构在很大程度上由几十年前当地人口出生率决定，这一特征使得该变量降低了内生性问题的影响。此外，我国近十年来人口结构变化速度非常快，这为进一步识别人口年龄结构对企业对外直接投资的影响提供了很好的数据支持。

在控制变量方面，本章根据王欢欢等（2019）、刘莉亚等

---

① 在后文中，本章也试图控制其他固定效应，以提高基准结论的可信性。
② 后文的数据说明中将具体描述指标构建方法。

（2015）以及 Fan 等（2018）等已有研究，在企业层面上选取的控制变量主要包括：公司规模（*Size*）、公司销售收入（*Sales*）、企业财务杠杆率（*Lev*）、盈利能力（*Roa*）、资本密集度（*Capital_int*）、全要素生产率（*TFP*）、企业年龄（*Age*）以及企业产权性质（*Soe*）等；在宏观层面上选取的控制变量主要有：各个地区的经济发展水平（ln*gdp*）、第二、三产业增加值占 GDP 比重（*Ind_share*、*Ser_share*）、经济开放度（*Openness*）、平均工资水平（ln*wage*）、失业率水平（*Unemp*）和价格水平（*Inflation*）等。在表 6-1 中，我们给出了详细的企业层面和宏观层面控制变量的定义和测算方法等。

表 6-1 变量定义和测算方法

变量名	描述	测算方法
OFDI_Dum	企业对外直接投资	0~1 变量：当年度企业是否发生对外直接投资
OFDI_Acu	企业对外直接投资	当年度企业对外直接投资次数
Size	公司规模	企业总资产的对数值
Sales	公司销售收入	企业销售收入的对数值
Lev	企业财务杠杆率	企业负债总计/资产总计
Roa	盈利能力	净利润/总资产
Capital_int	资本密集度	企业固定资产净额与员工总数之比的对数值
TFP	全要素生产率	利用 LP 方法测算[†]
Age	企业年龄	当年年份减掉企业成立年份的对数值
Soe	企业产权性质	国有企业 *Soe*=1，非国有企业 *Soe*=0
Labor_cost	企业劳动力成本	企业支付给职工以及为职工支付的现金与职工人数之比的对数值
Eff_wage	单位劳动成本产出	企业销售收入与总劳动力成本之比的对数值
Aging	65 岁以上人口比重	65 岁及以上人口数量占总人口数量比重

变量名	描述	测算方法
Old_Dep	老年抚养比	65岁以上人口数量与15~64岁人口数量之比
$Age14\_65$	工作人口比重	15~64岁人口数量占总人口数量的比重
$lngdp^{\dagger}$	各个地区的经济发展水平	人均GDP的对数值
Ind_share	工业增加值占GDP比重	第二产业生产总值与地区生产总值之比
Ser_share	服务业增加值占GDP比重	第三产业生产总值与地区生产总值之比
$Openness$	经济开放度	进出口总额与地区生产总值之比
$lnwage$	平均工资水平	地区平均职工工资水平的对数值
$Unemp$	失业率水平	地区城镇登记失业率
$Inflation$	价格水平	地区通货膨胀率

注：$\dagger$ 后文中将具体说明 TFP 的测算方法。

另外，在检验人口老龄化影响企业对外直接投资的机制时，本章借鉴已有文献的思路，将计量回归模型设定为如下形式：

$$M\_var_{rijt} = \theta_0 + \theta_1 Aging_{rt} + \Gamma Firm\_CV_{rijt} + \Theta Prov\_CV_{rt} + \alpha_i + \tau_t + \omega_{rijt} \quad (6-2)$$

其中，被解释变量 M_var_{rijt} 表示本章的机制变量。核心解释变量 $Aging_{rt}$ 依然表示企业所在地的人口老龄化程度。ω_{rijt} 表示该模型下的误差项。其他变量与上文一致。在考察企业劳动力成本机制时，M_var_{rijt} 利用企业的平均工资水平对数值（$Labor\_cost$）作为代理变量；在考察劳动生产效率机制时，M_var_{rijt} 则利用企业平均单位工资产出对数值（Eff_wage）作为代理变量。

6.3.2 数据和变量描述性统计

本章的数据主要包含企业层面和宏观层面两个部分，前者主要是2012—2020年中国A股制造业上市企业数据，其财务数据和基本信息等来源于国泰安CSMAR数据库；后者是2012—2020年中国各省（自治区、直辖市）的人口指标和经济指标，[①]这些数据主要来源于历年《中国统计年鉴》和国家统计局网站，两个层面的变量按照企业所在地进行匹配。需要指出的是，本章参照已有研究（刘莉亚等，2015；朱荃和张天华，2015；孙浦阳等，2020），利用CSMAR上市公司关联交易研究数据库构建企业对外直接投资指标。

首先，根据上市公司与关联方之间的关联关系，我们选取"上市公司的子公司"、"上市公司的合营企业"和"上市公司的联营企业"，并且要求上市公司控制权益比例超过10%。

其次，人工识别出关联方注册地在中国大陆以外的交易，以此判断上市公司是否进行了对外直接投资。另外，由于中国企业的对外直接投资中有大量流入了"避税天堂"（刘志阔等，2019），而这些投资并未开展实际的生产经营活动，因而根据孙浦阳等（2020）的研究，在处理上述数据的基础上，我们还剔除了关联方注册地位于开曼群岛、英属维尔京群岛、英属泽西岛、百慕大群岛和卢森堡等国家或地区的交易。

最后，本章将企业的对外直接投资数据与其财务指标等进行匹配，并按照以下原则对数据进行筛选：（1）剔除金融行业的公司，包括证券、银行、保险等；（2）剔除处于ST状态的公司；（3）对公司层面的连续变量进行上下1%的Winsorize缩尾处理。经过上述基本处理，最终得到15 851个企业-年份有效样本，宏观变量则为279个观

---

① 各数据指标中未包括我国香港特别行政区、澳门特别行政区和台湾省。

测值，表6-2为变量的描述性统计量。

表6-2 描述性统计量

变量名	样本量	平均值	最小值	最大值	中位数	标准差
OFDI_Dum	15 851	0.5020	0	1	1	0.5000
OFDI_Acu	15 851	1.8640	0	99	0	4.2580
Size	15 851	21.9540	19.7400	26.1000	21.7940	1.1600
Sales	15 851	21.3370	18.4720	25.5180	21.1770	1.3380
Lev	15 851	0.3750	0.0490	0.8790	0.3630	0.1870
Roa	15 851	0.0510	−0.2420	0.2320	0.0470	0.0640
Capital_int	15 851	12.5690	9.2980	15.6600	12.5600	0.8680
TFP	15 851	11.4310	8.0510	15.2790	11.7280	1.6320
Age	15 851	2.7720	1.0990	4.1270	2.8330	0.3640
Soe	15 851	0.2400	0	1	0	0.4270
Labor_cost	15 850	11.4960	10.0470	13.1080	11.4720	0.4320
Eff_wage	15 850	2.1870	0.6510	4.4130	2.1150	0.6070
Aging	279	0.1059	0.0498	0.1628	0.1032	0.0254
Old_Dep	279	0.1464	0.0701	0.2382	0.1421	0.0379
Age14_65	279	0.7270	0.6338	0.8129	0.7254	0.0368
lngdp	279	10.8648	9.8889	11.9561	10.8092	0.4235
Ind_share	279	42.2611	15.8337	55.8603	43.4822	8.4588
Ser_share	279	48.1085	30.9385	80.5562	47.4737	9.3851
Openness	279	0.2546	0.0076	1.2526	0.1386	0.2796
lnwage	279	11.0838	10.5019	11.9142	11.0638	0.3136
Unemp	279	3.2150	1.2000	4.4700	3.3000	0.6315
Inflation	279	2.1816	0.5667	3.7164	2.1837	0.6458

根据表6-2提供的变量描述性统计，样本期内，制造业上市企业进行对外直接投资的概率为50.20%左右，而在刘莉亚等（2015）的研究中，2010—2011年企业对外直接投资的概率为26%左右，该数字与朱荃和张天华（2015）的测算结果较为接近。[①]实际上，按照上市企业测算的对外直接投资平均概率远高于工业企业数据库的计算结果，其原因是工业企业数据库主要是1998—2013年间的对外投资情况，而上市企业数据则反映了最近几年间的情况。在"一带一路"等开放性政策和多种经济因素的作用下，中国有更多的企业"走出去"，对外投资活动越来越多。此外，工业企业数据库中的小企业数量非常庞大，其进行对外投资的机会和可能性往往较小，而上市企业通常实力较为雄厚，有足够的基础和能力进行对外投资。

从人口年龄结构指标看，65岁及以上人口比重（Aging）平均值为10.59%，最大值达到16.28%，而最小值仅为4.98%，其标准差为2.54%，而老年抚养比平均值则为14.64%，其标准差为3.79%，这说明各个地区的人口老龄化程度有较大的差异，这为本章识别人口老龄化的OFDI效应提供了数据支持。

同时，从地区差异来看，在样本期内各省份的人口老龄化程度按照东部、中部地区和西部地区的顺序依次递减（图6-4）：常住人口口径下，东部地区65岁及以上人口占比为11.24%，中部地区为10.91%，而西部地区则为9.73%。从人口老龄化成因看，生育率下降、预期寿命延长、人口流动是三个最重要的原因。东部地区主要是年轻劳动力的流入地，其起到了减缓人口老龄化的作用，但是由于生活水平逐渐提高等因素导致生育率下降和预期寿命延长，使得年轻人口比重逐渐下降，老年人口比重逐渐上升，从而加深了该地区的人口

① 刘莉亚等（2015）、朱荃和张天华（2015）的研究中不仅包含制造业企业，还包括服务业企业等，而对外投资更加集中于制造业企业，因而即便是使用同一时间段的数据，本书的测算结果也会高于上述两篇文献的测算结果。

老龄化程度。①

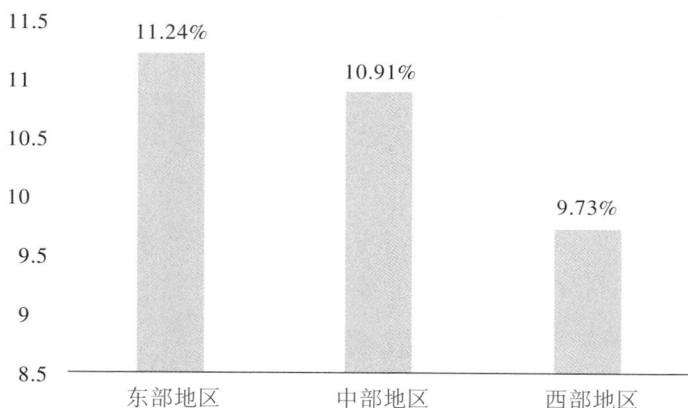

图6-4　东、中、西部地区人口老龄化程度（2012—2020年）

6.3.3　企业生产率的测算

关于制造业上市企业的全要素生产率，本章参照刘莉亚等（2018）的研究，利用 Levinsohn 和 Petrin（2003）的方法进行测算，即采用如下回归方程：

$$y_{it} = \alpha_0 + \alpha_1 l_{it} + \alpha_2 k_{it} + \alpha_3 m_{it} + \mu_{it} \tag{6-3}$$

其中，y_{it} 表示主营业务收入的对数值。l_{it} 表示劳动要素的投入量，用企业员工人数的对数值衡量。k_{it} 则代表企业资本要素的投入量，利用企业固定资产的账面价值衡量。m_{it} 表示中间投入品，利用总产值减去增加值的方式衡量。此处，总产值=销售额+当期库存−上期库存，增加值=劳动者报酬+营业利润+生产税净额+折旧（胡海峰等，2020）。

本章以2000年为基期，对名义变量进行价格平减以得到变量的

---

① 当然，分省份的角度看，个别省市的人口老龄化程度受人口流动因素的影响较大。以第七次人口普查为例，重庆、四川两地65岁及以上人口比重达到了17%左右，东部地区的上海、江苏、山东、安徽等地均超过了15%，甚至达到16%，而黑龙江、吉林和辽宁三地则达到了16%左右。因此，各地区人口老龄化程度的差异较大，但是总体上东部地区更为严重。

实际值，即将产出类变量利用工业生产者出厂价格指数进行平减，对固定资产变量利用固定资产投资价格指数进行平减（刘莉亚等，2018）。最后，我们对上述变量进行了上下 1% 的缩尾（Winsorize）处理。表 6-2 中给出了根据上述方法测算出的企业全要素生产率（TFP）的描述性统计量。

6.4 人口老龄化对企业对外直接投资影响的实证研究结果

6.4.1 人口老龄化对企业研发投资影响的基准结果

表 6-3 中给出了人口老龄化对制造业企业 OFDI 影响的回归结果。第（1）-（3）列对应的被解释变量 *OFDI_Dum* 为虚拟变量，即企业在当年度是否进行对外直接投资。参照陈琳等（2020）的研究，我们分别使用线性概率（LPM）模型、Probit 模型和 Logit 模型进行估计。[1]第（4）-（5）列对应的被解释变量则是企业在当年度对外直接投资的次数（*OFDI_Acu*），参照李磊等（2018）的研究，本章使用 OLS 和泊松（Poisson）方法进行估计。另外，借鉴谭语嫣等（2017），我们将标准误聚类至省级层面。[2]

表 6-3 第（1）-（3）列的回归结果显示，人口老龄化程度的加深显著提高了制造业上市企业对外直接投资的概率。从统计意义上看，不论是线性概率模型，还是非线性的 Probit 模型、Logit 模型，我们均发现，人口老龄化（*Aging*）的系数在 1% 的水平上显著为正，其系数大小在 1 附近。

---

[1]　表格中 Probit 模型、Logit 模型报告的系数为变量的边际效应。
[2]　采用 White 稳健标准误、将标准误聚类至行业层面、聚类至省份-行业层面依然能够得到类似的结果（参见附录）。

表 6-3 　　　　　　　　　　　　基准回归结果

变量	（1） LPM	（2） Probit	（3） Logit	（4） OLS	（5） Poisson
	是否投资（OFDI_Dum）			投资次数（OFDI_Acu）	
Aging	1.1904 *** (0.3266)	0.9574 *** (0.3343)	0.9122 *** (0.3192)	8.0832 *** (2.6744)	2.8797 *** (0.9676)
Size	0.0904 *** (0.0170)	0.0942 *** (0.0172)	0.0981 *** (0.0178)	1.2909 *** (0.1498)	0.5071 *** (0.0713)
Sales	0.1056 *** (0.0266)	0.1098 *** (0.0269)	0.1100 *** (0.0277)	0.5814 * (0.2953)	0.1475 (0.1420)
Lev	0.0579 (0.0523)	0.0498 (0.0508)	0.0536 (0.0510)	0.5350 ** (0.2678)	0.5117 *** (0.1896)
Roa	−0.3693 *** (0.1081)	−0.3639 *** (0.1170)	−0.3480 *** (0.1172)	−1.8715 * (0.9671)	−0.9110 ** (0.4289)
Capital_int	−0.0247 ** (0.0098)	−0.0260 *** (0.0096)	−0.0279 *** (0.0092)	−0.3700 *** (0.0988)	−0.0993 ** (0.0499)
TFP	−0.0542 ** (0.0258)	−0.0577 ** (0.0278)	−0.0614 ** (0.0289)	−0.5001 * (0.2467)	−0.0448 (0.1053)
Age	−0.0452 * (0.0245)	−0.0453 * (0.0235)	−0.0465 ** (0.0235)	−0.2632 (0.2566)	−0.1091 (0.1230)
Soe	−0.1665 *** (0.0267)	−0.1727 *** (0.0266)	−0.1727 *** (0.0272)	−1.1542 *** (0.1755)	−0.5757 *** (0.1348)
lngdp	−0.0537 (0.0479)	−0.0580 (0.0626)	−0.0556 (0.0603)	−0.0555 (0.4431)	−0.0612 (0.1875)
Ind_share	0.0041 (0.0048)	0.0016 (0.0067)	0.0012 (0.0064)	0.0940 * (0.0514)	0.0595 *** (0.0217)

变量	（1）LPM	（2）Probit	（3）Logit	（4）OLS	（5）Poisson
Ser_share	−0.0002	−0.0012	−0.0021	0.0568	0.0509 **
	（0.0042）	（0.0060）	（0.0057）	（0.0527）	（0.0250）
Openness	0.0996 **	0.0929 *	0.0984 **	−0.1625	0.4394 ***
	（0.0428）	（0.0480）	（0.0457）	（0.3903）	（0.1290）
lnwage	−0.0336	−0.0061	−0.0079	1.3201	−0.5631
	（0.1280）	（0.1445）	（0.1423）	（1.2471）	（0.4334）
Unemp	0.0019	−0.0004	−0.0012	−0.0583	0.0127
	（0.0130）	（0.0139）	（0.0134）	（0.1069）	（0.0510）
Inflation	−0.0069	−0.0081	−0.0098	−0.0305	−0.0594 **
	（0.0086）	（0.0085）	（0.0083）	（0.0592）	（0.0274）
时间固定效应	Yes	Yes	Yes	Yes	Yes
行业固定效应	Yes	Yes	Yes	Yes	Yes
地区固定效应	Yes	Yes	Yes	Yes	Yes
Observations	15 851	15 851	15 851	15 851	15 851
R^2	0.2148	0.1809	0.1817	0.1817	0.2711

注：（1）表中省略了常数项；（2）Probit模型、Logit模型报告的系数为变量的边际效应；（3）括号中的标准误为省级聚类稳健标准误；（4）***、**和*分别表示在1%、5%和10%的水平上显著。

从经济意义上看，如果65岁及以上人口比重上升一个单位标准差，则企业对外直接投资的可能性将会增加2.5%左右，其上升幅度大约占企业的平均对外投资概率的5%。同时，第（4）−（5）列的回归结果显示，65岁及以上人口比重的上升也能够显著增加企业对外直接投资的次数。①因此，上述研究结论表明，人口老龄化程度的持续加深可以为近年来我国对外直接投资流量不断增加提供一种可能的解释。

6.4.2　基于宏观数据初步检验人口老龄化对企业对外直接投资的影响

为了尽可能地说明人口老龄化的确能够促进对外直接投资，本章试图利用省级面板数据，从宏观角度考察人口老龄化对对外直接投资规模相对变化的影响效应。这样做的一个好处是，被解释变量的设计可以考虑到投资规模的相对变化。为此，本章从EPS数据平台收集2003—2019年中国省级非金融类对外直接投资流量，利用上述省级面板数据展开讨论。

首先，我们构建了三个对外投资规模的相对变化变量，分别为：各省级地区非金融类对外直接投资流量/全社会固定资产投资总额（*OFDI/Fix_Inv*）、各省级地区非金融类对外直接投资流量/内资企业全社会固定资产投资额（*OFDI/Fix_Inv_DF*），以及各省级地区非金融类对外直接投资流量/各地区GDP（*OFDI/GDP*）。

然后，我们利用双向固定效应面板数据模型考察人口老龄化对当地的对外直接投资规模相对变化的影响效应，结果见表6-4。回归结果显示，人口老龄化（65岁及以上人口比重）显著提高了对外直接投资占总固定资产投资的比重，不论被解释变量是对外直接投资流量与全社会固定资产投资总额之比（*OFDI/Fix_Inv*）、对外直接投资流量与内资企业全社会固定资产投资额之比（*OFDI/Fix_Inv_DF*），还是对外直接投资流量与各地区GDP之比（*OFDI/GDP*）。

---

① 由于大多数有对外直接投资活动的企业的投资次数为1~2次，而采用投资次数作为被解释变量容易受到极端值的影响，因此在后文的分析中，本章主要考虑企业是否进行了对外直接投资（*OFDI_Dum*）。

表6-4　　人口老龄化与对外直接投资：基于宏观数据的检验

变量	（1）OFDI/Fix_Inv	（2）OFDI/Fix_Inv_DF	（3）OFDI/GDP
Aging	0.3290**	0.3695**	0.0968*
	(0.1468)	(0.1759)	(0.0526)
lngdp	−0.0301**	−0.0368**	−0.0020
	(0.0147)	(0.0176)	(0.0053)
unemp_rate	−0.3511	−0.3905	−0.1913
	(0.3992)	(0.4783)	(0.1429)
lnwage	0.0237	0.0295	0.0102
	(0.0223)	(0.0268)	(0.0080)
trade_ratio	−0.0812***	−0.0933***	−0.0204***
	(0.0117)	(0.0141)	(0.0042)
industry_ratio	0.0195	0.0191	0.0008
	(0.0397)	(0.0475)	(0.0142)
lnPOP	0.0671	0.0660	0.0587***
	(0.0408)	(0.0489)	(0.0146)
时间固定效应	Yes	Yes	Yes
地区固定效应	Yes	Yes	Yes
Observations	338	338	338
R²	0.3567	0.3328	0.3904

注：（1）表中省略了常数项；（2）括号中为估计系数的标准误；（3）***、**和*分别表示在1%、5%和10%的水平上显著。

这些回归结果从宏观视角验证了人口老龄化促进对外直接投资的结论，能够在一定程度上完善与补充本章的基准研究结论。

在表6-5中，我们更换了人口结构的度量指标，以说明的确是人口年龄结构的老化显著地促进了对外直接投资。其回归结果显示，老年抚养比（65岁及以上人口与15～64岁人口的比重）的增加同样可以显著提高对外直接投资占总固定资产投资的比重（Panel A），而15～64岁人口比重（人口老龄化的逆向指标）的下降也可以促进对外直接投资（Panel B）。

表6-5　　　　基于宏观数据的检验：更换人口结构变量

变量	OFDI/Fix_Inv	OFDI/Fix_Inv_DF	OFDI/GDP
	（1）	（2）	（3）
Panel A			
Old_dep	0.2033 **	0.2291 *	0.0609 *
	（0.0995）	（0.1191）	（0.0356）
控制变量	Yes	Yes	Yes
时间固定效应	Yes	Yes	Yes
地区固定效应	Yes	Yes	Yes
Observations	338	338	338
R^2	0.3548	0.3312	0.3894
变量	（4）	（5）	（6）
Panel B			
Age15_64	−0.1819 **	−0.2143 *	−0.0428
	（0.0913）	（0.1093）	（0.0327）
控制变量	Yes	Yes	Yes
时间固定效应	Yes	Yes	Yes
地区固定效应	Yes	Yes	Yes
Observations	338	338	338
R^2	0.3544	0.3315	0.3869

注：（1）表中省略了常数项；（2）表中的控制变量与表6-4一致；（3）括号中为估计系数的标准误；（4）***、**和*分别表示在1%、5%和10%的水平上显著。

6.4.3 人口老龄化影响企业对外直接投资的稳健性分析

（1）固定效应控制方式

遗漏变量偏误是本章内生性问题的主要来源，因此在基准回归中我们控制了时间、行业和地区固定效应，这可以部分地缓解这一问题。为了排除这种可能性的干扰，我们在回归中进一步加入了行业与时间的交互项，即行业-时间固定效应。此时，人口老龄化的回归系数大小虽然有所下降，但仍然显著为正（表6-6第（1）列）。

表6-6 稳健性分析之一

变量	（1） *OFDI_Dum*	（2） *OFDI_Dum*	（3） *OFDI_Dum*
Aging	1.1633 ***	0.8598 ***	0.7680 **
	(0.3436)	(0.2876)	(0.3315)
控制变量	Yes	Yes	Yes
企业固定效应	No	No	Yes
时间固定效应	Yes	Yes	Yes
行业固定效应	Yes	Yes	No
地区固定效应	Yes	Yes	No
行业-时间固定效应	Yes	No	No
所有制-时间固定效应	No	Yes	No
Observations	15 851	15 847	15 447
R^2	0.2152	0.2100	0.7315

注：（1）表中第（1）列为控制时间、行业、省份和行业-时间固定效应的估计结果，第（2）列为控制时间、行业、省份和所有制-时间固定效应的估计结果，第（3）列为控制企业固定效应和时间固定效应的估计结果；（2）表中省略了常数项；（3）表中为线性概率模型估计结果；（4）表中的控制变量与表6-3一致；（5）括号中的标准误为省级聚类稳健标准误；（6）***、**和*分别表示在1%、5%和10%的水平上显著。

此外，由于不同所有制企业对经济环境变化的反应并不一致，为捕捉经济共同冲击带来的影响差异，参照王欢欢等（2019）的研究，在基准回归的基础上进一步控制了所有制-时间固定效应（表6-6第（2）列），回归结果依然没有发生明显改变。最后，我们还改变了固定效应的控制方式，表6-6第（3）列控制了时间和企业个体层面的固定效应，基准结论依然成立。

（2）排除替代性解释

本章研究结论的另外一种解释是：经济较为发达、对外开放程度较高的地区（城市）更接近和熟悉国际市场，这些地区企业的对外直接投资更多，但同时，这些地区良好的经济和医疗条件也会使得人口预期寿命更高，从而导致人口老龄化程度也更高。由此，人口老龄化对OFDI的影响有可能仅仅是城市地理位置或经济发展程度导致的。

尽管本章在基准回归中已经控制了诸如人均GDP（经济发展水平）、经济开放程度等变量，但是为了进一步排除这种可能性，我们在样本中剔除了位于省会城市的企业，其回归结果在表6-7第（1）列中给出；而第（2）列的样本同时剔除了位于省会城市和"京沪津渝"四个直辖市的企业，第（3）列的样本剔除了位于深圳、珠海、汕头和厦门四个经济特区的企业样本。

表6-7　　　　　　　　　稳健性分析之二

变量	（1） *OFDI_Dum*	（2） *OFDI_Dum*	（3） *OFDI_Dum*
Aging	1.0548 *** （0.2706）	0.9762 ** （0.4248）	0.5824 ** （0.2225）
控制变量	Yes	Yes	Yes
时间固定效应	Yes	Yes	Yes

变量	（1） *OFDI_Dum*	（2） *OFDI_Dum*	（3） *OFDI_Dum*
行业固定效应	Yes	Yes	Yes
地区固定效应	Yes	Yes	Yes
Observations	12 254	9 999	14 146
R^2	0.2207	0.2356	0.2024

注：（1）表中第（1）列为剔除省会城市的估计结果，第（2）列为剔除省会城市和直辖市的估计结果，第（3）列为剔除深圳、珠海、汕头和厦门四个经济特区的估计结果；（2）表中省略了常数项；（3）表中为线性概率模型估计结果；（4）表中控制变量与表6-3一致；（5）括号中的标准误为省级聚类稳健标准误；（6）***、**和*分别表示在1%、5%和10%的水平上显著。

经过上述处理后的回归结果显示，人口老龄化依然能够显著促进企业的对外直接投资，其系数至少在5%的水平上显著，这说明本章的基准回归结果是稳健的。

（3）安慰剂检验

参照王欢欢等（2019）的研究思路，以制造业企业在自然资源丰富型国家的对外直接投资作为安慰剂检验。大量研究表明，企业对外直接投资的动机之一是获得稳定的资源和能源供给（Buckley et al., 2007；王永钦等，2014），而人口老龄化主要影响劳动力要素，因此如果本章在基准回归中得到的结论并不是由其他因素导致的，那么人口老龄化程度的加深应当不会对企业向自然资源丰富型国家的对外直接投资产生显著的促进作用。

为此，本章首先根据吴先明和黄春桃（2016）等的研究，利用对外直接投资目的地国家（地区）的燃料、矿石和金属出口占其商品出口的比重衡量一个国家是否为自然资源丰富型（*NR*）国家。[①]

在此基础上，表6-8第（1）列中给出了人口老龄化对企业在自然资源丰富型国家对外直接投资的影响，回归结果显示，人口老龄化的系数并不显著。在第（2）列中，在基准回归的基础上加入了人口老龄化与是否为自然资源丰富型国家的交互项（*Aging×NR*），此时，交互项的系数并不显著，但人口老龄化的系数依然显著为正，这说明人口老龄化程度加深并没有显著增加企业在自然资源丰富型国家的对外直接投资。在第（3）、（4）列中，我们分别给出了不考虑企业在自然资源丰富型国家的对外直接投资[②]以及剔除企业在自然资源丰富型国家的对外直接投资样本后的回归结果，本章的主要结论依然没有发生改变。

表6-8   稳健性分析之三

变量	（1） *OFDI_Dum*	（2） *OFDI_Dum*	（3） *OFDI_Dum*	（4） *OFDI_Dum*
Aging	0.2851 （0.3104）	0.9972 *** （0.2028）	0.9053 *** （0.2991）	1.2335 *** （0.2741）
NR		0.3515 * （0.1855）		
Aging×NR		0.5128 （1.4020）		
控制变量	Yes	Yes	Yes	Yes
时间固定效应	Yes	Yes	Yes	Yes
行业固定效应	Yes	Yes	Yes	Yes
地区固定效应	Yes	Yes	Yes	Yes

①   数据来源于世界银行World Development Indicators数据库，具体国家可参见附录。
②   如果企业的对外直接投资发生在自然资源丰富型国家，则设置*OFDI_Dum* = 0。

变量	(1) OFDI_Dum	(2) OFDI_Dum	(3) OFDI_Dum	(4) OFDI_Dum
Observations	15 851	15 851	15 851	14 166
R^2	0.1119	0.2720	0.1169	0.1932

注：（1）表中省略了常数项。（2）表中为线性概率模型估计结果。（3）括号中的标准误为省级聚类稳健标准误。（4）表中控制变量与表6-3一致。（5）***、**和*分别表示在1%、5%和10%的水平上显著。（6）在第（1）列中，企业不进行对外直接投资时，被解释变量"OFDI_Dum"取值为0；同时，企业进行对外直接投资，但是对外直接投资的目的地是非自然资源丰富型国家时，被解释变量"OFDI_Dum"取值仍然为0；只有企业进行对外直接投资且目的地是自然资源丰富型国家时，被解释变量"OFDI_Dum"取值为1。在第（2）列中，回归模型中加入目的地是否为自然资源丰富型国家的虚拟变量（NR），以及该变量与人口老龄化的交互项（Aging×NR）。在第（3）列中，企业不进行对外直接投资时，被解释变量"OFDI_Dum"取值为0；企业进行对外直接投资，但是对外直接投资的目的地是自然资源丰富型国家时，被解释变量"OFDI_Dum"取值仍然为0；只有企业进行对外直接投资，且对外直接投资的目的地是非自然资源丰富型国家时，被解释变量"OFDI_Dum"取值为1。在第（4）列中，将那些进行了对外直接投资的目的地是自然资源丰富型国家的企业样本剔除。

（4）更换人口结构指标

在基准回归中，本章采用65岁及以上人口占总人口比重衡量一个地区的人口老龄化程度。此外，也有学者利用老年人口抚养比作为相应的度量指标（邓明，2014；汪伟等，2015）。因此，在表6-9第（1）、（3）列中，我们将老年人口抚养比作为核心解释变量，重新估计人口老龄化对企业对外直接投资的影响效应。

同时，本章主要关心的是人口老龄化的影响，如果企业对外直投资的扩张行为的确部分是由人口因素所致，那么一个相关的问题是：劳动年龄人口比重的上升是否会降低企业对外直接投资的概率呢？为此，我们使用15~64岁人口占总人口比重作为人口结构的测量指标，表6-9第（2）、（4）列给出了相应的回归结果。

表6-9   稳健性分析之四

变量	（1）OFDI_Dum	（2）OFDI_Dum	（3）OFDI_Acu	（4）OFDI_Acu
Old_Dep	0.7068 *** (0.2038)		1.7051 *** (0.5429)	
Age15_64		−0.7460 *** (0.2333)		−2.1300 *** (0.5763)
控制变量	Yes	Yes	Yes	Yes
时间固定效应	Yes	Yes	Yes	Yes
行业固定效应	Yes	Yes	Yes	Yes
地区固定效应	Yes	Yes	Yes	Yes
Observations	15 851	15 851	15 851	15 851
R^2	0.2148	0.2147	0.2711	0.2711

注：（1）表中省略了常数项；（2）表中第（1）、（2）列为线性模型，第（3）、（4）列为Passion回归估计结果；（3）括号中的标准误为省级聚类稳健标准误；（4）***、**和*分别表示在1%、5%和10%的水平上显著。

表6-9的结果显示，老年人口抚养比的上升显著提高了企业对外直接投资的可能性，而劳动年龄人口占比则起到了显著降低的效果，从而印证了本章的基本结论。从经济意义上看，如果老年人口抚养比从样本期内最小值的7.0%上升至最大值的22.7%，则企业对外直接投资的可能性将会增加12.5%左右，其上升幅度大约占企业的平均对外投资概率的25%。同样，如果劳动年龄人口占比从样本期内最大值

的82.5%下降至66.4%，则对应的概率会提高13.0%左右，这与基准结果非常接近。从企业对外直接投资的次数来看，老年抚养比的上升和劳动年龄人口占比下降也存在显著的正向影响，这也与基准回归相一致。

（5）控制人口规模变量

虽然目前中国的人口老龄化处于加速阶段，但仍然具有庞大的人口规模优势。人口规模越大，该地区越具有本地市场优势，则企业对外直接投资的可能性会下降。因此为了使得研究结论更加可靠，本章在基准回归中引入了"人口规模"变量。

表6-10给出了相应的估计结果，其中，第（1）-（3）列的被解释变量为虚拟变量，即企业在当年度是否进行对外直接投资，第（4）-（5）列对应的被解释变量则是企业在当年度对外直接投资的次数。回归结果显示，人口老龄化程度的加深依然显著提高了制造业上市企业对外直接投资的概率。同时，人口老龄化的系数至少在5%的水平上显著为正，其系数大小与表3的结果较为相近。这表明加入"人口规模"变量后，本章的基准结果仍然成立。

表6-10　　　　　　稳健性分析之五：控制人口规模变量

变量	（1）LPM OFDI_Dum	（2）Probit OFDI_Dum	（3）Logit OFDI_Dum	（4）OLS OFDI_Acu	（5）Poisson OFDI_Acu
Aging	1.0032*** (0.2835)	0.7058** (0.2893)	0.7068** (0.2819)	11.5724*** (2.1409)	2.6950*** (0.9975)
lnPOP	−0.2809 (0.1766)	−0.4051 (0.2681)	−0.3344 (0.2588)	5.2383*** (1.1419)	−0.2982 (0.7006)
其他控制变量	Yes	Yes	Yes	Yes	Yes

变量	（1）LPM OFDI_Dum	（2）Probit OFDI_Dum	（3）Logit OFDI_Dum	（4）OLS OFDI_Acu	（5）Poisson OFDI_Acu
时间固定效应	Yes	Yes	Yes	Yes	Yes
行业固定效应	Yes	Yes	Yes	Yes	Yes
地区固定效应	Yes	Yes	Yes	Yes	Yes
Observations	15 851	15 851	15 851	15 851	15 851
R^2	0.2148	0.1810	0.1818	0.1820	0.2711

注：（1）表中省略了常数项；（2）表中其他控制变量与正文中表4-3的控制变量一致；（3）括号中的标准误为聚类稳健标准误；（4）***、**和*分别表示在1%、5%和10%的水平上显著。

（6）企业–地区匹配方式

从现实情况来看，部分企业的省级注册地点与办公地点不一致，此时企业一般存在跨省份经营行为，因此为了尽量缓解核心解释变量的度量误差，本章尝试利用企业办公地点进行匹配。表6-11给出了调整了企业–地区匹配方式后的回归结果，其中被解释变量为虚拟变量，即企业在当年度是否进行了对外直接投资。

表6-11　　　　稳健性分析之六：匹配企业办公地点

变量	（1）OLS OFDI_Dum	（2）Probit OFDI_Dum	（3）Logit OFDI_Dum	（4）OLS OFDI_Dum	（5）OLS OFDI_Dum
Aging	1.0427 ***	0.7644 ***	0.7720 ***		
	(0.3074)	(0.2844)	(0.2780)		
Old_dep				0.6370 ***	
				(0.1870)	

变量	（1）OLS OFDI_Dum	（2）Probit OFDI_Dum	（3）Logit OFDI_Dum	（4）OLS OFDI_Dum	（5）OLS OFDI_Dum
Age15_64					−0.6533 ** （0.2543）
控制变量	Yes	Yes	Yes	Yes	Yes
时间固定效应	Yes	Yes	Yes	Yes	Yes
行业固定效应	Yes	Yes	Yes	Yes	Yes
地区固定效应	Yes	Yes	Yes	Yes	Yes
Observations	16 744	16 744	16 744	11 956	16 744
R^2	0.2250	0.1902	0.1910	0.2250	0.2249

注：（1）表中省略了常数项；（2）表中其他控制变量与正文中表3的控制变量一致；（3）括号中的标准误为聚类稳健标准误；（4）***、**和*分别表示在1%、5%和10%的水平上显著。

实证结果显示，人口老龄化程度的加深显著提高了制造业上市企业对外直接投资的概率，其系数（Aging）在1%的水平上显著为正。为了说明上述效应的确是由人口年龄结构带来的，而非仅仅65岁及以上人口比重这一个指标显著，本章在第（4）−（5）列中将人口年龄结构指标更换为老年抚养比（Old_dep）和15～64岁人口比重（Age15_64）。结果显示，老年抚养比的提高同样可以显著提高制造业企业对外直接投资的概率，而15～64岁人口比重的下降也具有相似的效应，并且均在1%的水平上显著。这些回归结果的结论与本章的基准结论相一致，说明改变企业–地区匹配方式并不会改变研究的基本结论。

以上的分析结果说明，本章的基本结论具有稳健性，即人口老龄化程度的加深很可能是近年来我国对外直接投资扩张的重要原因之一。

6.5 人口老龄化对企业对外直接投资影响的机制与异质性分析

在第6.4节中，通过实证分析提出，人口老龄化很可能是近年来中国企业对外直接投资快速扩张的重要原因之一。在这一节中，首先，我们将尝试探讨其中的机制，即在面临人口老龄化的不利冲击下，企业为何会更多地进行对外直接投资？其次，我们还将进一步探讨人口老龄化影响企业对外直接投资行为的异质性。

6.5.1 人口老龄化对企业对外直接投资影响机制探讨

（1）劳动力成本机制

在理论分析部分，我们认为，人口老龄化能够通过提高企业劳动力成本的方式影响其对外直接投资决策。为了验证这一猜想，参考马双等（2014）的研究，本章利用企业支付给职工以及为职工支付的现金除以在岗职工人数得到人均工资额，以该工资额的对数值度量企业的劳动力成本，表6-12中给出了与（2）式对应的回归估计结果。第（1）列是使用全部制造业企业样本的估计结果，回归结果发现，人口老龄化对企业的劳动力成本并不具有显著影响。

考虑到制造业企业内部存在巨大差异，在生产经营中，有些企业的主要要素投入是劳动力，而另一些企业则是资本，人口老龄化直接影响劳动力市场。

鉴于劳动密集型的企业更加依赖劳动力要素，因此当老龄化程度加深时，这类企业往往会面临更大的劳动力成本上升压力。基于以上考虑，本章参考陆瑶等（2017）的研究，利用企业的固定资产净额与其员工数量之比衡量劳动密集度，当企业的人均固定资产小于同年同行业的中位数时，将该企业划分为劳动密集型，否则划分为资本密集型，分组回归结果见表6-12第（2）、（3）列。

从表6-12中可以发现，人口老龄化显著提升了劳动密集型企业的劳动力成本，对资本密集型企业的劳动力成本则没有显著影响，这与理论分析和现实情况一致。为了结论的稳健性，本章还利用企业的销售额与其支付给职工以及为职工支付的现金之比衡量企业的劳动密集度（倪晓然等，2016）。表6-12第（4）、（5）列的回归结果表明，上述结论依然成立。

表6-12　　　　　　　　　　　　机制分析：劳动力成本

变量	（1）Labor_cost 全部样本	（2）Labor_cost 劳动密集型	（3）Labor_cost 资本密集型	（4）Labor_cost 劳动密集型	（5）Labor_cost 资本密集型
$Aging$	0.2077 (0.5880)	0.8188** (0.3867)	−0.2670 (0.7936)	0.9934* (0.5671)	−0.3618 (0.6220)
控制变量	Yes	Yes	Yes	Yes	Yes
时间固定效应	Yes	Yes	Yes	Yes	Yes
行业固定效应	Yes	Yes	Yes	Yes	Yes
地区固定效应	Yes	Yes	Yes	Yes	Yes
$Observations$	15 850	7 885	7 851	7 845	7 891
R^2	0.4944	0.5209	0.4820	0.5531	0.6023

注：（1）第（2）～（3）列划分标准为人均固定资产，第（4）～（5）列划分标准为企业的销售额与其支付给职工以及为职工支付的现金之比；（2）表中省略了常数项；（3）括号中的标准误为省级聚类稳健标准误；（4）***、**和*分别表示在1%、5%和10%的水平上显著。

为了完整验证人口老龄化影响企业用工成本从而对其对外直接投资行为产生影响的传导机制链条，表6-13进一步考察了劳动力成本上升对企业对外直接投资的影响。回归结果发现，企业劳动力成本上涨的确能够显著促进企业的对外直接投资活动：既能够显著提高其对外直接投资的可能性，也可以显著增加其对外直接投资次数。这表明人口老龄化带来企业劳动力成本上涨，从而对制造业企业的对外直接投资行为产生显著的正向影响。

表6-13　传导机制进一步检验：企业用工成本与对外直接投资

变量	（1）LPM OFDI_Dum	（2）Probit OFDI_Dum	（3）Logit OFDI_Dum	（4）OLS OFDI_Acu	（5）Poisson OFDI_Acu
Labor_cost	0.1739 *** (0.0197)	0.1853 *** (0.0191)	0.1876 *** (0.0191)	2.0492 *** (0.3384)	0.8123 *** (0.1271)
控制变量	Yes	Yes	Yes	Yes	Yes
时间固定效应	Yes	Yes	Yes	Yes	Yes
行业固定效应	Yes	Yes	Yes	Yes	Yes
地区固定效应	Yes	Yes	Yes	Yes	Yes
Observations	15 850	15 850	15 850	15 850	15 850
R^2	0.2260	0.1924	0.1933	0.2034	0.2942

注：（1）表中省略了常数项；（2）表中控制变量与正文中表6-3的控制变量一致；（3）括号中的标准误为聚类稳健标准误；（4）***、**和*分别表示在1%、5%和10%的水平上显著。

（2）单位工资产出机制

人口老龄化除了通过劳动力成本机制影响企业对外投资决策以外，还可以通过单位工资产出的方式产生影响。已有研究显示，劳动力成本上升会使得企业利用资本代替劳动进行生产（唐珏和封进，2019），那么企业在面对人口老龄化的负面冲击时，也可以做出类似的反应。

由此可能出现的情况是：虽然企业的平均工资水平提高了，但是人均产出也相应地增加了。也就是说，企业支付 1 单位工资带来的产出很可能不会发生明显改变，甚至可能还会得到提高。与此同时，人口老龄化也会使得企业的员工年龄结构老化（Liang et al.，2018），对劳动生产率带来负面影响（封进，2019），这会引起单位工资产出下降。如果后者占据主导，那么企业为寻找其他发展中国家的廉价劳动力或者获得技术领先国家的技术溢出，也会选择增加对外直接投资，而且这一现象在更加依赖劳动力生产要素的劳动密集型的企业尤为明显。为了验证上述猜想，本章利用企业的销售额与其工资总额之比的对数值（*Eff_wage*）来衡量单位有效工资产出，表6-14给出了相应的回归结果。

表6-14的结果显示，人口老龄化并没有明显降低制造业企业的单位工资产出（第（1）列）。然而第（2）、（3）列显示，人口老龄化对劳动密集型企业的单位工资产出产生显著的负面效应，对资本密集型企业却没有显著影响，这在一定程度上说明，人口老龄化降低了企业的单位工资产出效率，从而使得企业可能会为寻找廉价劳动力或先进生产技术水平而进行对外直接投资。此外，利用企业的销售额与其支付给职工以及为职工支付的现金之比区分企业劳动密集度的回归结果也支持上述判断（第（4）-（5）列）。

同样地，为了完整验证人口老龄化影响企业单位工资产出效率从而对其对外直接投资行为产生影响的传导机制链条，表6-15给出了企业单位有效工资产出对其对外直接投资影响的回归结果。研究发现，企业的单位有效工资产出越高，其对外直接投资的可能性、对外

表6-14 机制分析：单位工资产出

变量	（1） Eff_wage 全部样本	（2） Eff_wage 劳动密集型	（3） Eff_wage 资本密集型	（4） Eff_wage 劳动密集型	（5） Eff_wage 资本密集型
Aging	−0.1319 （0.4589）	−0.8398 * （0.4409）	0.60188 （0.6837）	−0.7784 ** （0.3246）	0.2968 （0.5085）
控制变量	Yes	Yes	Yes	Yes	Yes
时间固定效应	Yes	Yes	Yes	Yes	Yes
行业固定效应	Yes	Yes	Yes	Yes	Yes
地区固定效应	Yes	Yes	Yes	Yes	Yes
Observations	15 850	7 885	7 851	7 845	7 891
R^2	0.6639	0.6746	0.6881	0.6382	0.6910

注：（1）第（2）~（3）列划分标准为人均固定资产，第（4）~（5）列划分标准为企业的销售额与其支付给职工以及为职工支付的现金之比；（2）表中省略了常数项；（3）括号中的标准误为省级聚类稳健标准误；（4）***、**和*分别表示在1%、5%和10%的水平上显著。

直接投资的次数越显著下降。因此，人口老龄化使得企业的单位工资产出效率下降，从而对制造业企业的对外直接投资行为产生显著的正向影响。

表6-15 **传导机制的进一步检验：企业单位工资产出与对外直接投资**

变量	（1）LPM OFDI_Dum	（2）Probit OFDI_Dum	（3）Logit OFDI_Dum	（4）OLS OFDI_Acu	（5）Poisson OFDI_Acu
Eff_wage	−0.1448 *** （0.0244）	−0.1450 *** （0.0263）	−0.1542 *** （0.0251）	−1.2166 *** （0.2171）	−0.5093 *** （0.0880）
控制变量	Yes	Yes	Yes	Yes	Yes

变量	（1）LPM *OFDI_Dum*	（2）Probit *OFDI_Dum*	（3）Logit *OFDI_Dum*	（4）OLS *OFDI_Acu*	（5）Poisson *OFDI_Acu*
时间固定效应	Yes	Yes	Yes	Yes	Yes
行业固定效应	Yes	Yes	Yes	Yes	Yes
地区固定效应	Yes	Yes	Yes	Yes	Yes
Observations	15 850	15 850	15 850	15 850	15 850
R^2	0.2257	0.1911	0.1923	0.1923	0.2870

注：（1）表中省略了常数项；（2）表中控制变量与正文中表6-3的控制变量一致；（3）括号中的标准误为聚类稳健标准误；（4）***、**和*分别表示在1%、5%和10%的水平上显著。

6.5.2 人口老龄化对企业对外直接投资影响的异质性分析

经过上述机制探讨以后，接下来本章主要分析人口老龄化影响企业对外直接投资行为的异质性。

（1）企业对外投资目的地异质性

参考沈春苗和郑江淮（2019）的研究，我们将OECD国家作为高收入国家的代表，识别出企业是否对OECD国家和非OECD国家进行对外直接投资，以及对应的投资次数，然后考察人口老龄化影响企业对外直接投资的异质性。表6-16给出了相应的回归结果，其中第（1）、（3）列为目的地为非OECD国家的情形，第（2）、（4）列为目的地为OECD国家的情形。

结果显示，人口老龄化程度的加深显著提高了国内制造业上市企业对非OECD国家的对外直接投资的可能性（第（1）列），同时也显著增加了对非OECD国家对外直接投资的次数（第（3）列），但是对

OECD国家的对外直接投资行为的影响并不显著。上述结果有助于进一步验证"人口老龄化促进企业对外直接投资"的基本结论。

表6-16　　　　　　　　**区分对外直接投资的东道国特征**

变量	（1）非OECD OFDI_Dum	（2）OECD OFDI_Dum	（3）非OECD OFDI_Acu	（4）OECD OFDI_Acu
Aging	1.1691**	0.0012	6.9782**	0.7157
	（0.4452）	（0.4769）	（2.9992）	（1.9515）
控制变量	Yes	Yes	Yes	Yes
时间固定效应	Yes	Yes	Yes	Yes
行业固定效应	Yes	Yes	Yes	Yes
地区固定效应	Yes	Yes	Yes	Yes
Observations	15 851	15 851	15 851	15 851
R^2	0.0670	0.1399	0.0377	0.2253

注：（1）表中省略了常数项；（2）表中其他控制变量与正文中表6-3的控制变量一致；（3）括号中的标准误为聚类稳健标准误；（4）***、**和*分别表示在1%、5%和10%的水平上显著。

（2）企业对外直接投资的地区异质性

本章还考察了人口老龄化对企业对外直接投资影响的地区异质性。表6-17的结果显示，不论是线性概率模型、还是非线性的Probit模型，人口老龄化程度的加深显著提高了东部地区制造业企业对外直接投资的概率，且人口老龄化（*Aging*）的系数在1%的水平上显著为正，其系数大小略高于基准回归结果。

然而对中西部地区的制造业企业而言，人口老龄化对其对外直接投资的概率影响不显著。从实际数据看，中国大陆各地区人口老龄化程度按照东部地区、中部地区和西部地区的顺序依次递减，因此人口老龄化程度越高的地区，人口年龄结构老化对制造业企业对外直接投资行为的促进作用也越明显，这也在一定程度上也加强了本章结论的可靠性。

表6-17 地区异质性检验

变量	(1) OLS OFDI_Dum	(2) Probit OFDI_Dum	(3) OLS OFDI_Dum	(4) Probit OFDI_Dum
	东部地区		中西部地区	
Aging	1.2090 ***	1.0264 ***	0.7308	1.1190
	(0.2964)	(0.2756)	(0.7306)	(0.9006)
控制变量	Yes	Yes	Yes	Yes
时间固定效应	Yes	Yes	Yes	Yes
行业固定效应	Yes	Yes	Yes	Yes
地区固定效应	Yes	Yes	Yes	Yes
Observations	11 164	11 164	4 687	4 684
R^2	0.1770	0.1497	0.2455	0.2265

注:(1)表中省略了常数项;(2)表中其他控制变量与表6-3的控制变量一致;(3)括号中的标准误为聚类稳健标准误;(4)***、**和*分别表示在1%、5%和10%的水平上显著。

（3）基于企业特征的异质性分析

接下来,本部分从企业特征视角进行异质性分析。首先,上文的机制分析发现,人口老龄化给劳动密集型企业带来的负面影响更大。因此,对于劳动密集型企业而言,其更加依赖劳动力生产要素,其用工成本在总成本中的比重更大,当人口老龄化程度加深时,这类企业往往会面临更大的劳动力成本上升压力。如果本章的主要结论成立的话,我们理应观察到的结果是:人口老龄化对企业对外直接投资的影响主要存在于劳动密集型企业当中。表6-18第(1)、(2)列给出的回归结果证实了以上判断,从而也能印证机制分析的结论。

表6-18   劳动密集度和工资水平异质性

变量	（1）劳动密集型	（2）资本密集型	（3）平均工资水平低	（4）平均工资水平高
Aging	1.8164 *** （0.3361）	0.7324 （0.5356）	1.5441 ** （0.7095）	0.6202 （0.4912）
控制变量	Yes	Yes	Yes	Yes
时间固定效应	Yes	Yes	Yes	Yes
行业固定效应	Yes	Yes	Yes	Yes
地区固定效应	Yes	Yes	Yes	Yes
Observations	7 885	7 852	7 876	7 862
R^2	0.2394	0.2071	0.2325	0.2106

注：（1）表中省略了常数项；（2）表中为线性概率模型估计结果；（3）括号中的标准误为省级聚类稳健标准误；（4）***、**和*分别表示在1%、5%和10%的水平上显著。

另外，对于低收入的劳动者而言，其大多工作于需要大量劳动力的劳动密集型企业（刘行和赵晓阳，2019），劳动密集型企业的平均工资通常低于资本密集型企业。因此，通常而言，企业平均工资水平比较低的企业更可能依赖低劳动力成本的比较优势，那么与其他企业相比，人口老龄化对这类企业的影响也更严重。按照企业平均工资水平的中位数将其划分为两个样本，结果见表6-18第（3）~（4）列，人口老龄化对OFDI的促进作用仅显著存在于平均工资水平较低的企业中，这证实了本章的基准结论。

其次，从理论上看，Helpman等（2004）的分析发现，如果企业的对外投资目的地为低收入国家，则企业的TFP往往较低，而如果中国企业进行对外直接投资是为了寻找廉价劳动力，那么其目的地主要为低收入国家。因此，可以预计，人口老龄化对TFP水平较低的企业而言影响更加显著。

同时，人口老龄化会给企业生产经营带来负面影响，使得企业更可能陷入经营困境。所以对于那些在遭遇负面冲击时陷入经营困境的可能性越大的企业而言，其通过OFDI的方式规避负面影响的需求理应更大。TFP是反映企业生产经营效率最重要的指标之一，通常TFP水平较高的企业的创新能力、经营管理能力更强，其生存和发展并不需要主要依赖低劳动力成本比较优势。这些企业在面临人口老龄化的负面冲击时，依然具有较强的竞争力，因此TFP水平较低的企业更有动力通过OFDI的方式规避人口老龄化的负面冲击。

表6-19第（1）-（2）列给出的回归结果显示，人口老龄化显著促进了TFP水平较低企业的对外直接投资，而对TFP水平较高的企业的影响效应并不显著，这验证了本章的上述推断。为了结果的稳健性，我们根据国家统计局公布的高技术产业分类标准和证监会公布的《上市公司行业分类指引（2012修订版）》识别制造业领域中属于高科技行业的企业，这是因为通常而言，高科技企业的生存和发展并不依赖低劳动力成本优势。从表6-19第（3）、（4）列的回归结果可以发现，人口老龄化显著促进了非高科技制造业企业的对外直接投资，而对高科技企业的影响效应并不显著，该结果与第（1）~（2）列的回归结果相互印证。

表6-19 企业技术水平异质性

变量	（1）	（2）	（3）	（4）
	TFP水平较低	TFP水平较高	非高科技企业	高科技企业
Aging	1.7178**	0.3138	1.7413***	0.3936
	(0.7726)	(0.7816)	(0.5143)	(0.4407)

变量	（1）	（2）	（3）	（4）
	TFP水平较低	TFP水平较高	非高科技企业	高科技企业
控制变量	Yes	Yes	Yes	Yes
时间固定效应	Yes	Yes	Yes	Yes
行业固定效应	Yes	Yes	Yes	Yes
地区固定效应	Yes	Yes	Yes	Yes
Observations	7 877	7 855	7 321	8 530
R^2	0.1701	0.2115	0.2089	0.2238

注：（1）表中省略了常数项；（2）表中为线性概率模型估计结果；（3）括号中的标准误为省级聚类稳健标准误；（4）＊＊＊、＊＊和＊分别表示在1%、5%和10%的水平上显著。

接下来，本章尝试分析企业所有制异质性。由于国有企业往往承担着解决当地就业等任务，并且追求利润仅是其经营目标之一，因而其对外直接投资行为的决策可能较少受到人口老龄化等因素的影响。表6-20第（1）、（2）列的回归结果支持这一论断，人口老龄化对企业对外投资的影响主要体现在非国有企业，对国有企业的影响并不显著。

同时，已有研究也发现，相比非国有企业（内资私营企业、外资私有企业），国有企业的对外投资活动对劳动力成本上涨并不敏感（Fan et al.，2018），而近些年快速增长的对外直接投资主要集中在非国有企业群体，这些证据也能够在一定程度上支持该结果。

再次，企业的负债水平越高，其对生产成本的变动就会越敏感（陈胤默等，2019）。当企业面临较高的债务水平时，一方面，其承受的偿债压力较大，且需要保持一定的现金流，这就要求企业缩短投资期限，减少对外直接投资等回报周期较长的项目。同时，其生产利润中也会有更大的比重用于支付利息，这也会进一步压缩其对外直接投资的空间（吴尧和沈坤荣，2020）。另一方面，其负债水平越高，再融资的资金成本也越高，这也降低了其对外投资的可能性（刘莉亚等，2015）。

因此，我们可以预计，与负债较高的企业相比，人口老龄化对负债水平较低企业的OFDI的影响更大。表6-20第（3）-（4）列的回归结果支持了上述判断，企业的负债水平利用杠杆率衡量，研究发现，人口老龄化显著促进了低负债率企业的对外直接投资，对高负债率企业的影响并不显著。

表6-20 企业所有制和负债水平异质性

变量	（1）	（2）	（3）	（4）
	非国有企业	国有企业	负债水平低	负债水平高
Aging	1.4089 ***	0.8878	1.4581 **	1.2392
	(0.5046)	(0.5902)	(0.6291)	(0.9374)
控制变量	Yes	Yes	Yes	Yes
时间固定效应	Yes	Yes	Yes	Yes
行业固定效应	Yes	Yes	Yes	Yes
地区固定效应	Yes	Yes	Yes	Yes
Observations	12 044	3 807	7 932	7 801
R^2	0.2019	0.3000	0.1852	0.2263

注：（1）表中省略了常数项；（2）表中为线性概率模型估计结果；（3）括号中的标准误为省级聚类稳健标准误；（4）***、**和*分别表示在1%、5%和10%的水平上显著。

最后，我们还尝试从企业的成长性和盈利能力角度展开异质性分析。企业成长性是影响其投资决策的重要因素（Biddle et al.，2009；刘慧龙等，2014），如果企业的成长性较好，则在一定程度上说明其产品在市场上具有竞争优势，发展前景较好。当人口老龄化对劳动力市场造成不利影响时，有着不同发展前景的企业其投资行为可能存在差异，企业成长性好的企业更有可能通过对外投资等方式缓解劳动力成本上升压力。

为此，我们利用企业营业收入的增长率（（本期营业收入−上期营业收入）/上期营业收入）衡量企业的成长性。表6−21第（1）~（2）列的回归结果显示，对成长性较好的企业而言，人口老龄化显著提高了其对外直接投资的可能性，对成长性较低的企业的影响并不显著。

表6−21　　　　　　　　**企业成长性和盈利能力异质性**

变量	（1）	（2）	（3）	（4）
	成长性好	成长性差	盈利能力强	盈利能力弱
Aging	1.8047 ***	0.6978	1.9052 ***	0.2785
	(0.6376)	(0.6416)	(0.5246)	(0.5493)
控制变量	Yes	Yes	Yes	Yes
时间固定效应	Yes	Yes	Yes	Yes
行业固定效应	Yes	Yes	Yes	Yes
地区固定效应	Yes	Yes	Yes	Yes
Observations	8 676	7 036	7 954	7 776
R^2	0.2103	0.2239	0.2299	0.2149

注：（1）表中省略了常数项；（2）表中为线性概率模型估计结果；（3）括号中的标准误为省级聚类稳健标准误；（4）***、**和*分别表示在1%、5%和10%的水平上显著。

企业的对外直接投资是回报周期较长的资本输出项目，需要大量资金作为支撑（李磊等，2017）。通常而言，企业盈利能力越强的企业，其偿债能力越强，内部的资金充裕度通常也会越高，当人口老龄化对劳动力市场造成负面冲击时，企业进行对外直接投资的可能性也越大。资产收益率（Roa）作为反映企业经营业绩的综合指标，能够较好地反映盈利能力，为此，我们利用该指标考察人口老龄化对盈利能力不同的企业对外直接投资的影响，表6-21第（3）~（4）列给出了相应的回归结果。研究结果显示，人口老龄化显著促进了盈利能力较强企业的对外投资，但是对盈利能力较弱的企业影响不显著。

6.6　本章小结

在改革开放四十多年的历程中，外商直接投资是中国经济起飞的重要推动力量。当前，中国开放型经济的发展方式逐渐多样化，正经历着由引进外资到对外投资的阶段转型。与此同时，中国也正处于人口老龄化的程度持续加深、速度逐渐加快，制造业等部门的劳动力成本快速攀升的转型阶段。在此双重背景之下，本章综合利用中国制造业上市公司的微观数据和宏观人口结构与统计数据等，在梳理人口结构转型如何影响企业对外投资决策的理论机制的基础上，实证探讨了人口老龄化对微观企业OFDI的影响，得到如下主要研究结论：

第一，人口老龄化对制造业上市企业的对外直接投资起到显著的促进作用，65岁及以上人口每上升1个单位标准差，则企业对外直接投资的可能性将会增加2.5%左右。

第二，人口老龄化显著提升了劳动密集型制造业企业的劳动力成本，显著降低了其单位工资的产出效率，这促使企业通过对外投资的方式应对"困境"。

第三，基于对外投资目的地的异质性分析表明，人口老龄化程度的加深主要促进了企业在非OECD国家等中低收入国家的对外直接投资行为；而基于地区异质性的结果显示，人口老龄化对企业OFDI的促进作用主要存在于人口老龄化程度较高的东部地区。

第四，本章还从企业特征视角展开异质性分析，发现对于劳动密集型企业、技术水平偏低的企业和非国有企业，以及负债率较低、成长性较好和盈利能力较强的企业，人口老龄化对其对外直接投资的促进作用更明显。

本章的研究为深入认识人口老龄化的经济效应和企业"走出去"的动机提供了新的研究视角和经验证据。基于以上研究结论，本章获得了以下几点政策启示：

第一，顺势而为，借助人口老龄化程度不断加深的基本国情，鼓励更多有意愿的企业"走出去"。由于人口老龄化促进了企业对外投资的意愿，因此可以依托"一带一路"等国家的对外开放政策和战略，帮助企业开拓国际市场，这有助于规避激烈的国内竞争，实现企业的可持续发展。

第二，因势利导，实现产业结构的转型和升级。由于劳动密集型企业、技术水平较低的企业和非国有企业的对外直接投资行为受人口老龄化的影响更大，因此通过合理、积极引导上述企业"走出去"，可以帮助其走出经营困境，实现企业的转型升级，这将有助于中国经济的转型和发展，提升企业的国际竞争力。

第三，坚持走多边主义道路，进一步加强与中低收入友好国家的政治互信、经济互融。鉴于人口老龄化对企业对外投资的促进效应主要体现在中低收入国家，上述建议一方面，能够减少企业对外投资过程中的交易成本和不确定性，帮助国内企业走上新的发展路径，有助于"双循环"新发展格局的构建；另一方面，也能够助力中低收入国家的经济增长，为推动世界经济发展、构建开放型世界经济贡献中国力量。

人口老龄化对企业金融资产投资行为的影响①

① 本章内容原刊载于《投资研究》2022 年第 7 期，标题为《人口老龄化加剧经济"脱实向虚"了吗？——来自中国上市企业的微观证据》，作者感谢《投资研究》编辑部和匿名评审专家提出的宝贵意见。

7.1 问题的提出

过去一段时期以来，中国经济出现了一定程度的"脱实向虚"现象。数据显示，非金融企业的金融化程度在 2010 年以后呈现出快速上升趋势（张成思和张步昙，2016），在制造业公司样本中，企业持有的金融资产占比也从 2011 年左右开始出现大幅增长（刘伟和曹瑜强，2018）。本章基于上市公司数据的测算也得到了类似的结果，[1] 2007—2017 年间中国 A 股非金融类上市公司的总体金融化程度在 2012 年附近探底以后开始上扬，并在此后逐步攀升（图 7-1）。

经济"脱实向虚"现象及其后果引发了政府和学术界的广泛关注与讨论。[2] 一些研究指出，微观层面的经济"脱实向虚"，即非金融企业的金融化程度不断提升是造成实体投资率下降的重要原因（张成思和张步昙，2016）；[3] 而金融资源的"脱实向虚"对于中小企业融资成本、企业生产效率和企业创新等方面也会造成不利影响（刘珺等，2014；王红建等，2017），同时对金融市场稳定和流动性风险等方面也构成了潜在威胁（彭俞超等，2018a；任羽菲，2017）。

党的十九大报告指出，中国经济已经由高速增长阶段转向高质量发展阶段，正处在转变发展方式、优化经济结构、转换增长动力的攻关期，建设现代化经济体系是跨越关口的迫切要求和中国发展的战略

---

[1]　现有文献主要有两种方式测量微观企业的金融化程度：（1）非金融公司金融资产持有比例；（2）非金融公司的金融收益占总营业利润的比重。在此，本章采用第一种方式进行度量。
[2]　按照 Epstein（2005）、彭俞超（2018）等已有研究，在宏观层面上，经济"脱实向虚"表现为资金流向虚拟经济，从而导致影子银行的膨胀与实体投资率不足等问题；而在微观层面上，其主要是指非金融部门对金融资产投资的增加和生产性资本投资的减少等现象，即企业金融化现象。本章从微观层面来界定经济"脱实向虚"，将金融和房地产行业以外的企业视作实体经济部门。为行文方便，本章将企业金融化看作经济"脱实向虚"的微观表现，即将两者等同对待。
[3]　按照张成思和张步昙（2016）的研究，本章的金融部门主要是指"泛金融部门"，包括传统的金融行业与房地产等行业。

目标，而其中发展实体经济是重要着力点。因此，探究经济"脱实向虚"的原因，对于中国防止实体经济"空心化"、增强金融服务实体经济的能力、防范与化解金融风险、建设现代经济体系、实现高质量发展，具有重要的理论和实践意义。

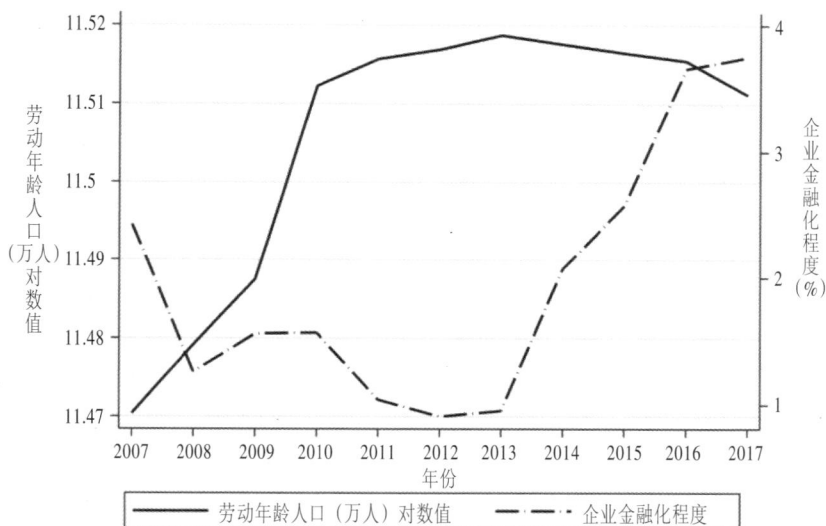

图7-1　劳动年龄人口数量与企业金融化变化趋势

在经济"脱实向虚"的同时，一个非常有趣的现象是，中国也恰好在2012年进入"经济新常态"阶段，经济增长率呈现出迅速降低的态势，而人口结构的变化被认为是造成经济增速下滑的重要原因（陆旸和蔡昉，2014）。从人口总量水平来看，中国15～64岁人口已经于2013年达到拐点（约10.06亿人），此后便逐年下降（图7-1）。

从人口年龄结构来看，中国的人口总抚养比于2010年达到最低点（34.2%），此后快速攀升，而劳动年龄人口比重也于2010年达到了最高点（74.53%）。[①]另外，近几年中国的人口老龄化程度也呈现

---

① 数据来源于国家统计局。

了加速发展趋势。

第六次（2010年）人口普查统计数据显示，中国大陆人口中60岁及以上人口达到1.78亿人，占总人口的13.32%；而至2020年底，中国60岁及以上人口达到2.60亿，占总人口的比重进一步上升到18.70%，10年内增加了近5.5个百分点，而在2000—2010年的10年间该比例则提升了不到3个百分点。

中国非金融部门的金融化程度攀升与人口结构转变之间似乎存在着某种内在的联系。图7-2为劳动年龄人口比重与企业金融化程度散点图，两者呈现出一种负向关系；而图7-3则为老年抚养比与企业金融化程度散点图，两者呈现出正向关系。这些直观证据显示，人口红利的消失可能是非金融部门金融化程度提高，经济"脱实向虚"的重要诱因。

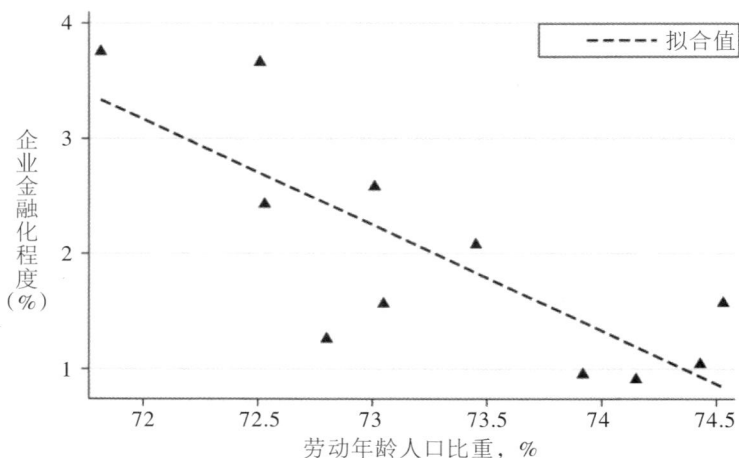

图7-2　劳动年龄人口比重与企业金融化程度散点图

从理论上讲，一方面，实体企业的生产依赖劳动力的投入，人口红利逐渐消失、劳动力供给逐渐减少可能会推升劳动力市场的均衡工资水平，这会导致部分企业丧失原有的低劳动力成本的比较优势，从

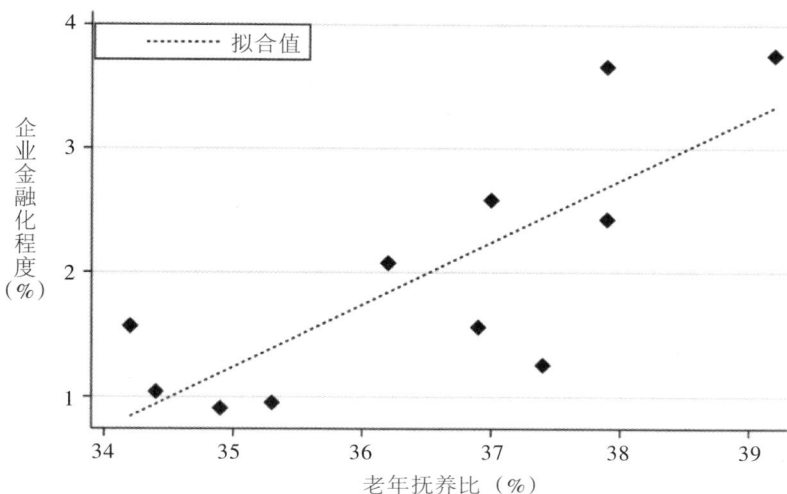

图7-3　老年抚养比与企业金融化程度散点图

而压缩企业生产性经济活动的利润空间，进而可能会导致企业为了追逐利润而持有更多的金融资产；另一方面，劳动力无限供给特征的消失会使得劳动-资本比呈现出逐渐下降的趋势，导致资本回报率迅速降低，在金融类行业存在超额收益率的情况下，企业在面临人口老龄化的负面冲击时，也很可能会选择投资于利润率更高的金融资产。

另外，由人口结构导致的供给侧方面的变化降低了企业的整体投资意愿，从而当经济释放流动性时，企业资金会被迫流向非实体经济。因此，基于以上现实背景和理论分析，本章接下来要论证的问题是，人口老龄化是否是导致中国近年来经济"脱实向虚"的潜在因素？

为此，本章尝试利用中国上市非金融类企业数据，将其与人口结构数据进行匹配，研究人口老龄化对微观企业金融化（经济"脱实向虚"）的影响，并试图探索背后的驱动因素。研究发现：

（1）人口老龄化显著提高了企业的金融化水平，65岁及以上人口占总人口的比重每上升 1 个百分点，非金融类企业金融资产配置比重会提高 0.28% 左右，人口老龄化可以解释中国 2013—2017 年企业金融化水平上升幅度的 22% 左右。

（2）在有着不同盈利动机和盈利能力的企业中，人口老龄化对非金融类企业资金"脱实向虚"的影响效应存在异质性。人口老龄化对非国有企业金融化程度的影响效应更大，而对国有企业的影响则不显著；人口老龄化对盈利能力较弱的企业金融化影响较大，对盈利能力较强的企业的金融化影响则较小。此外，企业的全要素生产率水平越低，人口老龄化对企业金融化的影响越大。

（3）实体经营资产与金融资产的收益率差异、企业低劳动力成本优势的丧失，是实体企业在面临人口老龄化的负面冲击时将其资金更多地配置于金融资产的重要驱动因素。

与已有研究相比，本章的边际贡献主要体现在以下三个方面：

（1）研究视角新颖。目前关于人口老龄化的相关研究主要侧重于分析其对经济增长、产业结构、国际贸易以及企业家精神等方面的影响，而本章则试图以微观企业作为研究的切入点，探讨当前中国快速的人口结构转变对企业投资决策的影响，从而丰富了关于人口老龄化经济效应的研究。

（2）研究内容探索性强。本章从人口结构因素这一全新的研究视角出发，拓展了经济"脱实向虚"的成因研究，从而对现有的研究结论提供了有益的补充。

（3）研究结论启示性强。本章的研究可以为政府制定防范人口老龄化造成的潜在金融风险等相关政策、应对人口老龄化对经济发展产生的负面冲击提供新的经验证据与政策启示。

7.2 人口老龄化影响企业金融资产投资的理论分析

在已有的关于经济金融化成因的研究中，鲜有文献从人口结构转变这一角度进行讨论。值得一提的是，Deutschmann（2011）关于金融危机的研究、张成思和张步昙（2015）的综述性评论文章中均提出人口老龄化对解释经济金融化现象的重要性，但并没有展开深入的理论与实证分析。从理论上讲，人口老龄化会带来劳动力市场均衡工资水平的上升，而已有研究指出，劳动力成本上升总体来说会降低企业利润率。

例如，Draca 等（2011）利用最低工资制度研究了劳动力成本上升对企业利润的负面影响；周末等（2017）的研究则发现，由计划生育政策导致的劳动力供给减少会显著提高企业劳动力成本，从而降低企业的利润率。因此，随着人口老龄化程度的加深，当企业面临投资决策时，劳动力成本的上升将成为其选择投资方向的重要考量因素，因为这在一定程度上侵蚀了企业实体投资的利润，从而使得企业更加倾向于选择投资收益率更高的金融资产。

另外，人口老龄化也可能使得经济的潜在增长率下滑（陆旸和蔡昉，2014），这种经济供给侧的变化降低了企业整体投资意愿（白雪洁和于庆瑞，2019）。与此同时，近年来中国宽松的政策试图为经济注入流动性以提高企业投资（张成思和张步昙，2016），而由于企业投资意愿较低，这会使得上述需求端的经济刺激手段效果微弱，进而导致资本流向非实体经济，造成实体经济的"空心化"。由此可见，人口老龄化存在着影响企业金融化的潜在机制，其很可能是经济金融化现象背后的驱动因素，但是目前关于该问题仍然缺乏严谨的实证研究。因此，基于以上分析，本章提出第一个研究假说。

研究假说7-1：随着人口老龄化程度的加深，实体企业的金融化程度将不断提高。

由前文的分析可知，人口老龄化迫使企业增加金融资产投资的一个前提条件是，企业是为了追求利润。因此，如果企业经营的目标并不是利润最大化，或者利润最大化仅仅是其目标之一，那么人口老龄化对该类企业的影响效应可能并不存在或影响程度要小一些。在实践中，中国的国有企业经营目标比较多元化，其除了追求利润以外，往往还会承担"保就业"、税收等社会责任（林毅夫和李志赟，2004）。

因而，经营目标的多元化使得利润目标的重要性在国有企业要低于在非国有企业，这种差异性很可能导致人口老龄化对这两类企业金融投资的影响存在明显的差异性。杨筝等（2019）的研究也说明，非国有企业的金融化程度总体来说要高于国有企业。此外，不论将资金投资于实体经济，还是金融领域，如果企业都是为了获取利润，那么一个可能的逻辑推演是，获利能力更强的实体企业投资于金融资产的倾向要弱于获利能力弱的实体企业。

一些研究也显示，企业进行投资通常是为了提高其企业价值，而做出投资决策时往往会考虑其盈利能力（Zhang，2000），因此人口老龄化对实体企业资金"脱实向虚"的影响效应很可能也会因企业盈利能力的差异而存在异质性。综合以上分析，本章提出第二个研究假说：

研究假说7-2：相比国有企业，人口老龄化对企业资金"脱实向虚"的影响在非国有企业中更为显著；企业的盈利能力越弱，人口老龄化对其资金"脱实向虚"的影响则会越强，反之就会越弱。

已有研究显示，实体企业投资于金融资产的一个重要决定因素是其是否能够获得更多的利润（张成思和张步昙，2016）。Demir

（2009）通过考察发现，金融资产与固定资产投资收益率之间的差异是使得企业减少实体投资而增加金融资产投资的关键因素。因此，如果实体企业的投资收益率低于金融行业的收益率，那么在面对人口老龄化的负面冲击时，这些企业会更倾向于将其资金配置于金融资产以获得超额收益。但是对于投资收益率高于或者类似于金融行业收益率的企业而言，即便人口老龄化可能会在一定程度上侵蚀其利润，其仍然能够得到较高的投资回报率，因而这类企业更可能将其资金投资于实体经济，这主要是因为企业投资过多的金融资产会对其融资成本、股价的稳定等产生负面的影响（刘珺等，2014；彭俞超等，2018a）。

由此可知，人口老龄化并不必然导致企业资金"脱实向虚"，其中的核心驱动因素是金融资产的收益率高于实体企业的投资回报率。从某种程度上说，金融行业的超额收益率的存在是导致中国近年来出现经济"脱实向虚"现象的现实基础（王红建等，2016），而人口老龄化则提供了一种外部推动力。

从另一个角度来说，人口老龄化对企业实体投资决策的影响取决于该负面冲击是否削弱了企业的比较优势。在中国经济的发展过程中，"人口红利"的逐渐释放为经济起飞提供了充足的劳动力供给，而中国也借助这一比较优势优先发展劳动密集型产业，这使得很多企业的生存和发展依赖低劳动力成本的比较优势（倪骁然和朱玉杰，2016）。然而随着人口老龄化程度的加深，劳动力无限供给的二元经济特征消失，劳动力成本逐渐攀升（蔡昉，2010）。这种结构性转型使得企业原有的低劳动成本的比较优势逐渐丧失，这会迫使一部分企业进行转型和升级，但还有一部分企业企图通过寻求其他投资渠道来保持企业利润，而其中一种可能的方式就是投资于收益率较高的金融资产，从而造成经济"脱实向虚"（白雪洁和于庆瑞，2019）。因此基于以上的分析，这里提出本章的第三个研究假说：

研究假说 7-3：面对人口老龄化对企业的负面冲击，实体经营资产收益率与金融资产收益率的高利差、劳动力低成本优势的丧失会驱使企业出现"脱实向虚"现象。

7.3　实证研究策略与数据描述

7.3.1　实证研究策略

根据现有文献，本章采用企业金融化程度作为经济"脱实向虚"的度量方式（彭俞超，2018），借助上市公司的微观财务数据对研究假说进行实证检验，计量经济模型设定为如下形式：

$$Fin_{rijt} = \beta_0 + \beta_1 Old\_ratio_{rt} + \Gamma Firm\_CV_{rijt} + \Delta Prov\_CV_{rt} + \gamma_r + \tau_t + \alpha_j + \alpha_j \times \tau_t + \varepsilon_{rijt} \tag{7-1}$$

其中，角标 r，i，j 和 t 分别表示地区、企业、行业和年份。被解释变量 Fin_{rijt} 表示企业的金融化程度。核心解释变量 Old_ratio_{rt} 表示人口老龄化程度。$Firm\_CV_{rijt}$ 是企业层面的控制变量。$Prov\_CV_{rt}$ 表示地区层面的控制变量。γ_r 表示地区固定效应。α_j 表示行业固定效应。τ_t 表示经济中的共同冲击，即时间固定效应。ε_{rijt} 表示随机扰动项。在实证分析中，本书采用了聚类稳健标准误，将标准误聚类到行业层面。[①]

关于企业金融化程度的衡量指标，现有文献主要有两种：（1）非金融公司金融资产的持有比例；（2）非金融公司的金融收益占总营业利润的比重。本章在基准回归中根据第一种方法测度企业金融化水平，根据刘珺等（2014）、宋军和陆旸（2015）、彭俞超（2018）等文献的度量方法，采用资产负债表中交易性金融资产、金融衍生品、买

[①]　附录中，我们也给出了其他的聚类标准误或者稳健标准误估计结果。

入返售金融资产、可供出售金融资产、长期股权投资、投资性房地产、发放贷款及垫款以及债权投资等八个会计科目之和衡量企业的金融资产，将该部分占企业总资产的比重作为企业金融化程度的测度指标（*Fin_1*）。

为了保证实证研究结果的稳健性，本书采用彭俞超等（2018a）的度量方法，将企业的交易性金融资产、买入返售金融资产、发放贷款及垫款、可供出售金融资产以及持有至到期投资等5个会计科目之和占企业总资产的比重作为第二个衡量企业金融化程度的指标（*Fin_2*）；将交易性金融资产、金融衍生品、可供出售金融资产、投资性房地产以及债权投资等五个会计科目之和占企业总资产的比重作为第三个衡量企业金融化程度的指标（*Fin_3*）（彭俞超等，2018b）。另外，本书还将根据第二种测量方式测度企业金融化水平，参考张成思和张步昙（2016）的研究，计算企业通过各种金融渠道获利的总和占其营业利润的比重作为金融化程度的测量指标。[①]

关于人口老龄化程度的测量指标，本书按照国际惯例使用各个省份65岁及以上人口占总人口的比重进行衡量，[②]同时参照汪伟等（2015）的研究，在稳健性检验中也利用了老年抚养比（65岁及以上人口占15~64岁人口的比重，*Old_dep*）作为人口老龄化程度的度量方式。另外，为了进一步提高本章研究结论的可靠性，我们还以15~64岁人口占总人口的比重（*Age15_64*）作为人口年龄结构的另一个度量指标。

如果金融投资是实体企业对人口老龄化的不利影响做出的应对策略，那么在劳动年龄人口比重越高的地区，企业金融化程度越低。在

[①] 此处的金融渠道获利主要包括：非金融企业投资收益、公允价值变动损益、净汇兑收益扣去联营和合营的投资收益（张成思和张步昙，2016）。
[②] 省级层面的人口年龄结构是目前除了人口普查数据外最详细的人口老龄化衡量指标。

研究中采用人口年龄结构变量的一个好处是极大地降低了潜在内生性问题。由于人口结构通常是前定变量（predetermined variable），当前的老年人口结构和工作年龄人口结构基本上可以由几十年前的生育情况决定，因此很难想象被解释变量可以影响人口结构（Feyrer，2007），并且中国近几年人口结构变化速度非常快，这为本书进一步识别人口年龄结构对企业金融化的影响提供了很好的数据支持。

在企业层面的控制变量中，本章参照彭俞超等（2018b）、刘伟和曹瑜强（2018）等的研究，选取公司规模（$Size$）、企业财务杠杆率（Lev）、自由现金流（Fcf）、盈利能力（Roa）、资产抵押能力（Ppe）、账面价值比（Bm）、董事会和管理层的控股、任职情况等变量。在宏观层面的控制变量中，参照彭俞超、黄娴静和沈吉（2018）等文献，控制了各个地区的 0～14 岁人口比重（$Age0\_14$）、经济增长率（G_rate）、城市化率（$Urban$）、产业结构（Ind_struc）、教育水平（Edu）等变量。表 7-1 给出了详细的企业和宏观层面控制变量的定义和测算方法等。

表 7-1   **变量定义和测算方法**

变量名	描述	测算方法
Fin_1	企业金融化指标	八个公司金融资产科目之和/总资产 ×100%
Fin_2	企业金融化指标	五个公司金融资产科目之和/总资产 ×100%
Fin_3	企业金融化指标	五个公司金融资产科目之和/总资产 ×100%
$Size$	公司规模	总资产的对数
Lev	企业财务杠杆率	公司负债/总资产

变量名	描述	测算方法
Roa	盈利能力	净利润/总资产
Ppe	资产抵押能力	固定资产净额除以总资产
Fcf	自由现金流	（经营活动现金净流量+投资活动现金净流量-利息支出）/营业收入
Board	董事会规模	董事会规模的自然对数
Bm	账面价值比	年个股总市值/所有者权益
Insholdshr	机构投资者持股	机构投资者的持股比例
Top10shr	股权集中度	前十大股东的持股比例
Man_compen	管理层持股	管理层持股比例
Spread_Fin	与金融行业收益率的利差	金融行业收益率-企业净资产回报率
Spread_ES	与房地产行业收益率的利差	房地产行业收益率-企业净资产回报率
Lobor_cost	企业劳动力成本	Ln（（支付给职工以及为职工支付的现金-高管薪酬总额）/在岗职工人数）
Age_65	65岁以上人口比重	65岁以上人口数量/总人口数量
Old_dep	老年抚养比	65岁以上人口数量/15~64岁人口数量
Age15_64	15~64岁人口比重	15~64岁人口数量/总人口数量
Age0_14	0~14岁人口比重	0~14岁人口数量/总人口数量
G_rate	经济增长率（%）	统计局公布的地区实际经济增长率
Urban	城市化率（%）	城镇人口数量/总人口数量
Ind_sturc	产业结构（%）	第二产业生产总值/地区生产总值
Edu	教育水平（%）	大专及以上人口数量/6岁及以上人口数量

7.3.2 数据与描述性统计

本章的数据主要包含企业层面和宏观层面两个部分，前者主要是中国A股上市公司数据，后者是省级人口结构指标和经济指标。考虑到2006年会计制度发生了变化，2006年前后财务数据不具有可比性，并且为了兼顾企业金融投资指标的数据可得性，本章选择的企业样本是2007—2017年的A股上市公司，[①]数据包括公司金融资产占比、公司财务数据等，均来源于Wind数据库和国泰安CSMAR数据库。

数据频率为年度，并按照以下原则对数据进行了筛选：（1）剔除金融行业和房地产行业的公司（张成思和张步昙，2016），包括证券、银行、保险、房地产公司等；（2）剔除处于ST状态的公司；（3）对公司层面的连续变量进行了上下1%的Winsorize缩尾处理。

表7-2 描述性统计量

变量名	样本量	均值	标准差	最小值	最大值	中位数
Fin_1	14 560	6.8560	10.5020	0.0000	56.9770	2.6980
Fin_2	14 560	2.0620	5.1090	0.0000	31.9240	0.0640
Fin_3	14 560	3.0540	6.2970	0.0000	37.3990	0.5170
Size	14 560	21.9730	1.3020	16.5200	28.5090	21.8000
Lev	14 560	0.4230	0.2090	0.0490	0.9430	0.4170
Roa	14 560	0.0450	0.2220	−4.7410	22.0050	0.0390
Ppe	14 560	0.2290	0.1660	0.0040	0.7330	0.1930
Fcf	14 560	−0.0770	0.3130	−1.6130	0.7940	−0.0250
Board	14 560	2.1580	0.2010	1.0990	2.8900	2.1970
Bm	14 560	0.8470	0.9270	0.0110	13.7140	0.5670

---

① 在稳健性检验中，我们更新数据至近几年，基准结论仍然成立。

变量名	样本量	均值	标准差	最小值	最大值	中位数
Insholdshr	14 560	0.2470	0.2320	0.0000	1.4870	0.1680
Top10shr	14 560	0.5880	0.1570	0.0360	1.0120	0.5990
Man_compen	14 560	25.3640	52.4110	0.0000	813.9190	0.0790
Spread_Fin	14 560	0.0400	0.2040	−2.9670	10.0680	0.0350
Spread_ES	14 560	0.0060	0.2020	−3.0110	10.0240	0.0050
Lobor_cost	14 560	11.4170	0.7040	1.8680	18.7260	11.3820
Age_65	341	9.4730	1.9750	4.8240	14.2800	9.2790
Old_dep	341	12.8580	2.7650	6.7100	20.6000	12.6200
Age15_64	341	73.7350	3.5390	64.4810	83.8450	73.1690
Age0_14	341	16.7910	4.1140	7.5590	27.2240	16.9070
G_rate	341	10.6330	3.0550	−2.5000	19.2000	10.3000
Urban	341	53.2270	14.1990	22.6100	89.6000	51.4000
Ind_sturc	341	0.4610	0.0840	0.1900	0.6150	0.4770
Edu	341	0.1130	0.0690	0.0000	0.4760	0.0950

　　根据表7-2的描述性统计量可知，样本期内，企业持有金融资产的比例（*Fin_1*）平均为6.86%，标准差达到了10.59%。按照彭俞超等（2018a）定义的企业金融化测算，企业持有金融资产的比例（*Fin_2*）为2%左右，标准差大约为5%，中位数接近于0（0.06%），这些数字与现有文献比较接近。65岁及以上人口比重为9.47%，老年抚养比平均值为12.86%，并且各个地区之间相差较大，这为本书识别人口老龄化的企业金融化效应提供了基础。

7.4 人口老龄化对企业金融资产投资影响的实证研究结果

7.4.1 人口老龄化对企业金融资产投资影响的基准结果

本章主要是利用上市公司的企业金融化现象探究经济"脱实向虚"背后的人口结构转变因素，因此根据上文的理论分析与数据描述，表7-3中给出了人口老龄化对企业金融化程度的影响效应。此处，我们主要参考彭俞超（2018），即利用八个公司金融资产科目之和占其总资产的比重（*Fin_1*）衡量企业金融化程度，使用65岁及以上人口比重作为人口老龄化的衡量指标。

表7-3的前两列给出了利用面板固定效应模型估计的结果，我们发现人口老龄化的估计系数显著为正，这与前文的数据观察和理论分析相一致，可以初步判断人口老龄化显著提升了当地企业的金融化程度。由于本章的核心解释变量是省级层面的变量，因此在第（3）、（4）列的回归中控制了省级层面的固定效应以刻画不可观测的地区因素，这可以有效缓解由遗漏变量而导致的内生性问题。

表7-3 人口老龄化对企业金融化的影响

变量	（1）	（2）	（3）	（4）	（5）
Age_65	0.2208**	0.1911**	0.3677***	0.2731***	0.2804***
	(0.0942)	(0.0901)	(0.0938)	(0.0887)	(0.0931)
Size		−1.3543***		0.8279***	0.8766***
		(0.4003)		(0.2962)	(0.3107)
Lev		−2.3821**		−6.7065***	−6.9682***
		(1.1539)		(1.1522)	(1.2297)

变量	（1）	（2）	（3）	（4）	（5）
Roa		−1.6356***		−1.1429***	−1.0038***
		（0.1763）		（0.3916）	（0.3702）
Ppe		−11.4373***		−15.6212***	−15.4657***
		（1.5922）		（1.2218）	（1.2856）
Fcf		−0.7299**		0.8656**	0.9129**
		（0.3370）		（0.4309）	（0.4458）
Board		−0.3651		−1.4529*	−1.7372**
		（0.9622）		（0.7600）	（0.7896）
Bm		−0.0863		−0.2469	−0.2995
		（0.1756）		（0.2540）	（0.2791）
Insholdshr		−0.9702		0.6371	0.5934
		（0.5966）		（0.8521）	（0.8669）
Top10shr		−8.0428***		−13.8772***	−13.9534***
		（1.2973）		（2.0676）	（2.1541）
Man_compen		−0.0105***		−0.0175***	−0.0167***
		（0.0020）		（0.0034）	（0.0034）
G_rate		0.4843***		4.6215***	8.4887***
		（0.1633）		（1.1060）	（1.3231）
Urban		0.0330		0.1512*	0.1412
		（0.0680）		（0.0801）	（0.0856）
Ind_struc		−1.9628		0.3154	0.7171
		（4.0176）		（4.4152）	（5.0819）
Edu		6.1463*		11.3365**	14.5295***
		（3.3749）		（5.1051）	（4.9030）

变量	（1）	（2）	（3）	（4）	（5）
Age0_14		−0.0688		−0.0714	−0.1467
		(0.1270)		(0.1479)	(0.1577)
企业固定效应	Yes	Yes	No	No	No
地区固定效应	No	No	Yes	Yes	Yes
时间固定效应	Yes	Yes	Yes	Yes	Yes
行业固定效应	No	No	Yes	Yes	Yes
时间×行业固定效应	No	No	No	No	Yes
Observations	15 321	14 561	15 321	14 561	14 561
R-squared	0.0402	0.1024	0.1932	0.2773	0.3100

注：（1）表中没有报告常数项；（2）括号中的标准误为聚类到行业层面的稳健标准误；（3）*** p<0.01，** p<0.05，* p<0.1。

另外，由于中国正处于经济结构转型时期，产业结构的不断变迁对劳动力的需求会产生影响，这可能会影响企业金融化行为，因此在第（5）列中进一步控制了行业×时间固定效应以捕捉这些随时间变化的行业间不可观测因素的影响。在控制了上述固定效应以后，人口老龄化的估计系数依然非常显著，以第（5）列的估计系数作为最终的边际影响系数，65岁及以上人口比重每上升1个百分点，企业金融化的水平会上升0.28个百分点左右。

在本章的样本期内，中国企业金融化现象从2013年左右开始呈现快速上升趋势，其金融投资占比由5.45%上升至2017年的7.65%左右，而同时期的人口老龄化程度由9.67%上升到11.39%，①按照上述估计系数进行计算，人口老龄化程度加深使得企业金融化水平上升

① 数据引自国家统计局。

0.48%左右，可以解释这段时期内企业金融化程度上升幅度的22%左右。以上实证结果表明，人口老龄化很可能是近几年中国经济"脱实向虚"的重要原因之一，从而验证了研究假说7-1。

在已有研究中，虽然有学者开始关注人口老龄化对经济"脱实向虚"的影响（Deutschmann，2011；张成思和张步昙，2015），但是没有给出严谨的实证分析，因而缺乏相应的经验证据。本书的估计结果说明，近年来中国经济一定程度上出现"脱实向虚"的现象的确可以部分地从人口结构变化的角度进行解释。另外，以往关于企业金融化成因的研究，更多的是从机构投资者、高管特征、融资约束、企业盈利、过度融资等视角进行解释，本章的研究视角则对现有文献提供了有益的补充。

7.4.2 人口老龄化影响企业金融资产投资的稳健性分析

（1）更换核心变量的测度方式

在人口老龄化的研究中，一些文献利用老年抚养比作为测量指标（汪伟等，2015）。更为重要的是，本书认为企业之所以在面对人口转型的过程中出现金融化现象，其在一定程度上是应对中国人口红利逐渐消失的策略性反应，而人口红利通常也利用人口抚养比度量。基于以上考虑，我们利用老年抚养比作为核心解释变量重新估计人口老龄化对企业金融化行为的影响（表7-4第（1）列）。[①]

同时，在基准回归中，劳动年龄人口比重的上升是否会降低企业金融化的程度呢？为此，我们利用15~64岁人口比重作为人口结构的测量指标进行分析，重新估计（1）式，得到的结果列于表7-4

[①] 在本章附录中，我们给出了老年抚养比对其他衡量企业金融化行为的变量的影响效应。

第（4）列。[1]

另外，关于企业金融化的衡量指标，实际上现有文献并没有给出统一的标准。为了保证实证研究结果的稳健性，本章采用彭俞超等（2018a，b）的度量方法，并采用其他两种衡量企业金融化程度的指标（*Fin_2*和*Fin_3*）重新对基准回归模型进行估计，结果列于表7-4第（2）、（3）列。

根据表7-4第（1）列中的结果可以发现，老年抚养比对企业金融化影响的边际效应为0.20左右，该效应在1%的显著性水平上显著。根据国家统计局数据，中国的老年抚养比从2013年的13.08%上升到2017年的15.86%，因此从这个估计来看，人口结构变化使得企业金融化水平上升0.56%左右，与基准结果非常接近。当更换企业金融化的衡量指标时，表7-4第（2）、（3）列的估计结果表明，65岁及以上人口比重上升1个百分点，企业金融化水平会上升0.13%、0.19%左右，该影响至少在5%的显著性水平上显著，由于这两个指标的均值较小，因此估计的效应具有经济意义上的显著性。

这些结果表明，利用老年抚养比和其他企业金融化水平测量指标得到的结果与基准结果类似。此外，根据表7-4第（4）列中的结果发现，劳动年龄人口比重对企业金融化影响的边际效应为-0.28左右，该效应在1%的显著性水平上显著，同样与基准回归的结果相互印证，共同说明了人口结构变化对企业金融化的驱动作用。从影响程度上看，中国的15～64岁人口比重从2013年的73.92%下降到2017年的71.82%，该比重的下降使得企业金融化水平上升0.59%左右，同样与基准结果非常接近。

---

[1]　在本章附录中，我们给出了15~64岁人口比重对其他衡量企业金融化行为的变量的影响效应。

表7-4　　　　人口老龄化对企业金融化的影响：稳健性之一

变量	（1）	（2）	（3）	（4）
	Fin_1	Fin_2	Fin_3	Fin_1
老年抚养比	0.1967***			
	(0.0640)			
65岁以上人口比重		0.1314**	0.1927**	
		(0.0561)	(0.0736)	
15~64岁人口比重				−0.2798***
				(0.0930)
控制变量	Yes	Yes	Yes	Yes
地区/行业/时间固定效应	Yes	Yes	Yes	Yes
时间×行业固定效应	Yes	Yes	Yes	Yes
Observations	14 561	13 861	14 234	14 561
R-squared	0.3100	0.2547	0.2624	0.3100

注：（1）表中的控制变量与表7-3中的控制变量相同；（2）括号中的标准误为聚类到行业层面的稳健标准误；（3）*** $p<0.01$，** $p<0.05$，* $p<0.1$。

上文的估计均用"非金融公司金融资产持有比例"作为企业金融化程度的度量指标，也有一些文献认为"非金融公司的金融收益占总营业利润的比重"可以作为企业金融化的度量指标（张成思和张步昙，2016）。

为了结果的稳健性，本章沿用上述文献的度量方法，利用"非金融企业投资收益、公允价值变动收益、净汇兑收益扣除对联营和合营企业的投资收益"衡量实体企业的金融收益额，计算得到企业金融化的另一度量指标。表7-5第（1）-（3）列的估计结果显示，人口老龄化程度加深显著提高了企业金融渠道获利比重，劳动年龄人口比重下降也具有类似的效应，这些估计结果与基准回归相一致。

表7-5　　　　人口老龄化对企业金融化的影响：稳健性之二

变量	（1）	（2）	（3）
	金融渠道获利	金融渠道获利	金融渠道获利
65岁以上人口比重	0.0393*		
	(0.0228)		
老年抚养比		0.0263#	
		(0.0159)	
15~64岁人口比重			−0.0393*
			(0.0228)
控制变量	Yes	Yes	Yes
地区/行业/时间固定效应	Yes	Yes	Yes
时间×行业固定效应	Yes	Yes	Yes
Observations	9 686	9 686	9 686
R-squared	0.2017	0.2017	0.2017

注：（1）表中的控制变量与表7-3中的控制变量相同；（2）括号中的标准误为聚类到行业层面的稳健标准误；（3）*** p<0.01，** p<0.05，* p<0.1；（4）#表示p值为0.101。

（2）更新实证研究数据

为了说明本章的基本研究结论并不受制于数据的样本区间，我们将实证分析数据拓展至近几年。在补充了数据后，与基准结果相比，样本量大约增加了13 000，表7-6给出了补充数据后的回归结果。与表7-3一致，前两列是控制了企业和年份固定效应的面板固定效应模型估计的结果；第（3）、（4）列的回归中控制了地区层面和年份的固定效应以刻画不可观测的地区因素和经济中的共同冲击；第（5）列进一步控制了行业×时间固定效应以捕捉随时间变化的行业间不可观测因素的影响。

表7-6的回归结果发现，人口老龄化对企业金融化影响的估计系数依然非常显著，即人口老龄化很可能是近几年中国经济"脱实向虚"的重要原因之一。

表7-6　　　　人口老龄化对企业金融化的影响：补充数据

变量	（1）	（2）	（3）	（4）	（5）
Age_65	0.1007 ** (0.0507)	0.1121 ** (0.0500)	0.1456 *** (0.0490)	0.1274 ** (0.0510)	0.1110 ** (0.0524)
控制变量	No	Yes	No	Yes	Yes
企业固定效应	Yes	Yes	No	No	No
地区固定效应	No	No	Yes	Yes	Yes
时间固定效应	Yes	Yes	Yes	Yes	Yes
行业固定效应	No	No	No	No	Yes
时间×行业固定效应	No	No	No	No	Yes
$Observations$	30 156	27 149	30 152	27 149	27 149
$R\text{-}squared$	0.0631	0.0862	0.1200	0.1678	0.2013

注：（1）表中的控制变量与表7-3中的控制变量相同；（2）括号中为系数的标准误；（3）*** $p<0.01$，** $p<0.05$，* $p<0.1$。

另外，在表7-7中，我们分别利用老年抚养比和15~64岁人口比重作为人口年龄结构的度量指标，重新估计了补充数据后人口老龄化对企业金融化行为的影响（第（1）、（2）列）。同时，在第（3）、（4）列中，我们更换了度量企业金融化程度的指标，其中，企业金融化程度采用企业的金融资产占其总资产的比重测度，而企业的金融资产为资产负债表中交易性金融资产、金融衍生品、可供出售金融资产、投资性房地产以及债权投资等会计科目之和（Fin_1），或者为企业交易性金融资产、买入返售金融资产、发放贷款及垫款、可供出售金融资产以及债权投资等会计科目之和（*Fin_2*），或者为交易性金融资产、金融衍生品、买入返售金融资产、可供出售金融资产、长期股权投资、投资性房地产、发放贷款及垫款以及债权投资等会计科目之和（*Fin_3*）。

表7-7　　　　更换核心变量后人口老龄化对企业金融化的影响：补充数据

变量	（1） *Fin_1*	（2） *Fin_1*	（3） *Fin_2*	（4） *Fin_3*
老年抚养比	0.0765 ** （0.0337）			
15~64岁人口比重		−0.1107 ** （0.0523）		
65岁及以上人口比重			0.0760 * （0.0393）	0.1176 * （0.0713）
控制变量	Yes	Yes	Yes	Yes
地区固定效应	Yes	Yes	Yes	Yes
时间固定效应	Yes	Yes	Yes	Yes
行业固定效应	Yes	Yes	Yes	Yes
时间×行业固定效应	Yes	Yes	Yes	Yes
Observations	27 149	27 149	27 149	27 149
R-squared	0.2013	0.2013	0.1252	0.2254

注：（1）表中的控制变量与表7-3中的控制变量相同；（2）括号中为系数的标准误；（3）*** $p<0.01$，** $p<0.05$，* $p<0.1$。

表7-7中的估计结果显示，老年抚养比对企业金融化影响效应在5%的水平上显著为正，这与基准结果非常类似。同时，15~64岁人口比重对企业金融化影响效应为负，且在5%的水平上显著。这表明的确是人口年龄结构变化一定程度上加剧了的经济"脱实向虚"现

象。当更换企业金融化的衡量指标时，第（3）、（4）列的估计结果表明，65岁及以上人口比重上升依然会使得企业金融化水平显著提高，即利用其他企业金融化水平测量指标得到的结果与基准结果相似。上述结果共同说明，即便是补充近几年的数据，本章的基准结论依然成立。

（3）改变实体企业的涵盖范围

在基准回归分析中，本章按照黄群慧（2017）提出的关于实体经济的分类框架，将样本中全部非金融和非房地产类企业作为实体经济企业，这些企业实际上是最广义的实体经济的概念。进一步，为了考察本章的基本结果是否受"实体经济"界定标准的影响，我们将样本中的制造业企业识别为实体经济企业，这类企业实际上是最狭义的实体经济的概念，也是实体经济最核心的部分。同时，我们也尝试将制造业企业、农业企业、建筑业企业和除制造业以外的其他工业企业作为实体经济企业，这是一般或传统意义上的实体经济的概念，它是实体经济的主体部分。[①]

表7-8分别给出了制造业企业和传统意义上实体经济企业的估计结果，这些实证结果均显示，即使更换"实体经济"的定义标准，人口老龄化依然会导致实体企业更多地将资金投资于金融和房地产领域。

表7-8　　人口老龄化对企业金融化的影响：改变"实体经济"定义

变量	（1）	（2）
	制造业企业	实体经济企业
65岁及以上人口比重	0.2476***	0.2854***
	(0.0840)	(0.0900)

---

① 这些实体经济的分类标准参照黄群慧（2017）。

变量	（1）	（2）
	制造业企业	实体经济企业
控制变量	Yes	Yes
地区/行业/时间固定效应	Yes	Yes
时间×行业固定效应	Yes	Yes
Observations	9 007	10 641
R-squared	0.2229	0.2216

注：（1）表中的控制变量与表7-3中的控制变量相同；（2）括号中的标准误为聚类到行业层面的稳健标准误；（3）*** p<0.01，** p<0.05，* p<0.1；（4）排除金融危机因素的影响。

由于2008年发生的金融危机对中国的企业产生了不可忽视的影响，一些外销型企业可能因为外部需求的负面冲击而改变自身的生产、投资行为，从而使得这些企业更加倾向于投资金融资产，造成金融化程度的不断加深。因此，人口老龄化一定程度上加剧经济"脱实向虚"的结果也可以通过"金融危机因素"来解释。

为此，本章借鉴李建强和赵西亮（2020）的研究尝试排除该因素的干扰。2008年金融危机对国内企业产生了异质性的影响，且对外销型企业的影响更大：如果"金融危机因素"解释更为重要，那么将会看到内销型企业所受的影响更小，而对外销型企业影响更大。

基于此，本章根据企业是否出口，将其分为内销型和外销型企业。[①]表7-9中的回归结果显示，不论是内销型还是外销型，人口老龄化对该类企业金融化程度的影响均显著为正，并且外销型企业的影响程度略微大一些，说明金融危机的确可能会在一定程度上加剧企业金融化，但影响有限。表7-9第（3）~（6）列展示的回归结果也与

---

① 按照金融危机开始影响中国的前一年（2007年）上市企业是否有来自海外的收入进行区分。

基准结果类似，这些结果说明"人口老龄化会导致实体企业更多地将资金投资于金融资产"的结论是稳健的。

表7-9 人口老龄化对企业金融化的影响：排除金融危机的影响

	Panel A		
	（1）	（2）	（3）
变量	*Fin_1*：内销型企业	*Fin_1*：外销型企业	*Fin_1*：内销型企业
65岁及以上人口比重	0.3133** （0.1432）	0.3642*** （0.1347）	
老年抚养比			0.2269** （0.0987）
控制变量	Yes	Yes	Yes
地区/行业/时间固定效应	Yes	Yes	Yes
时间×行业固定效应	Yes	Yes	Yes
Observations	9 055	5 506	9 055
R²	0.3297	0.4085	0.3297
	Panel B		
	（4）	（5）	（6）
变量	*Fin_1*：内销型企业	*Fin_2*：内销型企业	*Fin_3*：内销型企业
65岁以上人口比重		0.1421* （0.0731）	0.2437** （0.1007）
15~64岁人口比重	−0.3124** （0.1431）		
控制变量	Yes	Yes	Yes

变量	（4）	（5）	（6）
	Fin_1： 内销型企业	*Fin_2*： 内销型企业	*Fin_3*： 内销型企业
地区/行业/时间固定效应	Yes	Yes	Yes
时间×行业固定效应	Yes	Yes	Yes
Observations	9 055	8 518	8 793
R²	0.3297	0.2969	0.2849

注：（1）表中的控制变量与表7-3中的控制变量相同；（2）括号中的标准误为聚类到行业层面的稳健标准误；（3）*** $p<0.01$，** $p<0.05$，* $p<0.1$。

通过上述一系列分析，我们进一步确认基准回归中得到的结论是稳健的，这些估计结果共同验证了研究假说7-1，即人口结构变化是企业金融化背后的重要驱动因素之一。

7.4.3　人口老龄化影响企业金融资产投资的异质性分析

接下来，我们将在本小节考虑人口老龄化影响企业资金"脱实向虚"的异质性。前文曾提及，在面对人口老龄化的负面冲击时，企业选择配置更多的金融资产是利润最大化动机的体现，而国有企业除了获得利润的企业目标以外，往往还会承担更多的社会责任，例如解决经济中的就业问题（林毅夫和李志赟，2004）。

表7-10的前两列给出了国有企业和非国有企业样本的估计结果。估计结果表明，人口老龄化对非国有企业金融化的影响显著为正，其影响系数比基准回归系数更大，而人口老龄化虽然对国有企业金融化也有正向影响，但并不显著，以上企业产权性质异质性分析验证了本

章提出的研究假说7-2。

表7-10　　　人口老龄化对企业金融化的影响：异质性分析

变量	Panel A		
	（1）	（2）	（3）
	非国有企业	国有企业	竞争程度高
65岁及以上人口比重	0.3098**	0.2643	0.4041***
	(0.1255)	(0.1655)	(0.0935)
控制变量	Yes	Yes	Yes
地区/行业/时间固定效应	Yes	Yes	Yes
时间×行业固定效应	Yes	Yes	Yes
Observations	9 190	5 371	7 362
R^2	0.3236	0.4231	0.2766
变量	Panel B		
	（4）	（5）	（6）
	竞争程度低	盈利能力差	盈利能力强
65岁及以上人口比重	0.2140	0.3729**	0.1742
	(0.1579)	(0.1749)	(0.1515)
控制变量	Yes	Yes	Yes
地区/行业/时间固定效应	Yes	Yes	Yes
时间×行业固定效应	Yes	Yes	Yes
Observations	7 173	7 200	7 361
R^2	0.3561	0.3505	0.3872

注：（1）表中的控制变量与表7-3中的控制变量相同；（2）括号中的标准误为聚类到行业层面的稳健标准误；（3）*** $p<0.01$，** $p<0.05$，* $p<0.1$。

另外，人口老龄化程度的加深很可能并不会使所有的实体企业均配置更多的金融资产，一种可能性是，人口老龄化对经济"脱实向虚"的影响与企业所处行业的竞争程度有关。如果企业处的行业竞争程度非常高，那么人口结构变动的负面冲击可能使得这类企业更加容易受到影响。

同时，一般国有企业所在行业的竞争程度更低，而非国有企业所在行业的竞争程度更高，因此以行业竞争程度考察人口老龄化对企业"脱实向虚"的异质性影响，也可以为上文企业产权性质异质性分析结果（表7-10前两列）提供佐证。

参照已有研究，本章按照企业的销售额计算了每个行业的赫芬达尔指数（HHI），表7-10的第（3）、（4）列给出了按照企业所处行业竞争程度高、低划分以后的估计结果。正如本章的预期，在竞争比较激烈的行业中，人口老龄化对企业金融化的影响更加显著，其影响系数相比基准回归结果大幅提高（0.40 v.s. 0.28），而在竞争程度比较弱的行业中，则不再显著，从而为本章提出的研究假说7-2提供进一步的证据。

此外，在人口老龄化的负面冲击下，如果非金融、非房地产行业企业配置更多的金融资产是为了追求利润，那么人口老龄化对经济"脱实向虚"的影响也可能与企业本身的盈利能力有关。为此，本章根据企业盈利能力指标（*Roa*），按照中位数将企业划分为盈利能力高和盈利能力低两类分别进行考察，[①]表7-10的第（5）、（6）列给出了相应的估计结果。

结果发现，在盈利能力较低的企业样本中，人口老龄化对企业金融化存在显著影响，其影响系数比基准回归结果有较大幅度提高（0.37 v.s. 0.28），然而在盈利能力较强的企业样本中，该影响效应则不再显著。表7-10中的估计结果也可以从侧面说明，企业在面临人口老龄化的负面冲击时，选择配置更多的金融资产是为了获得利润。

最后，本文进一步按照企业的全要素生产率（TFP）水平考察人

①　由于非金融企业也可以通过金融投资获得利润，因此*ROA*并不一定能够准确反映企业主营业务收入。为了减轻该问题的影响，本章利用企业在2007年的*ROA*中位数进行划分。在附录中，我们给出了其他划分企业盈利能力的方法。

口老龄化对企业金融资产配置影响的异质性。TFP是反映企业生产经营效率最重要的指标之一，该指标水平越高，则企业越可能在人口老龄化的负面冲击下保持较高的盈利能力，但是对于TFP水平较低的企业而言，人口老龄化的负面冲击很可能会严重削弱其盈利能力，从而使其在利润最大化的驱使下投资于收益率较高的金融资产以获取利润。

为了验证这种异质性的存在，本章首先借鉴Giannetti等（2015）、鲁晓东和连玉君（2012）等文献的做法，分别利用OLS方法、Levinsohn-Petrin（LP）方法和Olley-Pakes（OP）方法测算了企业的TFP水平，然后按照中位数将企业分为TFP水平高（低）两组。[1]表7-11给出了相应的估计结果。回归结果表明，企业的TFP水平越高，人口老龄化对其资金"脱实向虚"的影响就越弱（不显著）；反之，企业的TFP水平越低，人口老龄化对其资金"脱实向虚"的影响效应越强（显著）。表7-11的结果也可以从另一个角度说明，企业转型升级更加依靠效率驱动，有助于减轻人口老龄化对其生产经营可能带来的负面影响。

表7-11　　　人口老龄化对企业金融化的影响：全要素生产率异质性

变量	Panel A		
	（1）	（2）	（3）
	TFP水平较高：OLS方法	TFP水平较低：OLS方法	TFP水平较高：LP方法
65岁及以上人口比重	0.0799	0.7395***	−0.0138
	(0.1677)	(0.1874)	(0.1534)

---

[1]　此时，企业TFP水平的中位数是依据全部非金融类企业TFP水平计算的，因此两组的样本存在一定差异，附录中也给出了按照估计样本中企业TFP水平的中位数划分组别的估计结果。

Panel A			
控制变量	Yes	Yes	Yes
地区/行业/时间固定效应	Yes	Yes	Yes
时间×行业固定效应	Yes	Yes	Yes
Observations	5 774	5 824	5 774
R^2	0.3160	0.3675	0.2964

Panel B			
	（4）	（5）	（6）
变量	TFP水平较低：LP方法	TFP水平较高：OP方法	TFP水平较低：OP方法
65岁及以上人口比重	0.8366***	−0.0143	0.8231***
	（0.1953）	（0.1634）	（0.2058）
控制变量	Yes	Yes	Yes
地区/行业/时间固定效应	Yes	Yes	Yes
时间×行业固定效应	Yes	Yes	Yes
Observations	5 824	5 769	5 829
R^2	0.3905	0.2922	0.3917

注：（1）表中的控制变量与表7-3中的控制变量相同；（2）括号中的标准误为聚类到行业层面的稳健标准误；（3）*** p<0.01，** p<0.05，* p<0.1。

7.5 人口老龄化是影响企业金融资产投资的驱动因素

在第7.4节中，本章主要考察了人口老龄化对企业金融化的影响，发现了经济"脱实向虚"背后的人口结构因素，并给出了一系列的稳健性和异质性分析。在这一节，本章将尝试分析的问题是：在面临人口老龄化的不利冲击下，企业为何会更多地投资于金融资产？

根据已有文献所提供的证据（张成思和张步昙，2016）以及上文的经验研究，本章认为企业选择配置更多的金融资产主要是为了获得利润，而人口老龄化带来劳动力市场中的均衡工资水平提高等因素会使得劳动力成本上升，这在一定程度上会侵蚀企业利润，因此迫使企业将资金投向收益率更高的金融资产，从而加剧企业的金融化程度。基于以上考虑，本章从"收益率利差"与"低劳动力成本优势丧失"等角度阐述人口老龄化导致企业投资更多比例金融资产背后的原因。

7.5.1　实体企业与金融和房地产行业的收益率利差

人口老龄化程度的加深使得劳动力成本上升，因此企业未来投资于实体经济的收益率会下降。此时，如果金融或房地产行业存在高于实体投资的收益率，那么追逐利润最大化的企业会选择将更多的资金注入金融或房地产行业，而非实体经济。因此，金融和房地产行业与实体经济的收益率正向利差的存在可能是企业在面临人口老龄化的负面冲击时出现资金"脱实向虚"的原因。如果事实如此，理应观察到的现象是，在人口老龄化的冲击下，投资收益率低于金融或房地产行业平均收益率的企业更可能选择更多地投资于金融资产，即人口老龄化对这类企业的影响效应更大。

具体地，在实证分析中，本章以净资产收益率（ROE）指标作为衡量企业或行业收益率的指标（刘伟和曹瑜强，2018）。为了得到实体企业与金融业和房地产业的收益率利差，本章首先计算金融和房地产行业的行业收益率：以每年金融和房地产行业企业的净资产收益率的中位数作为行业收益率的测量指标，同时，利用平均数作为行业收益率的测量指标也具有相似的结论。①然后，分别利用金融业的行业收益率和房地产业的行业收益率将实体企业的收益率作为最终的收益率利差指标。当收益率利差指标为正数时，②该指标数值越大，表明金融业和房地产业的收益率越高于企业的回报率。表7-12给出了不同的收益率利差下，人口老龄化对企业资金"脱实向虚"的影响。

表7-12中的前两列给出的是实体企业收益率与金融行业收益率利差的分样本回归结果。第（1）列的回归结果显示，当实体企业收益率与金融行业收益率利差大于收益率利差的中位数时，人口老龄化的负面冲击对这类企业资金"脱实向虚"的影响效应显著，而当收益率利差小于中位数时，人口老龄化的影响效应则不再显著，且通过两列的人口老龄化的系数大小来看，前者远大于后者（0.54 v.s. 0.04）。

另外，表7-12中第（3）、（4）列给出了实体企业收益率与房地产行业收益率利差的分样本回归结果，该结果与前两列类似。当实体企业收益率与房地产行业收益率利差大于其收益率利差的中位数时，人口老龄化的负面冲击对这类企业的影响效应显著，而当收益率利差小于中位数时，人口老龄化的影响效应则不再显著（0.44 v.s. 0.12）。这些结果共同表明，企业收益率与金融和房地产行业收益率之间的利差在背后驱动着企业，当企业面临人口老龄化程度不断加深、劳动力成本逐渐上升的外部经营环境时，以利润最大化为目标的企业会理性地选择将一部分资金投资于金融资产以获得利润。

---

① 附录中给出了相应的估计结果。
② 收益率利差的中位数和平均数均为正数。

表 7-12　　收益率利差下的人口老龄化对企业金融化的影响

变量	（1）	（2）	（3）	（4）
	$Spread >$ Med_Fin	$Spread <$ Med_Fin	$Spread >$ Med_ES	$Spread <$ Med_ES
65 岁及以上人口比重	0.5413***	0.0400	0.4356**	0.1208
	(0.1805)	(0.1553)	(0.1817)	(0.1346)
控制变量	Yes	Yes	Yes	Yes
地区/行业/时间固定效应	Yes	Yes	Yes	Yes
时间×行业固定效应	Yes	Yes	Yes	Yes
$Observations$	7 327	7 234	7 338	7 223
R^2	0.3669	0.3500	0.3669	0.3538

注：（1）表中的控制变量与表 7-3 中的控制变量相同；（2）括号中的标准误为聚类到行业层面的稳健标准误；（3）*** p<0.01，** p<0.05，* p<0.1。

7.5.2　企业低劳动力成本比较优势的丧失

在中国经济快速发展过程中，低劳动力成本优势为快速工业化进程提供了极为有利的条件，很多制造业企业的生存和发展很可能依赖低成本优势，这种优势使得一部分企业得以在国际贸易的大环境中"分得一杯羹"。而随着人口老龄化程度的不断加深，劳动年龄人口数量和比重呈现逐渐下滑趋势，部分企业的低劳动力成本优势逐渐丧失，由此使得这类企业的比较优势减弱，企业实体投资的意愿降低。因此，在利润最大化的驱动下，这部分企业的资金很可能会脱离实体经济而流入金融和房地产领域（白雪洁和于庆瑞，2019）。

为了识别哪些企业更加依赖低劳动力成本优势，本章参照沈永建等（2019）的研究，首先构建企业劳动力成本的测量指标：企业支付给职工以及为职工支付的现金减去高管薪酬总额，除以在岗职工人数得到人均工资额，再将该人均工资额取对数。对于企业劳动力成本比较低的企业，本章认为可能更依赖低劳动力成本优势，因此我们按照该劳动力成本指标将企业分为高劳动力成本企业和低劳动力成本企业，表7-13分别给出了全部企业、实体经济企业和制造业企业的回归结果。

表7-13　　　低劳动力成本优势下人口老龄化对企业金融化的影响

	Panel A		
	（1）	（2）	（3）
变量	高劳动力成本：全部企业	低劳动力成本：全部企业	高劳动力成本：实体企业
65岁及以上人口比重	0.1470	0.4407**	0.1444
	(0.1567)	(0.2141)	(0.1682)
控制变量	Yes	Yes	Yes
地区/行业/时间固定效应	Yes	Yes	Yes
时间×行业固定效应	Yes	Yes	Yes
Observations	7 299	7 261	4 800
R²	0.3436	0.3852	0.2833
	Panel B		
	（4）	（5）	（6）
变量	低劳动力成本：实体企业	高劳动力成本：制造业企业	低劳动力成本：制造业企业
65岁及以上人口比重	0.2652	−0.0526	0.3279**
	(0.1584)	(0.1669)	(0.1590)
控制变量	Yes	Yes	Yes

变量	（4）	（5）	（6）
	低劳动力成本：实体企业	高劳动力成本：制造业企业	低劳动力成本：制造业企业
地区/行业/时间固定效应	Yes	Yes	Yes
时间×行业固定效应	Yes	Yes	Yes
Observations	5 840	3 799	5 208
R^2	0.2715	0.2526	0.2677

注：（1）表中的控制变量与表7–中的控制变量相同；（2）括号中的标准误为聚类到行业层面的稳健标准误；（3）*** $p<0.01$，** $p<0.05$，* $p<0.1$。

表7–13中的前两列给出的是以全部企业作为研究样本的估计结果。回归结果显示，当企业的劳动力成本较高时（这类企业更可能不依赖低劳动力成本优势），人口老龄化对企业资金"脱实向虚"的影响不显著，而当企业的劳动力成本较低时（这类企业更可能依赖低劳动力成本优势），人口老龄化的影响则非常显著，且通过观察两列的人口老龄化的系数大小不难发现，后者要明显大于前者（0.44 v.s. 0.15）。

另外，表7–13中第（3）–（6）列分别给出了以传统实体经济企业和制造业实体企业子样本作为研究对象的估计结果，人口老龄化对低劳动力成本企业的资金"脱实向虚"影响更加显著，[1]而对高劳动力成本企业的影响则不显著。以上估计结果说明，人口老龄化使得部分企业丧失了低劳动力成本优势，从而这部分企业在利润最大化的驱动下理性地选择将一部分资金投资于金融资产以获取利润。

当然，将劳动力成本比较低的企业认定为更有可能依靠低劳动力

---

① 对实体企业而言，其显著性水平会低一些，本章将在表7–14重新考察该问题。

成本优势生存和发展不是一种精确的方式，因此为了让结论更加具有可靠性，本章进一步从样本中识别出高科技企业和非高科技企业。高科技企业的生存和发展更可能依赖效率，或由创新驱动发展，其一般不太可能依赖低劳动力成本优势，而非高科技企业则更可能依赖低劳动力成本优势而生存和发展。因此，可以通过单独考察人口老龄化对高科技企业和非高科技企业金融资产配置影响的差异性，以说明"低劳动力成本优势丧失"会使得企业利润遭到侵蚀，进而会使其配置更大规模的金融资产。

为此，借鉴贺建凤和张晓静（2018）的研究，本章按照国家统计局公布的高技术产业分类标准①和证监会公布的《上市公司行业分类指引（2012修订版）》，将制造业领域中属于医药制造业、通用设备制造业、专用设备制造业、计算机、通信和其他电子设备制造业、仪器仪表制造业的上市公司识别为高科技企业，将服务业领域中属于信息传输、软件和信息技术服务业、科学研究和技术服务业的上市公司识别为高科技企业。

表7-14中给出了人口老龄化对高科技企业和非高科技企业资金"脱实向虚"影响的分样本估计结果。第（1）、（2）列的结果表明，人口老龄化的负面冲击对高科技企业（更不可能依赖低劳动力成本优势）的资金"脱实向虚"影响不显著，但是对非高科技企业则存在显著的正向影响。从传统实体经济企业（第（3）、（4）列）和制造业实体企业（第（5）、（6）列）的子样本回归结果来看，人口老龄化同样仅对非高科技企业的资金"脱实向虚"存在显著的正向影响。

---

① 参见国家统计局网站《高技术产业（制造业）分类（2013）》《高技术产业（服务业）分类（2013）（试行）》。

表7-14 人口老龄化对企业金融化的影响：高科技与非高科技企业

	Panel A		
	（1）	（2）	（3）
变量	高科技： 全部企业	非高科技： 全部企业	高科技： 实体企业
65岁及以上人口比重	0.1510 (0.1054)	0.3332** (0.1294)	0.1204 (0.1216)
控制变量	Yes	Yes	Yes
地区/行业/时间固定效应	Yes	Yes	Yes
时间×行业固定效应	Yes	Yes	Yes
Observations	4 794	9 767	3 609
R^2	0.2153	0.3449	0.2182

	Panel B		
	（4）	（5）	（6）
变量	非高科技： 实体企业	高科技： 制造业企业	非高科技： 制造业企业
65岁及以上人口比重	0.3874*** (0.1217)	0.1204 (0.1216)	0.3422*** (0.1169)
控制变量	Yes	Yes	Yes
地区/行业/时间固定效应	Yes	Yes	Yes
时间×行业固定效应	Yes	Yes	Yes
Observations	7 032	3 609	5 398
R^2	0.2522	0.2182	0.2718

注：（1）表中的控制变量与表7-3中的控制变量相同；（2）括号中的标准误为聚类到行业层面的稳健标准误；（3）*** $p<0.01$，** $p<0.05$，* $p<0.1$。

另外，实际上表7-11的估计结果也可以在一定程度上验证"企业低劳动力成本优势"的猜想。这是因为TFP水平越高的企业更可能依赖效率，或由创新驱动发展，而TFP水平较低的企业更可能依赖低劳动力成本优势生存。以上结果表明，如果企业过度依赖低劳动力成本优势，那么在面临人口老龄化的负面冲击时，很可能无法及时地完成转型升级，从而更加难以在经济转型升级的过程中通过将资金投资于实体经济以获得利润，这样便导致了这些企业的投资资金出现"脱实向虚"。

7.6　本章小结

在梳理人口结构转变如何影响经济"脱实向虚"（微观层面企业金融化）的理论机制的基础之上，本章综合利用中国上市公司微观企业数据和宏观人口结构数据进行了实证研究，得到了如下主要研究结论：

第一，人口老龄化显著提高了企业金融资产配置比重，其可以解释中国2013—2017年企业金融化水平上升幅度的22%左右。

第二，人口老龄化对企业资金"脱实向虚"的影响存在异质性，其效应在非国有、行业竞争程度更高、盈利能力较弱以及全要素生产率水平较低的企业中更大。

第三，经营资产与金融资产的收益率差异、低劳动力成本优势的丧失是企业在面临人口老龄化的负面冲击时资金出现"脱实向虚"的重要驱动因素，当企业面临人口老龄化程度不断加深、劳动力成本逐渐上升的外部经营环境时，追逐利润最大化的企业会理性地选择将一部分资金投资于收益率更高的金融资产。

本章的研究为深入认识人口老龄化的经济效应和应对经济"脱实向虚"造成的潜在风险提供了新的研究视角和经验证据。基于以上研究结论，本章获得了以下两点政策启示：

（1）应关注人口老龄化的微观经济效应，尤其是对企业生产经营方式造成的影响。本章的主要结论显示，人口老龄化程度的加深会对企业的金融投资决策产生影响，是经济"脱实向虚"的重要驱动因素。这提示政府与学界除了应该重视人口老龄化对宏观经济增长、社会保障、产业结构等造成的影响外，也应当关注其对微观企业造成的挑战，从而更好地促进实体经济的发展。

（2）应通过加快企业转型升级，引导资金进入实体经济。本章的研究结果表明，由于成本的上升，全要素生产率水平较低、更加依赖低劳动力成本优势的企业，更容易在人口老龄化的负面冲击下选择配置更大比例的金融资产。因此，通过加快转型升级，将企业由要素驱动发展转换为效率和创新驱动发展，不仅有助于经济增长，也有助于防止经济"脱实向虚"，从而更好地引导资金进入实体经济。

8

结论与启示

针对人口老龄化对企业投资行为的影响，以及这些影响背后的机制、驱动因素等，本书在前几章中已经做了大量的研究，而本章旨在归纳、总结研究的核心结论，进而得出相应的政策启示，最后指出本书研究的不足之处，以及未来进一步开展相关研究的可能方向。

8.1　研究结论

人口因素是影响经济社会中长期发展的重大问题。当前，中国的人口老龄化程度处于快速发展阶段，根据2010年第六次人口普查统计数据，中国大陆60岁及以上人口达到1.78亿人，占总人口的比重为13.26%，而至第七次（2020年）全国人口普查时，中国60岁及以上人口超过2.60亿人，占总人口的比重进一步上升到18.70%，10年内增加了近5.5个百分点，而在2000—2010年的10年间该比例则提升了不到3个百分点。另外，据联合国《世界人口展望》2017修订版预测，这一人口比重到2050年将上升至35%~40%的高位，同时工作年龄（15~59岁）人口将于2050年下降到53%。人口老龄化将是今后一段时期内我国的基本国情。中共中央、国务院印发的《国家积极应对人口老龄化中长期规划》也指出，"人口老龄化对经济运行全领域、社会建设各环节、社会文化多方面乃至国家综合实力和国际竞争力，都具有深远影响，挑战与机遇并存"，并且积极应对人口老龄化也已经上升为国家战略。党的二十大报告和二十届三中全会均强调要"积极应对人口老龄化"。

与此同时，中国经济也面临着生产要素成本不断攀升、国内实体投资低迷、企业对外直接投资高涨、企业要素禀赋结构升级和技术升级速度缓慢、企业转型艰难以及资金难以进入实体经济的"脱实向虚"等重大的现实问题。因此，如何"稳定制造业投资"、助推实体经济发展、打造先进制造业高地，成为经济实现高质量发展的重要着力点和重要战略支撑。在以上背景之下，本书关注的问题是：人口老龄化的快速发展对微观经济主体，特别是实体企业投资行为有何种影响呢？同时，如何利用好人口老龄化发展的客观规律、规避其带来的负面影响，则成为中国未来一段时期内需要面对和解决的重大问题。

经过理论分析与实证研究，本书得到的主要结论如下：

第一，经济学理论认为，人口老龄化会导致劳动力成本上升，从而改变企业的要素结构，通过资本替代劳动的方式应对，但不同类型的企业对人口老龄化做出的反应可能存在差异，需要进行深入分析。本书利用中国工业企业数据对上述问题进行了研究，实证结果显示：从整体来看，人口老龄化显著提高了企业的资本劳动比，但资本劳动比的上升并不一定表现为资本对劳动的替代。在规模较大、融资约束较轻的企业，人口老龄化促使其用固定资产投资替代了劳动，但在规模较小和融资约束程度较为严重的企业，人口老龄化并没有显著提高其固定资产投资，只是缩小了其劳动力雇用规模，说明企业规模和融资约束是影响企业要素结构升级的重要因素。上述发现从微观企业投资视角拓展了人口老龄化的经济效应的研究范畴，并通过规模效应和融资约束角度分析了制约工业企业提高智能化生产程度的因素，从而对传统的见解提供了有益的补充；其研究结论也能够为政府制定积极应对人口老龄化和助力企业要素结构升级的相关政策提供经验证据的支持。

第二，提升技术创新能力是积极应对人口老龄化的重要战略支撑，而人口老龄化如何影响企业的研发投资还有待于考察。本书利用中国制造业 A 股上市企业数据，从微观企业视角分析人口老龄化对企业研发投资的影响效应，并尝试分析其中的影响渠道。研究结果显示：（1）人口老龄化显著降低了企业的研发投资强度，如果人口老龄化程度由样本中位数的9.54%上升至最大值的15.16%，则会使得企业的研发强度下降0.50%左右，约占研发投资强度均值的12.5%。（2）对影响渠道的分析发现，人口老龄化提升了企业的劳动力成本、对研发投资形成挤出效应，同时人口老龄化也使得企业获得的政府补助减少，进而降低研发投资强度。（3）人口老龄化对企业研发投资的抑制效应存在显著的异质性，其影响在劳动密集型、非国有、所处行业竞争程度较为激烈以及规模较小的企业中更大。上述的研究结论为我们从企业视角理解人口老龄化的经济效应和制定积极应对人口老龄化的相关政策提供了微观经验证据。

第三，当前，中国经济正经历着对外投资持续快速增长和人口老龄化程度持续加深的转型阶段，而这两种现象背后是否存在内在联系是一个值得深入探讨的问题。为此，本书利用中国A股制造业上市企业微观数据，探讨了人口老龄化对企业对外直接投资的影响效应。研究发现：人口老龄化程度的加深显著提高了企业对外直接投资的概率；65岁及以上人口比重每上升1个单位标准差，企业对外直接投资的可能性将会提高2.5%。机制分析的结果显示，人口老龄化显著提升了劳动密集型制造业的劳动力成本、显著降低了其单位工资的产出效率，从而促使其通过对外直接投资的方式进行应对。进一步，基于投资目的地的分析发现，人口老龄化主要促进了企业在中低收入国家的对外直接投资行为；而对劳动密集型企业而言，人口老龄化对其对外直接投资的促进作用更为明显。

第四，近年来，中国人口老龄化进入了快速发展的阶段，同时经济也出现了比较严重的"脱实向虚"现象，人口老龄化是否加剧了这一趋势是一个非常重要的理论与实证问题。为此，本书利用A股上市非金融类公司样本，考察了人口老龄化对经济"脱实向虚"（微观层面即企业金融化）的影响，并试图揭示其背后的驱动因素。研究发现：（1）人口老龄化显著提高了企业的金融化水平，65岁及以上老年人口占总人口的比重每上升1个百分点，非金融类企业的金融资产配置比重会提高0.28%。（2）在不同盈利动机和盈利能力的企业中，人口老龄化对非金融类企业资金"脱实向虚"的影响效应存在异质性，即该效应在非国有、盈利能力较弱和全要素生产率水平较低的企业中更大。（3）实体经营资产与金融资产的收益率差异、企业低劳动力成本优势的丧失，是实体企业在面临人口老龄化的负面冲击时将其资金更多地配置于金融资产的重要驱动因素：当企业处于人口老龄化程度不断加深、劳动力成本逐渐上升的外部经营环境下，追逐利润最大化的企业会理性地选择将一部分资金投资于金融资产。

8.2 政策启示

基于本书的理论与实证分析，我们可以得到以下政策启示：

第一，应该更加关注人口老龄化对微观经济主体造成的影响。

① 从企业的要素结构变化来看，人口老龄化使得企业主要利用资本替代低技能劳动力，从而提升了资本劳动比，然而，这部分劳动力往往难以再次进入第二产业就业，因此，政府应该顺应趋势，对低技能劳动力加强再就业培训，引导他们进入第三产业就业，促进我国制造业和服务业的协调发展。

② 从企业的生产经营方式来看，本书的主要结论显示，人口老龄化程度的加剧会对企业的金融资产投资决策产生影响，是经济"脱实向虚"的重要驱动因素。这提示政府与学界除了应该重视人口老龄化对宏观经济增长、社会保障、产业结构等造成的影响外，也应当关

注其对微观企业经营方式造成的挑战，从而更好地促进实体经济的发展。

第二，因势利导，加快企业结构的转型和升级。

① 本书的研究显示，人口老龄化显著提高了制造业企业对外直接投资的可能性，而这一影响主要集中在劳动密集型企业和技术水平较低的企业中，这在一定程度上能够起到将落后产能和低附加值产业转移至海外的作用，因而，通过引导企业转型升级，将有助于中国经济的转型和发展，逐渐从劳动密集型产业转变为资本和技术密集型产业，从而提升企业的国际竞争力。

② 本书的研究结果还表明，由于劳动力成本的上升，全要素生产率水平较低、更加依赖低劳动力成本优势的企业，更容易在人口老龄化的负面冲击下选择配置更高比例的金融资产。因此，通过加快企业转型升级，引导资金进入实体经济，将企业由要素驱动发展转换为效率和创新驱动发展，不仅有助于经济增长，而且有助于防止经济"脱实向虚"，从而更好地引导资金进入实体经济。

第三，继续加大对中小微企业的政策优惠与扶持力度。中小微型企业是制造业的根基，也是推动经济高质量发展的中坚力量，而本书的分析表明，人口老龄化并没有有效促进这部分企业的要素结构升级，同时，人口老龄化也对中小企业研发投入带来了更大的负面影响。其中，智能化技术基础薄弱、人才缺乏、风险承受能力弱以及资金不足等成为重要影响因素，而通过有效的政策助推中小微企业转型升级将有助于提升"中国智造"水平，从而加快产业结构向高级化转型。

第四，优化政府资金配置效率，加大企业创新、技术升级补贴力度。

第五，继续深化金融体制改革，积极应对人口老龄化。本书的实证分析显示，融资约束的存在成为阻碍企业要素结构升级的重要因素，因此，不利于企业通过提高资本劳动比的方式积极应对人口老龄化，甚至有可能导致我国出现过早"去工业化"的现象。因此，通过深化金融改革，缓解企业的融资约束能够帮助企业顺利完成要素结构升级。

第六，对国有企业而言，应该充分发挥其知识溢出效应，带动经济整体创新水平。根据本书的分析结果，人口老龄化对国有企业的研发投入影响更小，而国有企业具有知识溢出效应，也是政府解决基础研发市场失灵的重要工具，因此，可以借助国有企业的科技、研发优势，加强企业之间的科研项目合作、拓展合作范围，帮助、带动非国有经济主体的技术升级和创新能力。

第七，顺势而为，借助人口老龄化程度不断加深的基本国情，鼓励更多有意愿的企业"走出去"。同时，帮助企业克服海外经营过程中面临的政治、文化风险等。

8.3　研究不足与展望

本书的研究围绕人口老龄化的经济效应展开，从多个视角深入探讨了其对实体企业投资行为的影响，当中研究难免存在疏漏和不足之处。其中不足可分为以下几点：

第一，研究的数据方面。出于数据指标可得性的问题，本书在研究人口老龄化对企业研发投资、对外直接投资和金融资产投资行为时主要采用上市企业数据，然而，这些企业可能平均规模更大，应对负面冲击的能力相对更强，而人口老龄化往往对小企业造成的影响更大，这可能使得我们低估人口老龄化对企业投资行为的影响。同时，本书也缺乏企业内部人口结构指标。因此，后续的研究工作可以在数据获取方面进一步完善。

第二，关于内生性问题。实际上，由于人口结构通常是前定变量，当前的老年人口结构和工作年龄人口结构基本上可以由几十年前的生育情况决定，因此，在研究中采用人口结构变量能够极大地减少潜在内生性问题。但是，我们依然需要小心遗漏变量偏误带来的影响。为此，我们已经在文中通过排除一些竞争性解释来尽量克服内生性问题。实际上，解决内生性问题一种更好的方法是，寻找一个好的工具变量或者外生的自然实验，例如，新医疗技术的进步大大降低了某种疾病的死亡率，而该疾病死亡率在地区间或群体间存在外生差异。由此，可以在双重差分（DID）框架下估计人口老龄化、预期寿命延长或死亡率下降对企业行为的影响。但本书暂未找到合适的自然实验，进一步的研究可以从这一思路入手，从而可以进一步解决研究中存在的内生性问题。

第三，影响机制值得进一步挖掘。由于人口老龄化的影响是全方位的，囿于作者的能力和数据可得性，本书在分析其对企业投资行为的影响机制时并不完善，可能会疏漏一些其他重要的潜在影响机制。在后续的研究中，可以针对这一方面继续努力。

同时，本书的研究也可以在以下几个方面继续拓展和改进。第一，人口老龄化对微观企业行为的影响存在拓展空间。本书仅考察了人口老龄化对企业投资行为的影响，而人口老龄化带来的人口结构转型也意味着一些行业的兴起（如养老行业）与另一些行业的相对衰落（如部分劳动密集型行业），因此，人口老龄化是否会对企业的进入与退出行为造成影响，以及通过哪些机制造成影响是值得探究的问题。另外，人口老龄化对企业全要素生产率的影响也是值得进一步思考的问题，人口老龄化提高了劳动力成本，而这会不会使得企业增加高技能劳动力的雇用，从而带来企业技能结构的升级，最终提高企业的全要素生产率呢？第二，构建理论模型，纳入人口老龄化带来的劳动力成本上升、劳动生产率下降以及其他外部影响等，分析人口老龄化对企业的对外直接投资、金融资产投资行为的影响。第三，人口老龄化对宏观经济的影响也存在进一步改进的空间，当前的实证研究还主要以回归分析为主，而未来可以结合结构估计（Structural Estimation）方法，借鉴最新的文献（如 Wong（2019）；Heathcote et al.（2020）；Acemoglu and Restrepo（2020）），分析人口老龄化对政策传导机制、税收政策、人工智能、劳动力市场等方面的影响。如果能够在这些问题上取得进展，也将有助于我们深入理解人口老龄化的全方面影响，增强国家积极应对人口老龄化的能力。

附　录

附录A 第4章附录

第4章正文中按照OP方法测算企业全要素生产率，而此处我们也按照OLS方法测算了企业全要素生产率。附表A1给出了在不同生产率水平下，人口老龄化对企业固定资产投资和劳动力雇用的影响。表中的估计结果与正文类似。

附表A1　　　按照生产率分组估计结果：TFP_OLS

变量	（1）	（2）	（3）	（4）
	$invest$	$invest$	$ln（labor）$	$ln（labor）$
age_65	0.0049**	0.0009	−0.0028	−0.0134***
	(0.0020)	(0.0017)	(0.0034)	(0.0043)
控制变量	Yes	Yes	Yes	Yes
省份固定效应	Yes	Yes	Yes	Yes
时间固定效应	Yes	Yes	Yes	Yes
行业固定效应	Yes	Yes	Yes	Yes
行业×时间固定效应	Yes	Yes	Yes	Yes
$Observations$	461 576	389 389	591 890	588 432
$Adj.\ R\text{-}squared$	0.0238	0.0348	0.5920	0.5925

注：（1）表中没有报告常数项；（2）括号中的标准误为聚类到省份-行业层面的稳健标准误；（3）*** $p<0.01$，** $p<0.05$，* $p<0.1$；（4）控制变量与表4-3一致。

附录 B　第 5 章附录

（1）样本企业数量统计

附表 B1 补充了第 5 章中的数据的基本信息，其主要展示结果是经剔除金融行业、ST 企业后，样本期内全部制造业企业数量以及公布研发投入的企业数量。

附表 B1　　　　　　　　　企业研发投入数据情况

年份	制造业企业数量	研发投入大于零的企业数量（占比）
2010	1 043	826（79.19%）
2011	1 210	1 041（86.03%）
2012	1 293	1 254（96.98%）
2013	1 324	1 294（97.73%）
2014	1 410	1 388（98.44%）
2015	1 543	1 522（98.64%）
2016	1 741	1 726（99.14%）
2017	2 025	1 999（98.72%）
2018	2 093	2 071（98.95%）

（2）分组回归稳健性

在第 5 章的分组回归中，附表 B2 给出了其回归结果的稳健性，其中第（1）、（2）列表示利用其他研发操纵企业识别方式的回归结果，即当公司的销售收入小于 2 亿元时，研发投入占销售收入的比重处于 [4.0%，5.0%]；或当公司的销售收入大于等于 2 亿元时，该比重处于 [3.0%，4.0%）时，则认为存在研发操纵行为。附表 B2 第（3）、（4）列表示按照企业的资产规模为基准计算行业 HHI，然后划分企业所在行业的竞争程度的回归结果。附表B2第（5）列表示控制省份、行业时间以及行业特质冲击的固定效应的回归结果。

附表B2　　　人口老龄化与企业研发投入：分组回归稳健性

变量	（1）非研发操纵企业	（2）研发操纵企业	（3）行业竞争度较高	（4）行业竞争度较低	（5）制造业企业
人口老龄化	−0.1093*** （0.0405）	−0.0125 （0.0107）	−0.0945** （0.0457）	−0.0627 （0.0383）	−0.0781* （0.0403）
控制变量	Yes	Yes	Yes	Yes	Yes
时间固定效应	Yes	Yes	Yes	Yes	Yes
企业固定效应	Yes	Yes	Yes	Yes	No
省份固定效应	No	No	No	No	Yes
行业固定效应	No	No	No	No	Yes
时间×行业固定效应	No	No	No	No	Yes
Observations	9 809	3 178	7 730	5 257	12 983
R^2	0.1479	0.0392	0.1512	0.1587	0.3549

注：（1）表中的控制变量与表5-3中的控制变量相同；（2）括号中的标准误为稳健标准误；（3）*** p<0.01，** p<0.05，* p<0.1。

（3）控制不同固定效应的稳健性检验

附表B3给出了按照企业办公地点匹配企业后的回归结果。

变量	（1） RD/Sales	（2） RD/Sales	（3） RD/Sales	（4） RD/Sales	（5） RD/Sales
人口老龄化	−0.0893** （0.0386）	−0.0790** （0.0397）	−0.0525* （0.0304）	−0.0759** （0.0321）	−0.0558* （0.0303）
控制变量	Yes	Yes	Yes	Yes	Yes
时间固定效应	Yes	Yes	Yes	Yes	Yes
企业固定效应	No	No	Yes	Yes	Yes
省份固定效应	Yes	Yes	No	No	No
行业固定效应	Yes	Yes	No	No	No
时间×行业固定效应	No	Yes	No	Yes	Yes
省趋势项	No	No	Yes	No	Yes
Observations	12 987	12 983	12 987	12 987	12 987
R^2	0.3540	0.3524	0.1513	0.1706	0.1796

注：（1）表中的控制变量与表5-3中的控制变量相同；（2）括号中的标准误为稳健标准误；（3）*** $p<0.01$，** $p<0.05$，* $p<0.1$。

（4）按照企业办公地匹配的稳健性检验

附表B4给出了按照企业办公地点匹配企业后的分组回归结果。

附表B4　　　人口老龄化与企业研发投入：办公地点匹配下的分组回归

变量	（1） 劳动 密集型	（2） 资本 密集型	（3） 非国有 企业	（4） 国有企业	（5） 规模较小	（6） 规模较大
人口老龄化	−0.0983** （0.0408）	−0.0670 （0.0487）	−0.1113*** （0.0426）	−0.0300 （0.0424）	−0.1409** （0.0550）	−0.0460 （0.0346）

变量	（1） 劳动 密集型	（2） 资本 密集型	（3） 非国有 企业	（4） 国有企业	（5） 规模较小	（6） 规模较大
控制变量	Yes	Yes	Yes	Yes	Yes	Yes
时间固定 效应	Yes	Yes	Yes	Yes	Yes	Yes
企业固定 效应	Yes	Yes	Yes	Yes	Yes	Yes
Observations	6 450	6 426	9 271	3 716	6 453	6 420
R^2	0.1642	0.1354	0.1285	0.2058	0.1575	0.1637

注：（1）表中的控制变量与表5-3中的控制变量相同；（2）括号中的标准误为稳健标准误；（3）*** p<0.01，** p<0.05，* p<0.1。

附录C 第6章附录

自然资源丰富型国家分类：

乌兹别克斯坦（燃料、矿石和金属丰富型）、伊朗（OPEC，燃料丰富型）、伊拉克（OPEC，燃料丰富型）、俄罗斯（燃料丰富型）、刚果（布）（燃料丰富型）、利比亚（OPEC，燃料丰富型）、加拿大（燃料丰富型）、加纳（燃料丰富型）、加蓬（OPEC，燃料丰富型）、南非（矿石和金属丰富型）、卡塔尔（OPEC，燃料丰富型）、卢旺达（矿石和金属丰富型）、印度尼西亚（OPEC，燃料丰富型）、厄瓜多尔（OPEC，燃料丰富型）、哈萨克斯坦（燃料、矿石和金属丰富型）、哥伦比亚（燃料丰富型）、喀麦隆（燃料丰富型）、坦桑尼亚（矿石和金属丰富型）、埃及（燃料丰富型）、塞浦路斯（矿石和金属丰富型）、多哥（矿石和金属丰富型）、委内瑞拉（OPEC，燃料丰富型）、安哥拉（OPEC，燃料丰富型）、尼日利亚（OPEC，燃料丰富型）、尼日尔（矿石和金属丰富型）、巴布亚新几内亚（矿石和金属丰富型）、巴林（燃料、矿石和金属丰富型）、巴西（矿石和金属丰富型）、挪威（燃料丰富型）、文莱（燃料丰富型）、智利（矿石和金属丰富型）、毛里塔尼亚（矿石和金属丰富型）、沙特（OPEC，燃料丰富型）、津巴布韦（矿石和金属丰富型）、澳大利亚（燃料、矿石和金属丰富型）、玻利维亚（燃料、矿石和金属丰富型）、白俄罗斯（燃料丰富型）、科威特（OPEC，燃料丰富型）、科特迪瓦（燃料丰富型）、纳米比亚（矿石和金属丰富型）、缅甸（燃料丰富型）、老挝（矿石和金属丰富型）、苏丹（燃料丰富型）、莫桑比克（燃料、矿石和金属丰富型）、蒙古国（燃料、矿石和金属丰富型）、赞比亚（矿石和金属丰富型）、阿塞拜疆（燃料丰富型）、阿尔及利亚（OPEC，燃料丰富型）、阿尔巴尼亚（矿石和金属丰富型）、阿曼（燃料丰富型）、阿拉伯联合酋长国（OPEC，燃料丰富型）、马达加斯加（矿石和金属丰富型）、黑山（矿石和金属丰富型）。

附录D　第7章附录

附录D给出了正文未列出的回归结果。

（1）改变标准误聚类标准（见附表D1）

附表D1　　金融收益占总营业利润的比重测度企业金融化

变量	（1） Fin_1	（2） Fin_2	（3） Fin_3	（4） 狭义 金融渠 道获利	（5） Fin_1	（6） Fin_1
65岁及以上人口比重	0.2804 (0.1265) [0.0914] {0.1180}	0.1314 (0.0464) [0.0525] {0.0620}	0.1927 (0.0611) [0.0583] {0.0745}	0.0393 (0.0118) [0.0188] {0.0194}		
老年抚养比					0.1967 (0.0897) [0.0619] {0.0795}	
15~64岁人口比重						−0.2798 (0.1266) [0.0914] {0.1180}
控制变量	Yes	Yes	Yes	Yes	Yes	Yes
地区/行业/时间固定效应	Yes	Yes	Yes	Yes	Yes	Yes
时间×行业固定效应	Yes	Yes	Yes	Yes	Yes	Yes
Observations	14 561	13 861	14 234	9 686	14 488	14 561
R^2	0.3100	0.2547	0.2624	0.2017	0.2606	0.3100

注：（1）表中的控制变量与表7-3中的控制变量相同；（2）"（）"中的标准误为聚类到省份层面的稳健标准误、"［］"中的标准误为聚类到省份-行业层面的稳健标准误、"｛｝"中的标准误表示经White异方差稳健标准误；（3）表中没有标出具体的显著性水平。

（2）改变变量测度指标（见附表 D2）

附表 D2　　人口老龄化对企业金融化的影响：更换变量测度指标

变量	（1）Fin_2	（2）Fin_3	（3）Fin_1	（4）Fin_2	（5）Fin_3
老年抚养比	0.0945**	0.1375***			
	（0.0384）	（0.0517）			
15~64岁人口比重			−0.2726***	−0.1310**	−0.1923**
			（0.0886）	（0.0560）	（0.0735）
控制变量	Yes	Yes	Yes	Yes	Yes
地区/行业/时间固定效应	Yes	Yes	Yes	Yes	Yes
时间×行业固定效应	Yes	Yes	No	Yes	Yes
Observations	13 861	14 234	14 561	13 861	14 234
R^2	0.2547	0.2624	0.2773	0.2547	0.2624

注：（1）表中的控制变量与表 7-3 中的控制变量相同；（2）括号中的标准误为聚类到行业层面的稳健标准误；（3）*** p<0.01，** p<0.05，* p<0.1。

（3）企业盈利能力异质性分析（见附表 D3）

附表 D3　　人口老龄化对企业金融化的影响：盈利能力异质性

变量	（1）盈利能力差	（2）盈利能力强	（3）盈利能力差	（4）盈利能力强
65岁及以上人口比重	0.3430*	0.2104	0.5348***	0.3190*
	（0.1769）	（0.1532）	（0.1922）	（0.1626）
控制变量	Yes	Yes	Yes	Yes

	（1）	（2）	（3）	（4）
地区/行业/时间固定效应	Yes	Yes	Yes	Yes
时间×行业固定效应	Yes	Yes	Yes	Yes
Observations	7 258	7 303	5 586	5 684
R^2	0.3500	0.3896	0.4180	0.4078

注：（1）表中的控制变量与表7-3中的控制变量相同；（2）括号中的标准误为聚类到行业层面的稳健标准误；（3）*** p<0.01，** p<0.05，* p<0.1；（4）前两列的结果表示按照ROA中位数划分企业盈利能力高低；后两列表示按照企业主业盈利能力高低的分组回归结果，其中企业主业盈利能力利用"（利润总额–投资收益–公允价值变动收益+对联营企业和合营企业的投资收益）/总资产"进行测算（杜勇等，2017）。

（4）按照企业收益率与金融行业收益率利差的分组结果

在附表D4中，我们将收益率均值作为行业收益率，尝试给出基于收益率利差下的人口老龄化对企业金融化的影响。

附表D4　　　　　　　　**收益率均值作为行业收益率**

变量	（1） *Spread > Med_Fin*	（2） *Spread < Med_Fin*	（3） *Spread > Med_ES*	（4） *Spread < Med_ES*
65岁及以上人口比重	0.5392*** (0.1946)	−0.0589 (0.1577)	0.4646*** (0.1453)	0.0511 (0.1417)
控制变量	Yes	Yes	Yes	Yes

	（1）	（2）	（3）	（4）
地区/行业/时间固定效应	Yes	Yes	Yes	Yes
时间×行业固定效应	Yes	Yes	Yes	Yes
Observations	7 356	7 205	7 317	7 244
R^2	0.3757	0.3419	0.3706	0.3314

注：（1）表中的控制变量与表7-3中的控制变量相同；（2）括号中的标准误为聚类到行业层面的稳健标准误；（3）*** p<0.01，** p<0.05，* p<0.1。

参考文献

[1] 白俊红. 中国的政府R&D资助有效吗？来自大中型工业企业的经验证据 [J]. 经济学（季刊），2011，10（4）：1375-1400.

[2] 白雪洁，于庆瑞. 劳动力成本上升如何影响中国的工业化 [J]. 财贸经济，2019，40（8）：132-145.

[3] 蔡昉. 人口转变、人口红利与刘易斯转折点 [J]. 经济研究，2010，45（4）：4-13.

[4] 蔡洪波，韩金镕. 人口老龄化与城市出口贸易转型 [J]. 中国工业经济，2022（11）：61-77.

[5] 蔡昉，林毅夫，张晓山，等. 改革开放40年与中国经济发展 [J]. 经济学动态，2018（8）：4-17.

[6] 陈爱贞，刘志彪. 以并购促进创新：基于全球价值链的中国产业困境突破 [J]. 学术月刊，2016，48（12）：63-74.

[7] 陈斌开，黄少安，欧阳涤非. 房地产价格上涨能推动经济增长吗？ [J]. 经济学（季刊），2018，17（3）：1079-1102.

[8] 陈斌开，金箫，欧阳涤非. 住房价格、资源错配与中国工业企业生产率 [J]. 世界经济，2015，38（4）：77-98.

[9] 陈登科，陈诗一. 资本劳动相对价格、替代弹性与劳动收入份额 [J].

世界经济，2018，41（12）：73-97.

[10] 陈琳，房超，田素华，等. 全球生产链嵌入位置如何影响中国企业的对外直接投资？[J]. 财经研究，2019，45（10）：86-99.

[11] 陈琳，袁志刚，朱一帆. 人民币汇率波动如何影响中国企业的对外直接投资？[J]. 金融研究，2020（3）：21-38.

[12] 陈秋霖，许多，周羿. 人口老龄化背景下人工智能的劳动力替代效应——基于跨国面板数据和中国省级面板数据的分析[J]. 中国人口科学，2018（6）：30-42.

[13] 陈小亮，谭涵予，刘哲希. 老龄化对地方政府债务的影响研究[J]. 财经研究，2020，46（6）：19-33.

[14] 陈彦斌，林晨，陈小亮. 人工智能、老龄化与经济增长[J]. 经济研究，2019，54（7）：47-63.

[15] 陈胤默，孙乾坤，文雯，等. 母国税收政策不确定性与企业对外直接投资[J]. 世界经济研究，2019（11）：65-79.

[16] 程虹，唐婷. 劳动力成本上升对不同规模企业创新行为的影响——来自"中国企业-员工匹配调查"的经验证据[J]. 科技进步与对策，2016，33（23）：70-75.

[17] 程玲，汪顺，刘晴. 融资约束与企业研发操纵的经济学分析[J]. 财贸经济，2019，40（8）：67-82.

[18] 戴静，刘贯春，许传华，等. 金融部门人力资本配置与实体企业金融资产投资[J]. 财贸经济，2020，41（4）：35-49.

[19] 邓明. 人口年龄结构与中国省际技术进步方向[J]. 经济研究，2014，49（3）：130-143.

[20] 丁志勇. 老龄产业与金融支持[J]. 中国金融，2018（20）：94-95.

[21] 董新兴，刘坤. 劳动力成本上升对企业创新行为的影响——来自中国制造业上市公司的经验证据[J]. 山东大学学报（哲学社会科学版），2016（4）：112-121.

[22] 杜勇，邓旭. 中国式融资融券与企业金融化——基于分批扩容的准自然

实验 [J]. 财贸经济，2020，41（2）：69-83.

[23] 都阳，封永刚. 人口快速老龄化对经济增长的冲击 [J]. 经济研究，2021，56（2）：71-88.

[24] 杜勇，谢瑾，陈建英. CEO金融背景与实体企业金融化 [J]. 中国工业经济，2019（5）：136-154.

[25] 樊纲治，王宏扬. 家庭人口结构与家庭商业人身保险需求——基于中国家庭金融调查（CHFS）数据的实证研究 [J]. 金融研究，2015（7）：170-189.

[26] 范子英，彭飞. "营改增"的减税效应和分工效应：基于产业互联的视角 [J]. 经济研究，2017，52（2）：82-95.

[27] 方显仓，张卫峰. 人口老龄化与货币政策有效性——理论演绎与跨国证据 [J]. 国际金融研究，2019（7）：14-24.

[28] 封进. 可持续的养老保险水平 [M]. 北京：中信出版社，2016.

[29] 封进. 人口老龄化、社会保障及对劳动力市场的影响 [J]. 中国经济问题，2019（5）：15-33.

[30] 封进，李雨婷. 人口老龄化与企业进入：基于中国地级市的研究 [J]. 世界经济，2023，46（4）：170-191.

[31] 龚锋，三昭，余锦亮. 人口老龄化、代际平衡与公共福利性支出 [J]. 经济研究，2019，54（8）：103-119.

[32] 龚锋，余锦亮. 人口老龄化、税收负担与财政可持续性 [J]. 经济研究，2015，50（8）：16-30.

[33] 郭凯明，余靖雯，龚六堂. 人口转变、企业家精神与经济增长 [J]. 经济学（季刊），2016，15（3）：989-1010.

[34] 韩剑，王静. 中国本土企业为何舍近求远：基于金融信贷约束的解释 [J]. 世界经济，2012，35（1）：98-113.

[35] 贺建风，张晓静. 劳动力成本上升对企业创新的影响 [J]. 数量经济技术经济研究，2018，35（8）：56-73.

[36] 胡鞍钢，刘生龙，马振国. 人口老龄化、人口增长与经济增长——来自中

国省际面板数据的实证证据 [J]. 人口研究, 2012, 36 (3): 14-26.

[37] 胡海峰, 窦斌, 王爱萍.企业金融化与生产效率 [J]. 世界经济, 2020, 43 (1): 70-96.

[38] 胡伟略.关于人口老龄化与技术进步的关系问题 [J]. 数量经济技术经济研究, 1991 (11): 27-34.

[39] 黄群慧.论新时期中国实体经济的发展 [J]. 中国工业经济, 2017 (9): 5-24.

[40] 黄群慧, 黄阳华, 贺俊, 等.面向中上等收入阶段的中国工业化战略研究 [J]. 中国社会科学, 2017 (12): 94-116.

[41] 蒋冠宏, 蒋殿春.中国对外投资的区位选择: 基于投资引力模型的面板数据检验 [J]. 世界经济, 2012, 35 (9): 21-40.

[42] 蒋冠宏, 曾靓.融资约束与中国企业对外直接投资模式: 跨国并购还是绿地投资 [J]. 财贸经济, 2020, 41 (2): 132-145.

[43] 孔东民, 刘莎莎, 王亚男.市场竞争、产权与政府补贴 [J]. 经济研究, 2013, 48 (2): 55-67.

[44] 孔东民, 项君怡, 代昀昊.劳动投资效率、企业性质与资产收益率 [J]. 金融研究, 2017 (3): 145-158.

[45] 蓝嘉俊, 杜鹏程, 吴泓苇.家庭人口结构与风险资产选择——基于2013年CHFS的实证研究 [J]. 国际金融研究, 2018 (11): 87-96.

[46] 李超.老龄化、抚幼负担与微观人力资本投资——基于CFPS家庭数据的实证研究 [J]. 经济学动态, 2016 (12): 61-74.

[47] 李超.微观家庭视角的老龄化研究动态 [J]. 劳动经济评论, 2017, 10 (2): 140-163.

[48] 李凤羽, 杨墨竹.经济政策不确定性会抑制企业投资吗?——基于中国经济政策不确定指数的实证研究 [J]. 金融研究, 2015 (4): 115-129.

[49] 李建强, 张淑翠.人口老龄化影响财政与货币政策的有效性吗?[J]. 财经研究, 2018, 44 (7): 16-32.

[50] 李建强, 赵西亮.中国制造还具有劳动力成本优势吗 [J]. 统计研究,

2018, 35（1）：22-31.

[51] 李磊，蒋殿春，王小霞.企业异质性与中国服务业对外直接投资［J］.世界经济，2017，40（11）：47-72.

[52] 李磊，三小霞，蒋殿春，等.中国最低工资上升是否导致了外资撤离［J］.世界经济，2019，42（8）：97-120.

[53] 李磊，冼国明，包群."引进来"是否促进了"走出去"？——外商投资对中国全业对外直接投资的影响［J］.经济研究，2018，53（3）：142-156

[54] 林炜.企业创新激励：来自中国劳动力成本上升的解释［J］.管理世界，2013（10）：95-105.

[55] 林毅夫，李志赟.政策性负担、道德风险与预算软约束［J］.经济研究，2004（2）：17-27.

[56] 刘成坤，赵昕东.人口老龄化对产业结构升级的溢出效应研究——基于空间动态杜宾模型［J］.数理统计与管理，2019，38（6）：1062-1079.

[57] 刘贯春，段玉柱，刘媛媛.经济政策不确定性、资产可逆性与固定资产投资［J］.经济研究，2019，54（8）：53-70.

[58] 刘行，叶康涛，陆正飞.加速折旧政策与企业投资——基于"准自然实验"的经验证据［J］.经济学（季刊），2019，18（1）：213-234.

[59] 刘慧龙，王成方，吴联生.决策权配置、盈余管理与投资效率［J］.经济研究，2014，49（8）：93-106.

[60] 刘婧，罗福凯，王京.环境不确定性与企业创新投入——政府补助与产融结合的调节作用［J］.经济管理，2019，41（8）：21-39.

[61] 刘珺，盛宏清，马岩.企业部门参与影子银行业务机制及社会福利损失模型分析［J］.金融研究，2014（5）：96-109.。

[62] 刘莉亚，何彦林，王照飞，等.融资约束会影响中国企业对外直接投资吗？——基于微观视角的理论和实证分析［J］.金融研究，2015（8）：124-140.

[63] 刘莉亚，金正轩，何彦林，等.生产效率驱动的并购——基于中国上市公

248 人口老龄化对企业投资行为的影响研究

司微观层面数据的实证研究［J］. 经济学（季刊），2018，17（4）：
1329-1360.

［64］ 刘啻仁，赵灿，黄建忠.税收优惠、供给侧改革与企业投资［J］. 管理世界，2019，35（1）：78-96.

［65］ 刘穷志，何奇.人口老龄化、经济增长与财政政策［J］. 经济学（季刊），2013，12（1）：119-134.

［66］ 刘晴，程玲，邵智，等.融资约束、出口模式与外贸转型升级［J］. 经济研究，2017，52（5）：75-88.

［67］ 刘盛宇，尹恒.资本调整成本及其对资本错配的影响：基于生产率波动的分析［J］. 中国工业经济，2018（3）：24-43.

［68］ 刘伟，曹瑜强.机构投资者驱动实体经济"脱实向虚"了吗［J］. 财贸经济，2018，39（12）：80-94.

［69］ 刘小勇.老龄化与省际经济增长倒U型关系检验［J］. 中国人口·资源与环境，2013，23（5）：98-105.

［70］ 柳永明，罗云峰.外部盈利压力、多元化股权投资与企业的金融化［J］. 财经研究，2019，45（3）：73-85.

［71］ 刘永平，陆铭.从家庭养老角度看老龄化的中国经济能否持续增长［J］. 世界经济，2008（1）：65-77.

［72］ 刘玉飞，汪伟.人口老龄化对人力资本积累影响的研究评述［J］. 西北人口，2016，37（1）：99-104.

［73］ 刘志阔，陈钊，吴辉航，等.中国企业的税基侵蚀和利润转移——国际税收治理体系重构下的中国经验［J］. 经济研究，2019，54（2）：21-35.

［74］ 逯进，刘璐，郭志仪.中国人口老龄化对产业结构的影响机制——基于协同效应和中介效应的实证分析［J］. 中国人口科学，2018（3）：15-25.

［75］ 陆蓉，兰袁.中国式融资融券制度安排与实体企业金融投资［J］. 经济管理，2020，42（8）：155-170.

［76］ 鲁晓东，连玉君.中国工业企业全要素生产率估计：1999—2007［J］. 经济学（季刊），2012，11（2）：541-558.

[77] 陆旸，蔡昉.人口结构变化对潜在增长率的影响：中国和日本的比较 [J]. 世界经济，2014，37（1）：3-29.

[78] 陆瑶，施新政，刘璐瑶.劳动力保护与盈余管理——基于最低工资政策变动的实证分析 [J]. 管理世界，2017（3）：146-158.

[79] 鲁於，冀云阳，杨翠迎.企业社会保险为何存在缴费不实——基于财政分权视角的解释 [J]. 财贸经济，2019，40（9）：146-161.

[80] 罗知，张川川.信贷扩张、房地产投资与制造业部门的资源配置效率 [J]. 金融研究，2015（7）：60-75.

[81] 吕政.论中国工业的比较优势 [J]. 中国工业经济，2003（4）：5-10.

[82] 马光荣，李力行.金融契约效率、企业退出与资源误置 [J]. 世界经济，2014，37（10）：77-103.

[83] 马光荣，刘明，杨恩艳.银行授信、信贷紧缩与企业研发 [J]. 金融研究，2014（7）：76-93.

[84] 马双，孟宪芮，甘犁.养老保险企业缴费对员工工资、就业的影响分析 [J]. 经济学（季刊），2014，13（3）：969-1000.

[85] 茅锐，徐建炜.人口转型、消费结构差异和产业发展 [J]. 人口研究，2014，38（3）：89-103.

[86] 孟庆斌，师倩.宏观经济政策不确定性对企业研发的影响：理论与经验研究 [J]. 世界经济，2017，40（9）：75-98.

[87] 倪红福，李善同，何建武.人口结构变化对消费结构及储蓄率的影响分析 [J]. 人口与发展，2014，20（5）：25-34.

[88] 倪骁然，朱玉杰.劳动保护、劳动密集度与企业创新——来自2008年《劳动合同法》实施的证据 [J]. 管理世界，2016（7）：154-167.

[89] 聂辉华，方明月，李涛.增值税转型对企业行为和绩效的影响——以东北地区为例 [J]. 管理世界，2009（5）：17-24.

[90] 聂辉华，江艇，杨汝岱.中国工业企业数据库的使用现状和潜在问题 [J]. 世界经济，2012，35（5）：142-158.

[91] 潘红波，陈世来.《劳动合同法》、企业投资与经济增长 [J]. 经济研究，

2017, 52（4）：92-105.

[92] 彭俞超，韩珣，李建军.经济政策不确定性与企业金融化［J］.中国工业经济，2018（1）：137-155.

[93] 彭俞超，黄娴静，沈吉.房地产投资与金融效率——金融资源"脱实向虚"的地区差异［J］.金融研究，2018（8）：51-68.

[94] 彭俞超，黄志刚.经济"脱实向虚"的成因与治理：理解十九大金融体制改革［J］.世界经济，2018，41（9）：3-25.

[95] 彭俞超，倪骁然，沈吉.企业"脱实向虚"与金融市场稳定——基于股价崩盘风险的视角［J］.经济研究，2018，53（10）：50-66.

[96] 齐传钧.人口老龄化对经济增长的影响分析［J］.中国人口科学，2010（S1）：54-65.

[97] 齐红倩，闫海春.人口老龄化抑制中国经济增长了吗？［J］.经济评论，2018（6）：28-40.

[98] 齐亚伟.研发创新背景下中国企业对外直接投资的学习效应研究［J］.国际贸易问题，2016（2）：111-121.

[99] 饶品贵，岳衡，姜国华.经济政策不确定性与企业投资行为研究［J］.世界经济，2017，40（2）：27-51.

[100] 任羽菲.经济"脱实向虚"的流动性风险——基于货币增速剪刀差与资产价格相互作用的分析［J］.财经研究，2017，43（10）：31-42.

[101] 邵敏，包群.地方政府补贴企业行为分析：扶持强者还是保护弱者？［J］.世界经济文汇，2011（1）：56-72.

[102] 邵汉华，汪元盛.人口结构与技术创新［J］.科学学研究，2019，37（4）：739-749.

[103] 申广军，陈斌开，杨汝岱.减税能否提振中国经济？——基于中国增值税改革的实证研究［J］.经济研究，2016，51（11）：70-82.

[104] 沈永建，于双丽，蒋德权.空气质量改善能降低企业劳动力成本吗？［J］.管理世界，2019，35（6）：161-178.

[105] 宋军，陆旸.非货币金融资产和经营收益率的U形关系——来自我国上市

非金融公司的金融化证据 [J]. 金融研究, 2015 (6): 111-127.

[106] 苏庆义. 中国国际分工地位的再评估——基于出口技术复杂度与国内增加值双重视角的分析 [J]. 财经研究, 2016, 42 (6): 40-51.

[107] 孙浦阳, 陈璐瑶, 刘伊黎. 服务技术前沿化与对外直接投资: 基于服务企业的研究 [J]. 世界经济, 2020, 43 (8): 148-169.

[108] 谭语嫣, 谭之博, 黄益平, 等. 僵尸企业的投资挤出效应: 基于中国工业企业的证据 [J]. 经济研究, 2017, 52 (5): 175-188.

[109] 唐珏, 封进. 社会保险征收体制改革与社会保险基金收入——基于企业缴费行为的研究 [J]. 经济学 (季刊), 2019, 18 (3): 833-854.

[110] 唐珏, 封进. 社会保险缴费对企业资本劳动比的影响——以21世纪初省级养老保险征收机构变更为例 [J]. 经济研究, 2019b, 54 (11): 87-101.

[111] 田巍, 姚洋, 余淼杰, 等. 人口结构与国际贸易 [J]. 经济研究, 2013, 48 (11): 87-99.

[112] 铁瑛, 张明志. 人口结构、企业出口与加工贸易: 微观机理与经验证据 [J]. 财贸经济, 2017, 38 (7): 121-135.

[113] 铁瑛, 张明志, 陈榕景. 人口结构转型、人口红利演进与出口增长——来自中国城市层面的经验证据 [J]. 经济研究, 2019, 54 (5): 164-180.

[114] 王聪, 姚磊, 柴时军. 年龄结构对家庭资产配置的影响及其区域差异 [J]. 国际金融研究, 2017 (2): 76-86.

[115] 王红建, 曹瑜强, 杨庆, 等. 实体企业金融化促进还是抑制了企业创新——基于中国制造业上市公司的经验研究 [J]. 南开管理评论, 2017, 20 (1): 155-166.

[116] 王红建, 李茫茫, 汤泰劼. 实体企业跨行业套利的驱动因素及其对创新的影响 [J]. 中国工业经济, 2016, 33 (11): 73-89.

[117] 王欢欢, 樊海潮, 唐立鑫. 最低工资、法律制度变化和企业对外直接投资 [J]. 管理世界, 2019, 35 (11): 38-51.

[118] 汪伟. 计划生育政策的储蓄与增长效应: 理论与中国的经验分析 [J]. 经

济研究，2010，45（10）：63-77.

［119］汪伟.人口老龄化、生育政策调整与中国经济增长［J］.经济学（季刊），2017，16（1）：67-96.

［120］汪伟，艾春荣.人口老龄化与中国储蓄率的动态演化［J］.管理世界，2015（6）：47-62.

［121］王永钦，杜巨澜，王凯.中国对外直接投资区位选择的决定因素：制度、税负和资源禀赋［J］.经济研究，2014，49（12）：126-142.

［122］王正伟，李梦云，廖理，等.人口老龄化与区域创业水平——基于启信宝创业大数据的研究［J］.金融研究，2022（2）：80-97.

［123］汪伟，刘玉飞.人口老龄化与居民家庭消费结构升级——基于CFPS2012数据的实证研究［J］.山东大学学报（哲学社会科学版），2017（5）：84-92.

［124］王维国，刘丰，胡春龙.生育政策、人口年龄结构优化与经济增长［J］.经济研究，2019，54（1）：116-131.

［125］汪伟，刘玉飞，彭冬冬.人口老龄化的产业结构升级效应研究［J］.中国工业经济，2015（11）：47-61.

［126］汪伟，刘玉飞，王文鹏.长寿的宏观经济效应研究进展［J］.经济学动态，2018（9）：128-143.

［127］汪伟，刘玉飞，徐炎.劳动人口年龄结构与中国劳动生产率的动态演化［J］.学术月刊，2019，51（8）：48-64.

［128］汪伟，姜振茂.人口老龄化对技术进步的影响研究综述［J］.中国人口科学，2016（3）：114-125.

［129］汪伟，钱文然.人口老龄化的储蓄效应［J］.经济学动态，2011（3）：114-120.

［130］汪伟，咸金坤.人口老龄化与家庭创业决策［J］.中国人口科学，2020（1）：113-125.

［131］汪伟，咸金坤.人口老龄化、教育融资模式与中国经济增长［J］.经济研究，2020，55（12）：46-63.

[132] 王维国，张逸君，邱德馨.人口老龄化、财政支出效率与产业结构升级——理论机制与经验证据 [J]. 统计研究，2024，41（7）：134-147.

[133] 温湖炜.中国企业对外直接投资能缓解产能过剩吗——基于中国工业企业数据库的实证研究 [J]. 国际贸易问题，2017（4）：107-117.

[134] 魏后凯，王颂吉.中国"过度去工业化"现象剖析与理论反思 [J]. 中国工业经济，2019（1）：5-22.

[135] 魏瑾瑞，夏宁潞，陈子昂.老龄化、延迟退休与财政可持续性 [J]. 统计研究，2018，35（10）：81-88.

[136] 吴先明，黄春桃.中国企业对外直接投资的动因：逆向投资与顺向投资的比较研究 [J]. 中国工业经济，2016（1）：99-113.

[137] 吴尧，沈坤荣.资本结构如何影响企业创新——基于我国上市公司的实证分析 [J]. 产业经济研究，2020（3）：57-71.

[138] 武康平，张永亮.老龄化趋势下年龄依赖型要素对比较优势的影响——来自中国的经验研究 [J]. 经济学报，2018，5（2）：63-93.

[139] 肖文，薛天航.劳动力成本上升、融资约束与企业全要素生产率变动 [J]. 世界经济，2019，42（1）：76-94.

[140] 解维敏，方红星.金融发展、融资约束与企业研发投入 [J]. 金融研究，2011（5）：171-183.

[141] 谢家智，刘思亚，李后建.政治关联、融资约束与企业研发投入 [J]. 财经研究，2014，40（8）：81-93.

[142] 许伟，陈斌开.税收激励和企业投资——基于2004～2009年增值税转型的自然实验 [J]. 管理世界，2016（5）：9-17.

[143] 杨国超．刘静，廉鹏，等.减税激励、研发操纵与研发绩效 [J]. 经济研究，2017，52（8）：110-124.

[144] 杨汝岱.中国制造业企业全要素生产率研究 [J]. 经济研究，2015，50（2）：61-74.

[145] 杨芷晴．张帆，张友斗.竞争性领域政府补助如何影响企业创新 [J]. 财贸经济，2019，40（9）：132-145.

[146] 姚东旻，宁静，韦诗言．老龄化如何影响科技创新［J］．世界经济，2017，40（4）：105-128．

[147] 闫雪凌，林建浩．领导人访问与中国对外直接投资［J］．世界经济，2019，42（2）：147-169．

[148] 杨筝，王红建，戴静，等．放松利率管制、利润率均等化与实体企业"脱实向虚"［J］．金融研究，2019（6）：20-38．

[149] 叶静怡，林佳，张鹏飞，等．中国国有企业的独特作用：基于知识溢出的视角［J］．经济研究，2019，54（6）：40-54．

[150] 易祯，朱超．人口结构与金融市场风险结构：风险厌恶的生命周期时变特征［J］．经济研究，2017，52（9）：150-164．

[151] 翟光宇，王超，姜美君．人口老龄化、货币政策效果及传导渠道［J］．金融研究，2023（4）：1-18．

[152] 张辉，刘佳颖，何宗辉．政府补贴对企业研发投入的影响——基于中国工业企业数据库的门槛分析［J］．经济学动态，2016（12）：28-38．

[153] 张杰，芦哲，郑文平，等．融资约束、融资渠道与企业R&D投入［J］．世界经济，2012，35（10）：66-90．

[154] 张嘉望，彭晖，李博阳．地方政府行为、融资约束与企业研发投入［J］．财贸经济，2019，40（7）：20-35．

[155] 张明志，吴俊涛．人口老龄化对中国制造业行业出口的影响研究［J］．国际贸易问题，2019（8）：1-15．

[156] 张成思，张步昙．再论金融与实体经济：经济金融化视角［J］．经济学动态，2015（6）：56-66．

[157] 张成思，张步昙．中国实业投资率下降之谜：经济金融化视角［J］．经济研究，2016，51（12）：32-46．

[158] 张杰，郑文平，翟福昕．融资约束影响企业资本劳动比吗？——中国的经验证据［J］．经济学（季刊），2016，15（3）：1029-1056．

[159] 张鹏飞，苏畅．人口老龄化、社会保障支出与财政负担［J］．财政研究，2017（12）：33-44．

[160] 赵西亮，李建强.劳动力成本与企业创新——基于中国工业企业数据的实证分析 [J]. 经济学家，2016（7）：41-49.

[161] 郑丹青.对外直接投资与全球价值链分工地位——来自中国微观企业的经验证据 [J]. 国际贸易问题，2019（8）：109-123.

[162] 郑红，李英，李勇.引入社区货币对互助养老时间储蓄的作用机理——应对人口老龄化的金融创新 [J]. 财经研究，2019，45（5）：72-83.

[163] 周末，高方澍，张宇杰.劳动力供给变化会影响中国工业企业的生产率和利润率吗？[J]. 财经研究，2017，43（8）：135-145.

[164] 诸竹君，黄先海，宋学印，等.劳动力成本上升、倒逼式创新与中国企业加成率动态 [J]. 世界经济，2017，40（8）：53-77.

[165] 朱荃，张天华.中国企业对外直接投资存在"生产率悖论"吗——基于上市工业企业的实证研究 [J]. 财贸经济，2015（12）：103-117.

[166] ACEMOGLU D. When Does Labor Scarcity Encourage Innovation? [J]. Journal of Political Economy, 2010, 118（6）：1037-1078.

[167] ACEMOGLU D, JOHNSON S. Disease and Development: The Effect of Life Expectancy on Economic Growth [J]. Journal of Political Economy, 2007, 115（6）：925-985.

[168] ACEMOGLU D, RESTREPO P. Secular Stagnation? The Effect of Aging on Economic Growth in the Age of Automation [J]. American Economic Review, 2017, 107（5）：174-179.

[169] ACEMOGLU D, RESTREPO P. Demographics and Automation [J]. The Review of Economic Studies, 2022, 89（1）：1-44.

[170] ACEMOGLU D, RESTREPO P. Robots and Jobs: Evidence from US Labor Markets [J]. Journal of Political Economy, 2020, 128（6）：2188-2244.

[171] AIYAR S, EBEKE C. The Impact of Workforce Aging on European Productivity [J]. IMF Working Paper, 2016, 16（238）.

[172] AKSOY Y, BASSO H S, SMITH R P. et al. Demographic Structure and Macroeconomic Trends [J]. American Economic Journal: Macroeconomics,

2019, 11 (1): 193-222.

[173] ARROW K J. The Economic Implications of Learning by Doing [J]. Review of Economic Studies, 1962, 29 (3): 155-173.

[174] AUTOR D H, KUGLER A R, KERR W D. Do Employment Protections Reduce Productivity? Evidence from the U.S. States [J]. Economic Journal, 2007, 117 (6): 189-217.

[175] BARKER V L, MUELLER G C. CEO Characteristics and Firm R&D Spending [J]. Management Science, 2002, 48 (6): 782-801.

[176] BARANOV V, KOHLER H. The Impact of AIDS Treatment on Savings and Human Capital Investment in Malawi [J]. American Economic Journal: Applied Economics, 2018, 10 (1): 266-306.

[177] BIDDLE G C, HILARY G, VERDI R S. How does Financial Reporting Quality Relate to Investment Efficiency? [J]. Journal of Accounting and Economics, 2009, 48 (2-3): 112-131.

[178] BILS M, KLENOW P J. Does Schooling Cause Growth? [J]. The American Economic Review, 2000, 90 (5): 1160-1183.

[179] BLOOM D E, CANNING D, MANSFIELD R K. Demographic Change, Social Security Systems, and Savings [J]. Journal of Monetary Economics, 2007, 54 (1): 92-114.

[180] BLOOM D E, CANNING D, FINK G. Implications of Population Ageing for Economic Growth [J]. Oxford Review of Economic Policy, 2010, 26 (4): 583-612.

[181] BLOOM D E, CANNING D, HU L. The Contribution of Population Health and Demographic Change to Economic Growth in China and India [J]. Journal of Comparative Economics, 2010, 38 (1): 17-33.

[182] BOUCEKKINE R, CROIX D, LICANDRO O. Vintage Human Capital, Demographic Trends, and Endogenous Growth [J]. Journal of Economic Theory, 2002, 104 (2): 340-375.

[183] BRANDT L, BIESEBROECK J, ZHANG Y. Creative Accounting or Creative Destruction Firm-level Productivity Growth in Chinese Manufacturing [J]. Journal of Development Economics, 2012, 97 (2): 339-351.

[184] BROWNING E K. Why the Social Insurance Budget is too Large in a Democracy [J]. Economic Inquiry, 1975, 13 (3): 373-388.

[185] BUCKLEY P J, CLEGG L J, CROSS A R. The Determinants of Chinese Outward Foreign Direct Investment [J]. Journal of International Business Studies, 2007, 38 (4): 499-518.

[186] CAI Y. China's Below-replacement Fertility: Government Policy or Socio-economic Development? [J]. Population and Development Review, 2010, 36 (3): 419-440.

[187] CAI H, LIU Q. Competition and Corporate Tax Avoidance: Evidence from Chinese Industrial Firms [J]. The Economic Journal, 2009, 119 (537): 764-795.

[188] CAI J, STOYANOV A. Population Aging and Comparative Advantage [J]. Journal of International Economics, 2016, 102 (5): 1-21.

[189] CALCAGNINI G, GIOMBINI G, SALTARI E. Financial and Labor Market Imperfections and Investment [J]. Economics Letters, 2009, 102 (1): 22-26.

[190] CATTANEO M A, WOLTER S C. Are the Elderly a Threat to Educational Expenditures? [J]. European Journal of Political Economy, 2008, 25 (2): 225-236.

[191] CHIAPPORI P, PAIELLA M. Relative Risk Aversion is Constant: Evidence from Panel Data [J]. Journal of the European Economic Association, 2011, 9 (6): 1021-1052.

[192] CHOI K, SHIN S. Population Aging, Economic Growth, and the Social Transmission of Human Capital: An Analysis with an Overlapping Generations Model [J]. Economic Modelling, 2015 (50): 138-147.

［193］ CHOUKHMANE T, COEURDACIER N, JIN K. The One-Child Policy and Household Savings ［J］. Journal of the European Economic Association, 2023, 21（3）: 987-1032.

［194］ CINGANO F, LEONARDI M, MESSINA J. The Effects of Employment Protection Legislation and Financial Market Imperfections on Investment: Evidence from a Firm-level Panel of EU Countries ［J］. Economic Policy, 2010, 25（61）: 117-163.

［195］ CINGANO F, LEONARDI M, MESSINA J. Employment Protection Legislation, Capital Investment and Access to Credit: Evidence from Italy ［J］. Economic Journal, 2016, 126（595）: 1798-1822.

［196］ CUERVO-CAZURRA A, UN C A. Regional Economic Integration and R&D Investment ［J］. Research Policy, 2006, 36（2）: 227-246.

［197］ CUTLER D M, POTERBA J M, SHEINER L. An Aging Society: Opportunity or Challenge? ［J］. Brookings Papers on Economic Activity, 1990, 21（1）: 1-73.

［198］ CURTIS C C, LUGAUER S, MARK N C. Demographic Patterns and Household Saving in China ［J］. American Economic Journal: Macroeconomics, 2015, 7（2）: 58-94.

［199］ CZARNITZKI D, TOOLE A A. Patent Protection, Market Uncertainty, and R&D Investment ［J］. Review of Economics and Statistics, 2011, 93（1）: 147-159.

［200］ DEMIR F. Financial Liberalization, Private Investment and Portfolio Choice: Financialization of Real Sectors in Emerging Markets ［J］. Journal of Development Economics, 2009, 88（2）: 314-324.

［201］ DEUTSCHMANN C. Limits to Financialization ［J］. European Journal of Sociology, 2011, 52（3）: 347-389.

［202］ DRACA M, MACHIN S, VAN REENEN J. Minimum Wages and Firm Profitability ［J］. American Economic Journal: Applied Economics, 2011,

3（1）：129-151.

[203] DUCHIN R. Cash Holdings and Corporate Diversification ［J］. The Journal of Finance, 2010, 65（3）：955-992.

[204] DUCHIN R, GILBERT T, HARFORD J. Precautionary Savings with Risky Assets：When Cash Is Not Cash ［J］. The Journal of Finance, 2017, 72（2）：793-852.

[205] EGGERTSSON G B, LANCASTRE M, SUMMERS L H. Aging, Output Per Capita, and Secular Stagnation ［J］. American Economic Review：Insights, 2019, 1（3）：325-342.

[206] EPSTEIN G A. Financialization and the World Economy ［M］. Cheltenham：Edward Elgar Publishing, 2005.

[207] FABIANI S, SCHIVARDI F, TRENTO S. ICT Adoption in Italian Manufacturing：Firm-level Evidence ［J］. Industrial and Corporate Change, 2005, 14（2）：225-249.

[208] FAN H, LIN F, TANG L. Minimum Wage and Outward FDI from China ［J］. Journal of Development Economics, 2018, 135（11）：1-19.

[209] FEYRER J. Demographics and Productivity ［J］. The Review of Economics and Statistics, 2007, 89（1）：100-109.

[210] GAGNON E, JOHANNSEN B K, LOPEZ-SALIDO D. Understanding the New Normal：The Role of Demographics ［J］. IMF Economic Review, 2021, 69（2）：1-34.

[211] GARCIA M D. Labor Costs and Corporate Investment in Italy ［J］. IMF Working Paper, 2020, 20（38）.

[212] GEROSKIP A. Models of Technology Diffusion ［J］. Research Policy, 2000, 29（4）：603-625.

[213] GIANNETTI M, LIAO G, YU X. The Brain Gain of Corporate Boards：Evidence from China ［J］. Journal of Finance, 2015, 70（4）：1629-1682.

[214] GIOVANNI J. What Drives Capital Flows? The Case of Cross-border M&A

Activity and Financial Deepening [J]. Journal of International Economics, 2003, 65 (1): 127-149.

[215] GROSSMAN G M, HELPMAN E. Innovation and Growth in the Global Economy [M]. Boston: MIT Press, 1993.

[216] GULEN H, ION M. Policy Uncertainty and Corporate Investment [J]. Review of Financial Studies, 2016, 29 (3): 523-564.

[217] HANSEN C W, LØNSTRUP L. The Rise in Life Expectancy and Economic Growth in the 20th Century [J]. The Economic Journal, 2015, 125 (584): 838-852.

[218] HANSEN C. W, STRULIK H. Life Expectancy and Education: Evidence from the Cardiovascular Revolution [J]. Journal of Economic Growth, 2017, 22 (4): 421-450.

[219] HARASZTOSI P, LINDNER A. Who Pays for the Minimum Wage? [J]. American Economic Review, 2019, 109 (8): 2693-2727.

[220] HARRIS A R, EVANS W N, SCHWAB R M. Education Spending in an Aging America [J]. Journal of Public Economics, 2001, 81 (3): 449-472.

[221] HASAN R. The Determinants of Capital Intensity in Manufacturing: The Role of Factor Market Imperfections [J]. World Development, 2013 (51): 91-103.

[222] HEATHCOTE J, STORESLETTEN K, VIOLANTE G L. Optimal Progressivity with Age-Dependent Taxation [J]. Journal of Public Economics, 2020 (189): 1-40.

[223] HEATON J, LUCAS D. Portfolio Choice in the Presence of Background Risk [J]. The Economic Journal, 2000, 110 (460): 1-26.

[224] HELPMAN E, MELITZ M J, YEAPLE S R. Export Versus FDI with Heterogeneous Firms [J]. The American Economic Review, 2004, 94 (1): 300-316.

［225］ HENSEKE G，TIVIG T. Age，Occupations，and Opportunities for Older Workers in Germany ［R］. Working paper，2008.

［226］ HIRSHLEIFER D，LOW A，TEOH S H. Are Overconfident CEOs Better Innovators? ［J］. The Journal of Finance，2012，67（4）：1457-1498.

［227］ HOLMSTROM B. Agency Costs and Innovation ［J］. Journal of Economic Behavior & Organization，1989，12（3）：305-327.

［228］ HONORÉ F，MUNARI F. Corporate Governance Practices and Companies' R&D Intensity：Evidence from European Countries ［J］. Research Policy，2015，44（2）：533-543.

［229］ IMAM P A. Shock from Graying：Is the Demographic Shift Weakening Monetary Policy Effectiveness ［J］. International Journal of Finance & Economics，2015，20（2）：138-154.

［230］ IWAISAKO T，ONO A，SAITO A.Impact of Population aging on Household Savings and Portfolio Choice in Japan ［J］. HIT-REFINED Working Paper Series 61，2016.

［231］ JANIAK A，WASMER E. Employment Protection and Capital-Labor Ratios ［J］. IZA DP No. 8362，2014.

［232］ JAYACHANDRAN S，LLERAS-MUNEY A. Life Expectancy and Human Capital Investments：Evidence from Maternal Mortality Declines ［J］. The Quarterly Journal of Economics，2009，124（1）：349-397.

［233］ JONES B F. Age and Great Invention ［J］. Review of Economics and Statistics，2010，92（1）：1-14.

［234］ JONES C I，WILLIAMS J C. Measuring the Social Return to R&D ［J］. The Quarterly Journal of Economics，1998，113（4）：1119-1135.

［235］ JORGENSON D，HALL R E. Tax Policy and Investment Behavior ［J］. American Economic Review，1967，57（3）：391-414.

［236］ JULIO B，YOOK Y. Political Uncertainty and Corporate Investment Cycles ［J］. The Journal of Finance，2012，67（1）：45-83.

[237] KARAHAN F, PUGSLEY B W, AHIN A. Demographic Origins of the Startup Deficit [J]. American Economic Review, 2024, 114 (7): 1986–2023.

[238] KLEER R. Government R&D Subsidies as a Signal for Private Investors [J]. Research Policy, 2010, 39 (10): 1361–1374.

[239] KLIMAN A, WILLIAMS S D. Why "Financialisation" Hasn't Depressed US Productive Investment [J]. Cambridge Journal of Economics, 2015, 39 (1): 67–92.

[240] KIHLSTROM R E, LAFFONT J. A General Equilibrium Entrepreneurial Theory of Firm Formation Based on Risk Aversion [J]. Journal of Political Economy, 1979, 87 (4): 719–748.

[241] KNIGHT F. Risk Uncertainty and Profit [M]. New York: Houghton-Miffin, 1921.

[242] KÖGEL T. Youth Dependency and Total Factor Productivity [J]. Journal of Development Economics, 2005, 76 (1): 147–173.

[243] KOH P, REEB D M. Missing R&D [J]. Journal of Accounting and Economics, 2015, 60 (1): 73–94.

[244] KOHLER M, CONNOLLY E, SMITH K. The Composition and Distribution of Household Assets and Liabilities: Evidence from the 2002 HILDA Survey [R]. Reserve Bank of Australia Bulletin working paper, 2004.

[245] KRIPPNER G. The Financialization of the American Economy [J]. Socio-Economic Review, 2005, 3 (2): 173–208.

[246] KUNZE L. Life Expectancy and Economic Growth [J]. Journal of Macroeconomics, 2014 (39): 54–65.

[247] LEIBFRITZ W, ROEGER W. The Effects of Aging on Labor Markets and Economic Growth [A]. In HAMM I., SEITZ H., WERDING M. (Ed.), Demographic Change in Germany: The Economic and Fiscal Consequences, Berlin: Springer, 2007.

[248] LEVINSOHN J, PETRIN A. Estimating Production Functions Using Inputs to Control for Unobservables [J]. Review of Economic Studies, 2003, 70 (2): 317-341.

[249] LI H, ZHANG J, ZHANG J. Effects of Longevity and Dependency Rates on Saving and Growth: Evidence from a Panel of Cross Countries [J]. Journal of Development Economics, 2007, 84 (1): 138-154.

[250] LIANG J, WANG H, LAZEAR E L. Demographics and Entrepreneurship [J]. Journal of Political Economy, 2018, 126 (S1): S140-S196.

[251] LIN C, LIN P, SONG F. Property Rights Protection and Corporate R&D: Evidence from China [J]. Journal of Development Economics, 2009, 93 (1): 49-62.

[252] LIN Z J, LIU S, SUN F. The Impact of Financing Constraints and Agency Costs on Corporate R&D Investment: Evidence from China [J]. International Review of Finance, 2017, 17 (1): 3-42.

[253] LIU Y, QU X, WANG W. Does Population Aging Hinder the Accumulation of Human Capital? Evidence from China [J]. Frontiers of Economics in China, 2020, 15 (2): 257-281.

[254] MCMILLAN H M, BAESEL J B. The Macroeconomic Impact of the Baby Boom Generation [J]. Journal of Macroeconomics, 1990, 12 (2): 167-195.

[255] MAESTAS N, MULLEN K J, POWELL D. The Effect of Population Aging on Economic Growth, the Labor Force and Productivity [J]. American Economic Journal: Macroeconomics, 2023, 15 (2): 306-332.

[256] MAO R, XU J. Population Aging, Consumption Budget Allocation and Sectoral Growth [J]. China Economic Review, 2014, 30 (3): 44-65.

[257] MEYER J. Workforce Age and Technology Adoption in Small and Medium-sized Service Firms [J]. Small Business Economics, 2011, 37 (3): 305-324.

[258] MODIGLIANI F, BRUMBERG R. Utility Analysis and the Consumption Function: An Interpretation of Cross Section Data [A]. Post Keynesian Economics [C]. New Brunswick: Ruthers University Press, 1954.

[259] MORCK R, YEUNG B, ZHAO M. Perspectives on China's Outward Foreign Direct Investment [J]. Journal of International Business Studies, 2008, 39 (3): 337-350.

[260] OHRN E. The Effect of Corporate Taxation on Investment and Financial Policy: Evidence from the DPAD [J]. American Economic Journal: Economic Policy, 2018, 10 (2): 272-301.

[261] ORHANGAZI Ö. Financialisation and Capital Accumulation in the Non-financial Corporate Sector: A Theoretical and Empirical Investigation on the US Economy: 1973—2003 [J]. Cambridge Journal of Economics, 2008, 32 (6): 863-886.

[262] PECCHENINO R A, POLLARD P S. Dependent Children and Aged Parents: Funding Education and Social Security in an Aging Economy [J]. Journal of Macroeconomics, 2002, 24 (2): 145-169.

[263] POTERBA J M. Demographic Structure and the Political Economy of Public Education [J]. Journal of Policy Analysis and Management, 1997, 16 (1): 48-66.

[264] POTERBA J M, SAMWICK A. Household Portfolio Allocation over the Life Cycle [A] //IN OGURA S, TACHIBANAKI T, WISE D A. Aging Issues in the United States and Japan [C]. Boston: NBER, 2001.

[265] PRETTNER K. Population Aging and Endogenous Economic Growth [J]. Journal of Population Economics, 2013, 26 (2): 811-834.

[266] PUGSLEY B W. Grown-up Business Cycles [J]. The Review of Financial Studies, 2019, 32 (3): 1102-1147.

[267] RAO N. Do Tax Credits Stimulate R&D Spending? The Effect of the R&D Tax Credit in its First Decade [J]. Journal of Public Economics, 2016 (140):

1-12.

[268] ROMER P. Crazy Explanations for the Productivity Slowdown [J]. NBER Macroeconomics Annual, 1987 (2): 163-202.

[269] RUSS K. The Endogeneity of the Exchange Rate as a Determinant of FDI: A Model of Entry and Multinational Firms [J]. Journal of International Economics, 2006, 71 (2): 344-372.

[270] SAPRA H, SUBRAMANIAN A, SUBRAMANIAN K V. Corporate Governance and Innovation: Theory and Evidence [J]. The Journal of Financial and Quantitative Analysis, 2014, 49 (4): 957-1003.

[271] SCHNEIDER L. Alterung und technologisches Innovationspotential: Eine Linked Employer-Employee Analyse [J]. Zeitschrift für Bevölkerungswissenschaft, 2008, 33 (1): 37-54.

[272] SHELTON C A. The Size and Composition of Government Expenditure [J]. Journal of Public Economics, 2007, 91 (11): 2230-2260.

[273] SILIVERSTOVS B, KHOLODILIN K., THIESSEN U. Does Aging Influence Structural Change? Evidence from Panel Data [J]. Economic Systems, 2010, 35 (2): 244-260.

[274] SMITH C W, STULZ R M. The Determinants of Firms' Hedging Policies [J]. Journal of Financial and Quantitative Analysis, 1985, 20 (4): 391-405.

[275] SPALIARA M. Do Financial Factors Affect the Capital - Labour Ratio? Evidence from UK Firm-level Data [J]. Journal of Banking & Finance, 2009, 33 (10): 1932-1947.

[276] SPALIARA M. Financial Frictions and the K/L Ratio in UK Manufacturing [J]. Economics Letters, 2011, 112 (1): 23-25.

[277] STULZ R M. Rethinking Risk Management [J]. Journal of Applied Corporate Finance. 1996, 9 (3): 8-25.

[278] TABELLINI G. A Positive Theory of Social Security [J]. The Scandinavian

Journal of Economics, 2000, 102 (3): 523-545.

[279] TAN Y, LIU X, SUN H. Population Ageing, Labour Market Rigidity and Corporate Innovation: Evidence from China [J]. Research Policy, 2022, 51 (2).

[280] TANAKA T, CAMERER C F, NGUYEN Q. Risk and Time Preferences: Linking Experimental and Household Survey Data from Vietnam [J]. The American Economic Review, 2010, 100 (1): 557-571.

[281] TORI D, ONARAN Ö. The Effects of Financialization on Investment: Evidence from Firm-level Data for the UK [J]. Cambridge Journal of Economics, 2018, 42 (5): 1393-1416.

[282] VAN REENEN J. The Creation and Capture of Rents: Wages and Innovation in a Panel of U. K. Companies [J]. Quarterly Journal of Economics, 1996, 111 (1): 195-226.

[283] WANG D. The Impact of the 2009 Value Added Tax Reform on Enterprise Investment and Employment: Empirical Analysis Based on Chinese Tax Survey Data [J]. Journal of Tax Reform, 2019, 5 (2).

[284] WANG Y, WEI Y, SONG F M. Uncertainty and Corporate R&D Investment: Evidence from Chinese Listed Firms [J]. International Review of Economics & Finance, 2017 (47): 176-200.

[285] WONG A. Refinancing and the Transmission of Monetary Policy to Consumption [R]. Working paper, 2019.

[286] YAGAN D. Capital Tax Reform and the Real Economy: The Effects of the 2003 Dividend Tax Cut [J]. The American Economic Review, 2015, 105 (12): 3531-3563.

[287] YOSHINO N, MIYAMOTO H. Declined Effectiveness of Fiscal and Monetary Policies Faced with an Aging Population in Japan [J]. Japan and the World Economy, 2017, 42: 32-44.

[288] YEAPLE S R. Firm Heterogeneity and the Structure of U. S. Multinational

Activity [J]. Journal of International Economics, 2009, 78 (2): 206-215.

[289] ZHANG G. Accounting Information, Capital Investment Decisions, and Equity Valuation: Theory and Empirical Implications [J]. Journal of Accounting Research, 2000, 38 (2): 271-295.

[290] ZHANG L, CHEN Y, HE Z. The Effect of Investment Tax Incentives: Evidence from China's Value-Added Tax Reform [J]. International Tax and Public Finance, 2018, 25 (4): 913-945.

[291] ZHANG J, ZHANG J. The Effect of Life Expectancy on Fertility, Saving, Schooling and Economic Growth: Theory and Evidence [J]. The Scandinavian Journal of Economics, 2005, 107 (1): 45-66.

[292] ZHANG J, ZHANG J, LEE R. Mortality Decline and Long-run Economic Growth [J]. Journal of Public Economics, 2001, 80 (3): 485-507.

[293] ZHANG J, ZHANG J, LEE R. Rising Longevity, Education, Savings, and Growth [J]. Journal of Development Economics, 2003, 70 (1): 83-101.

[294] ZWICK E, MAHON J. Tax Policy and Heterogeneous Investment Behavior [J]. The American Economic Review, 2017, 107 (1): 217-248.

索引